Was uns verbindet und was uns unterscheidet

Die Familie im Kontext der großen Religionen

Christiane Sautter

Verlag für Systemische Konzepte

1. Auflage 2005

Christiane Sautter
Was uns verbindet und was uns unterscheidet
Verlag für Systemische Konzepte, Wolfegg 2005
Tel.: +49 / (0) 7527 6690
Fax: +49 / (0) 7527 6042

www.verlagsystemkonzepte.de

Satz: Bubeks Druckerei
Redaktion: Peter Güllekes
Covergestaltung: Artweg unter Verwendung einer Graphik
von Brigitta Gerke-Jork
Druck: Bubeks Druckerei Leutkirch i. Allgäu
ISBN 3-9809936-2-0

Für meine Eltern, Peter und Ruth Güllekes,
ohne die ich nicht wäre

Inhalt

„Das Kreuz und die Christen nahm ich von allen Seiten in Augenschein. Er war nicht am Kreuz. Ich ging zum Hindu-Tempel, zu der alten Pagode. An beiden Orten fand ich keine Spur von ihm. Ich ging zu den Höhen von Herat und nach Kandahar und schaute mich um. Er war nicht auf den Höhen und nicht in der Niederung. Ich schaute in mein eigenes Herz. An diesem Orte sah ich ihn. Er ist an keinem anderen Ort.“

Jalaluddin Rumi

Kapitel 1

Die Sehnsucht nach der ewigen Ordnung

Sie mögen sich fragen, was eine Familientherapeutin dazu bewegen mag, sich zwei Jahre lang in Quellentexte zu vergraben, Tausende von Seiten zu lesen und auszuwerten, um ein Buch über den universellen Wert „Familie" im Kontext der großen Religionen zu schreiben?

Ganz abgesehen von meinem schon dreißig Jahre währenden tiefen Interesse an der Spiritualität der Völker bewegten mich vor allem drei Gründe: Ich wollte die Religion als Spiegel der geistigen Werte der Völker erforschen, die prägende Rolle der Religionen in Bezug auf die Familien bewusst machen, ihre ordnungsstiftende Funktion untersuchen und nicht zuletzt in unserer multikulturellen Gesellschaft über das, was uns verbindet, und das, was uns unterscheidet, informieren.

Das, was alle Menschen vereint, ist ihre Herkunft. Jeder von uns hat einen Vater und eine Mutter, und in nahezu allen Kulturen wird die Familie geachtet. Doch trotz dieser Gemeinsamkeiten neigen wir dazu, vor allem die Aspekte hervorzuheben, in denen wir uns unterscheiden, wobei wir unsere Unterschiedlichkeit häufig als trennend erleben. Dies ist ein bekanntes soziologisches Phänomen.

Angehörige einer Gruppe definieren sich über gemeinsame Interessen, Anschauungen und Regeln. Das Zugehörigkeitsgefühl wirkt um so stärker, je überschaubarer die Gruppe ist. Im Sportverein, in der Wandergruppe, im Kirchenchor, in diesen Gruppen fühlt sich das Mitglied durch gemeinsame Interessen zu Hause. Auch die Zugehörigkeit zu einer Religionsgemeinschaft wirkt um so stärker, je kleiner die Gemeinschaft ist. Freikirchliche Christen fühlen sich ihren Gemeinden oft stärker verbunden als Angehörige der beiden Amtskirchen. Um sich von anderen Gruppierungen abzuheben, werden Unterschiede betont. Und so zählen für die meisten Menschen nicht ihre Mitgliedschaft in der großen Gruppe der Menschheit auf dem Planeten Erde, sondern eher die kleineren Einheiten wie das jeweilige Heimatland oder die jeweilige Religion.

Nun scheint uns im Zeitalter der Globalisierung das Dorf Erde dazu zu zwingen, uns immer mehr als Teile einer Menschheit zu verstehen. Wir können uns den Luxus nicht mehr leisten, unsere Werte nur aus unserer begrenzten Realität zu beziehen. Seit dem 11. September 2001 muss uns allen klar geworden sein, dass nur das Interesse an und der Respekt vor den Werten anderer langfristig unser gemeinsames Überleben sichern wird.
Die Werte anderer Gruppierungen als der eigenen kennenzulernen und zu erfassen ist demzufolge geradezu notwendig. Zu diesem Zweck müssen Vorurteile in Frage gestellt werden, also alle Urteile, die wir uns auf Grund von nicht ausreichenden Informationen bilden. Jeder hat Vorurteile; wir kommen überhaupt nicht ohne sie aus. Suchen wir uns zum Beispiel aus einem Reisekatalog nach einem Foto einen Urlaubsort samt Hotel aus, treffen wir diese Auswahl eben auf Grund der Informationen, die uns im Augenblick zugänglich sind. Da diese Informationen keinesfalls ausreichen, basiert unsere Reisebuchung auf einem Vorurteil. Am Urlaubsort eingetroffen, können wir überprüfen, ob dieses den tatsächlichen Begebenheiten entspricht, und es gegebenenfalls korrigieren. Negativ wirkt ein Vorurteil erst dann, wenn man sich weigert, sein Wissen zu erweitern und darauf besteht, die erhaltene Datenmenge sei ausreichend, um den Sachverhalt objektiv zu erfassen.
Als ich mich mit den Quellentexten der großen Religionen befasste, fiel mir auf, wie wenig ich wirklich wusste und wie viele Vorurteile mir die klare Sicht versperrten. Wie sollte ich die Gemeinsamkeiten hervorheben, wenn es andererseits triftige Gründe zu geben schien, das Wertesystem des anderen ganz grundsätzlich in Frage zu stellen? Ich bemühte mich daher, meine Vorurteile als Fragen zu formulieren, zum Beispiel: Warum sehen die Juden Jesus nicht als den Messias? Warum wurde die Sexualität von den Kirchen jahrhundertelang als Sünde betrachtet? Ist die Unterdrückung der Frauen im Koran verankert? Ist der Islam wirklich eine kriegerische Religion? Bieten die östlichen Religionen, vor allem der Buddhismus, mehr als die westlichen?
Ich erkannte, dass die trennenden Unterschiede, die Juden, Christen und Muslime betonen, häufig machtpolitische Ursachen haben, die weit zurück

in der Geschichte liegen. So ging ich diesen historischen Ereignissen auf den Grund und fand kaum Differenzen in religiösen Fragen, dafür aber zahllose Kriege, Intrigen oder Übergriffe, in denen Einzelne oder Gruppen versuchten, sich Gebiete, Macht oder Geld anzueignen. Mit der Geschichte der beiden großen christlichen Kirchen setzte ich mich ebenfalls intensiv auseinander und war oft genug entsetzt über die Art und Weise, wie mit Frauen, Kindern und Behinderten umgegangen wurde. Ich gestehe, dass ich einige Zeit brauchte, um neben den schrecklichen Ereignissen auch die wunderbaren Errungenschaften wahrzunehmen. Auch wenn die historischen Tatsachen oftmals schwer zu verdauen sind, halte ich es für besser, ihnen dennoch ins Auge zu sehen. Dabei geht es mir nie darum, Schuld zu verteilen, sondern immer darum, durch die Kenntnis der vergangenen Ereignisse heutige Schwierigkeiten besser zu verstehen und dadurch möglicherweise zu ihrer Lösung beizutragen.
Die Stellung der Frau war mir in allen Religionen besonders wichtig, wirkt sich ihre gesellschaftliche Anerkennung oder ihre Diskriminierung doch entscheidend auf die Familie und auf die Kinder aus. Bei der Beschäftigung mit diesem Thema gerieten sowohl meine negativen wie meine positiven Vorurteile gewaltig ins Wanken.
Die beiden großen asiatischen Religionen nehmen eine Sonderstellung ein. Hier ging es mir vor allem darum, diese dem westlichen Menschen so fremden Glaubensformen und die in sie eingebetteten Familien so darzustellen, dass sowohl das Fremdartige wie das Ähnliche einen Platz findet. Ich hoffe, es ist mir gelungen, die indische Welt und ihre farbigen Rituale durch Zitate aus uralten Mythen und Erzählungen lebendig zu machen. Damit Sie die Werte des Buddhismus nachvollziehen können, musste ich seine Basis in aller Kürze darstellen, wobei ich wiederum versuchte, die trockene Theorie durch Texte von Buddha, Gampopa, Milarepa und vielen anderen aufzulockern.
Trotz aller Unterschiede, die zweifelsohne groß sein mögen, kann die Familie das verbindende Glied sein, das uns auf unseren gemeinsamen Ursprung verweist. Die verschiedenen Sitten und Rituale können nicht verbergen, dass wir Menschen alle sehr ähnlich empfinden. Diesem Aspekt,

den die Mystiker aller Religionen zu höchster Vollendung führen, indem sie die Liebe zu ihren Eltern, Kindern und Geliebten als Metapher für die Liebe zu Gott wählen, sind entsprechende Kapitel gewidmet. Die Worte, mit denen die Mystiker diese höchste Liebe beschreiben, sind so ähnlich, dass es allein vom Text her schwierig sein kann, zwischen Hindu, Sufi, Christ und Juden zu unterscheiden.

Lassen Sie sich von mir in die Welt der Religionen entführen, auch wenn diese Reise, wenn sie die Geschichte beschreibt, zuweilen sehr erschütternd sein kann. Doch steckt in unseren Religionen mehr Wahrheit und ordnende Kraft, als machtpolitische Grausamkeiten zerstören könnten, und die Familie ist eine der Institutionen, die bis jetzt alle historischen Wirren überstanden hat. Wenn es uns gelingt, uns alle als Mitglieder einer großen menschlichen Familie und die Religionen als Ausdruck unserer jeweiligen Mentalität zu verstehen, besteht die Chance, dass dieser Planet wirklich zu einem globalen Dorf zusammenwächst, in dem wir einander in unserer Verschiedenheit achten, weil wir uns unserer Gemeinsamkeit zutiefst bewusst sind.

Im Folgenden befassen wir uns mit der Frage, warum die Religion als Ordnung stiftende Institution so verlockend ist, begeben uns danach ins alte China, wo Konfuzius die Familie als ordnende Kraft in den Mittelpunkt der Welt rückte, und schließen mit der Frage, ob Religionen heute überhaupt noch Hoffnungsträger sind oder ob sie schon längst zu den Auslaufmodellen gehören.

Religion als Ordnung stiftende Institution

Religionen schaffen Ordnung. Warum ist Ordnung so verlockend? Das Gegenteil von Ordnung ist Chaos – Chaos entzieht sich der Kontrolle, bewirkt also Kontrollverlust. Ordnung dagegen bewirkt die Möglichkeit zur Kontrolle. Kontrollverlust wirkt ängstigend, und so sehnt sich der Mensch nach ordnenden Prinzipien, die ihm ein gewisses Maß an Kontrolle zur Verfügung stellen.

Die Sehnsucht nach Ordnung ist so alt wie die Furcht vor dem Kontrollverlust, und diese Furcht muss für unsere frühen Vorfahren überwältigend gewesen sein. Die Natur bestimmte das Überleben unserer Urahnen; die Menschen waren ihr fast vollkommen ausgeliefert und hatten Dürren, Überschwemmungen, Stürmen oder Feuersbrünsten nur wenig entgegenzusetzen. Andererseits erlebten sie in der Natur Ordnungsprinzipien, die sich in der regelmäßigen Abfolge der Jahreszeiten und dem Lauf der Himmelskörper abbildeten. Wann und warum die Menschen anfingen, ein höchstes Wesen als Ursache der Ordnung anzunehmen, wissen wir nicht. Doch wie uns Funde aus Gräbern oder Höhlenzeichnungen zeigen, gab es diesen Glauben an eine höhere Macht, die über die Natur, Mensch und Tier herrschte, in vielen alten Stammeskulturen.
Die Naturvölker fürchteten häufig dieses höchste Wesen. Jeder Sturm, jede Dürre, jede Überschwemmung wurde als Zeichen dafür gewertet, dass die Ordnung des höchsten Wesens durch die Menschen verletzt worden war. Deshalb bildeten sich in jeder Religion, ganz gleich ob es sich um die Glaubensformen der Naturvölker oder um die göttlichen Offenbarungen der Weltreligionen handelt, Regeln, die das Zusammenleben von Menschen und Gottheit ordneten und auf die sich der Gläubige vertrauensvoll verlassen konnte. Befolgte er diese Regeln, wusste er sich in guten Händen.
In den großen Weltreligionen wandelte sich das furchterregende höchste Wesen langsam zu einem liebenden, fürsorglichen Vater, dessen Ordnungen nichtsdestotrotz eingehalten werden mussten. Das Alte Testament bietet hierfür mannigfaltige Beispiele: Befolgte das Volk Israel die Anweisungen des Herrn, half Er ihm, seine Feinde zu besiegen, und rettete es aus ausweglosen Situationen. Lehnte sich das Volk andererseits gegen seinen Gott auf oder wurde es lasch in der Ausübung der Riten, so strafte es der Herr durch Hungersnöte oder Krieg.
Opfer und Riten dienen dazu, das höchste Wesen zu besänftigen. Auch das Christentum kennt Opfer, denn opferte sich nicht Gottes einziger Sohn für die Sünden der Menschheit? Heute bestehen die Opfer der Anhänger aller Religionen zum überwiegenden Teil aus Gebeten und Wallfahrten, ganz gleich, ob sie zum Ganges, nach Bodghaja, nach Jerusalem, nach

Lourdes oder nach Mekka führen. Je hingebungsvoller die Menschen ihrem Gott opfern und seine Rituale befolgen, umso sicherer fühlen sie sich. Gottesdienst wird als eine Art Garantie dafür erlebt, dass sich Gott um die Menschen kümmert und sie aus Gefahren errettet. Dieser Glaube zeigt sich heute noch darin, dass viel mehr Menschen in Zeiten der Not in die Gotteshäuser strömen als dann, wenn alles in Ordnung zu sein scheint.
Die großen Religionen Hinduismus, Buddhismus, Judentum, Christentum und Islam versprechen ihren Gläubigen darüber hinaus die Erlösung von der schlimmsten Furcht – der Furcht vor dem Tod. Juden, Christen und Muslime glauben, dass der körperliche Tod das Leben nicht beendet und dass die Seele im Jenseits oder Paradies weiterlebt. Die asiatischen Religionen unterscheiden sich insofern, als sie vermitteln, dass sich die Seele in einem neuen Körper inkarniert, also fleischlich wiedergeboren wird. Doch auch Hinduismus und Buddhismus stellen dem Gläubigen ein Paradies in Aussicht – das Nirwana – , wohin der Mensch allerdings nicht kraft seines Glaubens gelangt, sondern das er sich durch Disziplin und Meditation selbst erarbeiten muss; die Religion dient nur als Wegweiser zur Befreiung. Ist der Mensch erleuchtet, muss er sich nicht mehr inkarnieren und ist frei. So überwindet der Mensch, indem er sich der Ordnung der Religion unterwirft, letztendlich den Tod und findet ewigen Frieden.
Religionen sind ein Spiegel des geistigen Lebens der Völker. Ihre Werte prägen tief und fördern Kultur. Indem sie den Blick über das begrenzte Leben des Einzelnen hinauslenken, ermöglichen sie Schöpfungen, die überdauern. Jahrtausende lang wurden die schönsten Kunstwerke im Namen der Religion geschaffen. Doch Religionen lehren auch, wie Menschen idealerweise zusammenleben. Sie geben nicht nur ganz praktische Anweisungen für den Umgang miteinander, sondern lenken den Blick auf die Liebe und den moralischen Lebenswandel. Seit fast fünftausend Jahren spiegeln sich die Werte der Menschheit in den großen Weltreligionen. Manche Werte verloren im Laufe der Zeit ihre Bedeutung, andere sind heute noch genauso wichtig wie eh und je.
Die Familie ist einer der Werte, der überdauert hat. Alle Religionen

schätzen diese Institution des Zusammenlebens. Das Christentum kennt gar eine „Heilige Familie“, Juden und Hindus gelten ohne Familie als minderwertig, im Islam gilt die Familie als Kernzelle aller Muslime und bei den Buddhisten ermöglicht sie die Inkarnation in den kostbaren Menschenkörper und damit den Erleuchtungsweg. Die Religionen werten die Familie als Lebensform, in der Menschen gedeihen können, und sie geben Regeln und Gebote, damit dieses Zusammenleben gelingen kann. Darüber hinaus werden die archetypischen Begriffe aus dem Kontext der Familie oft als Metaphern benutzt, um das enge Verhältnis zwischen der höchsten Macht und dem Menschen zu beschreiben. Die Liebe zu Gott als Kind, als Vater, Bruder und Geliebter finden wir in den mystischen Richtungen aller Religionen.

So ist die Familie als Urprinzip des geordneten Zusammenlebens ein in allen Religionen tief verankerter Wert. Lassen Sie uns gemeinsam diesem Prinzip nachgehen. Der Weg führt zuerst ins alte China.

Die Familie als Zentrum – das Weltbild des Konfuzius

Einer der ersten, der die Familie als Urbild der Ordnung ins Zentrum einer Weltenlehre stellte, war Meister Kung Dsi, den die Jesuiten Konfuzius nannten. Er begründete zwar keine Religion, doch die ethischen Werte seiner Lehre beeinflussen auch heute noch etwa ein Drittel der Menschheit im gesamten ostasiatischen Raum.

Kung Dsi wurde 551 v. Chr. in China etwa zur gleichen Zeit wie Buddha in einer alten Familie aus dem königlichen Geschlecht der Ying geboren. Er lebte in einer spannungsreichen Zeit: Lokalfürsten stritten um die Macht, denn die Dschung-Dynastie, die bereits lange Zeit regierte, hatte sich durch Korruption und Gewalt in Misskredit gebracht, und eine neue, gute Ordnung war nicht in Sicht.

Während die Taoisten und deren Hauptvertreter Laotse der Welt den Rücken kehrten, um durch Nicht-Handeln den kranken Organismus zu heilen, ging Kung die Misere ganz anders an. Schon in seiner Jugend begann er, alte Texte zu sammeln und zu studieren. Er las darin, dass die Könige der Vorzeit anscheinend gewusst hatten, wie die Menschheit frei und glücklich werden konnte. Kung sah deshalb in der Rückbesinnung auf die alten Werte das geeignete Mittel, um die Missstände seiner Zeit zu beheben. Die Lehre, die nach Kung benannt wurde, stammt also gar nicht von ihm, sondern aus einer viel älteren Epoche.

Kungs Grundfrage lautete: Wie können Menschen im Einklang mit den großen Gesetzen der Weltordnung leben und dadurch glücklich werden? Dieser Ansatz zielte nicht auf ein wie auch immer geartetes Paradies oder Nirwana; nein, Kung ging es um das Diesseits, insbesondere um die moralische Entwicklung und Verfeinerung des Menschen. Nach Kungs Überzeugung ist der Mensch von Natur aus gut und selbst verantwortlich dafür, die Anlagen seines Wesens zur Entfaltung zu bringen. Um zum Ideal der chinesischen Gesellschaft, zum Edlen zu werden, genügt es, dass der Mensch weiß, was recht ist und das Rechte konsequent im Alltagsleben übt. Durch diese Disziplin erlangt er Mut, Liebe und Weisheit. Wenn es dem Edlen gelingt, sein Wesen harmonisch zu formen, wird es ihm möglich, erzieherisch zu wirken und Größeres zu beeinflussen.

In China empfindet sich der Edle nicht als Individuum; er ist eingebettet in seine Sippe. Das ist alte chinesische Tradition. „Die Sippe ist die Keimzelle der Gesellschaft“ (I-Ging, S. 143). Diese wichtige soziale Stellung bedingt, dass die Beziehungen innerhalb der Sippe streng geregelt sind. So lesen wir im I-Ging, dem berühmten chinesischen Orakelbuch: „Die Grundlage der Sippe sind die Beziehungen von Gatte und Gattin. Das Band, das die Sippe zusammenhält, liegt in der Treue und Beharrlichkeit der Frau. Ihr Platz ist im Innern, der Platz des Mannes im Äußeren. Dass Mann und Frau ihren rechten Platz einnehmen, entspricht den großen Gesetzen der Natur. In der Sippe bedarf es der festen Autorität: das sind die Eltern. Wenn der Vater wirklich Vater ist und der Sohn Sohn, wenn der ältere Bruder seinen Platz als älterer Bruder ausfüllt und der jüngere seinen Platz als jüngerer Bruder, wenn der Gatte wirklich Gatte ist und die Gattin Gattin, dann ist die Sippe in Ordnung. Ist die Sippe in Ordnung, so kommen die ganzen Gesellschaftsbeziehungen der Menschheit in Ordnung“ (ebd. S. 143).

Das Miteinander der Ehegatten, die Behandlung von Eltern und Schwiegereltern, der Umgang von Eltern und Kindern, all dies ist bis in Kleinigkeiten geregelt. Wie die Eltern morgens zu wecken sind, welche Speisen in welcher Kleidung zu reichen sind, wohin ein guter Sohn oder eine gute Tochter gehen dürfen, um ihren Eltern keine Sorge zu bereiten, all dies können wir im Buch der Sitten, Li Gi, nachlesen. Die Pflege der Sippe beschränkt sich jedoch nicht nur auf die Lebenden. Auch die Ahnen werden mit genau festgelegten Ritualen gewürdigt. So ist die Familie die Brücke zwischen Vergangenheit und Zukunft: Die Verehrung der Ahnen sichert das Fundament, das in der Vergangenheit liegt; die Nachkommen weisen den Weg in die Zukunft; die Gegenwart des Alltags verbindet beides. Die Familie steht am Anfang der Welt, und sie wird bis zum Ende aller Zeiten überdauern.
Kung ist wie die Tantriker (s. S. 171) davon überzeugt, dass sich eine Änderung im Kleinen, im Mikrokosmos Familie, auf das Große, auf den Makrokosmos Gesellschaft und Staat, auswirken muss. Er erklärt im Buch Lü Bu We: „Wenn der Erdkreis in Verwirrung ist, so kann kein Staat in Frieden leben. Wenn ein Staat in Verwirrung ist, so kann keine Familie darin unangefochten leben. Wenn die Familie in Unordnung ist, dann gibt es keine Ruhe für die Person. Um das Kleine zu festigen, muss erst das Große gefestigt sein. Um das Große in Ordnung zu bringen, muss erst das Kleine in Ordnung sein. So hängen Groß und Klein, Vornehm und Gering voneinander ab und nur gemeinsam kommen sie zum Glück“ (ebd. S. 174).
Die Beziehungen innerhalb der Familie müssen stimmen, damit sie als Vorbild für die Beziehung zwischen den Untertanen und ihrem Fürsten dienen kann. Der Staat wird damit zur erweiterten Familie, in welcher der Fürst die Rolle des sorgenden Vaters übernimmt, während das Volk, getragen durch Gefühle der Zusammengehörigkeit, ehrfürchtig und ergeben dem Wohle der Allgemeinheit dient.
Im Buch der Sitten, Li Gi, erfahren wir: „Man diene dem Vater so, dass man auf dieselbe Weise dem Fürsten dienen kann; man diene dem älteren Bruder so, dass man desgleichen seinen Vorgesetzten und Meistern dienen kann. Man verwende seinen Sohn, wie man einen Minister verwendet;

man verwende seinen jüngeren Bruder, wie man einen Beamten verwendet... Wer in seinem Haus förderlich ist, der ist auch seinem Land zum Segen. Wer gegen seine Knechte und Mägde ärgerlich und zornig ist, der wird auch den Bürgern gegenüber mit strengen Strafen vorgehen. Darum: Wer Gutes tut, muss stets im engsten Kreise beginnen. Mit wem seine Familie unzufrieden ist, den werden auch Fremde nicht hochstellen" (ebd. S. 140). Die Gemeinschaft der Fürsten ordnet sich schließlich der Führung des Himmelssohnes unter. Ist die Menschheit unter dieser Führung vereint, sind Glück und Zufriedenheit aller gewährleistet.

Erst mit fünfzig Jahren erhielt Kung die Gelegenheit, die Wirksamkeit seiner Philosophie zu beweisen. Als er sein Amt antrat, herrschten Gewalt, Korruption und Prostitution und die Straßen waren unsicher. Schon knapp drei Monate später hatte er die Korruption im Griff, Prostitution war verboten, Männer und Frauen hielten sich wieder an die Schicklichkeitsregeln und die Straßen waren frei von Räubern. Er belehrte die Bauern und verhalf ihnen zu größeren Erträgen. Durch den Verkauf der Überschüsse wurden diese reicher und zufriedener. In kürzester Zeit hatte der Verwaltungsbezirk Kungs einen so guten Ruf, dass sich Menschen aus allen Ländern im „Paradies" ansiedeln wollten. Auch wenn wir diese Berichte nicht ganz für bare Münze nehmen dürfen, ist doch historisch gesichert, dass Kung Erfolg gehabt haben muss, da er vom Minister für öffentliche Arbeiten bald zum Justizminister aufstieg.

In Kungs Paradies war nach dem Beispiel der Alten Könige alles bis ins Letzte geregelt. Doch obwohl die Menschen Kontrolle als Mittel gegen Lebens- und Todesangst schätzen, ist totale Kontrolle zu viel des Guten. Dies erfuhr auch Meister Kung. Er hatte ein rigides System geschaffen, in dem die Bedürfnisse des Einzelnen zu wenig Raum fanden. Die Fürsten, denen der moralische Lebenswandel jegliche sinnlichen Freuden und Genüsse verbot, lehnten sich als erste auf. So wurde Kung trotz seiner großen Erfolge nach zehn Jahren aus dem Staatsdienst vertrieben, und kein Fürst hatte Mut – oder Lust –, ihn anzustellen und seine radikale Philosophie in die Tat umzusetzen.

Religionen heute – Auslaufmodelle oder Hoffnungsträger?

Genauso wie zu Zeiten Kung Dsis lehnen sich auch heute viele Menschen gegen die Werte ihrer Religionen auf und halten sie für zu einschränkend oder einfach für veraltet. Das ist nicht ganz unverständlich: Religionen bevorzugen ganz bestimmte Formen des Zusammenlebens und stellen Männer meist besser als Frauen. Für Singles, Hausmänner, alleinerziehende Mütter und Väter, Geschiedene und Menschen, die mit gleichgeschlechtlichen Partnern zusammenleben, gibt es in den Religionen wenig Rollenmodelle.

Andererseits scheint die sogenannte Freiheit die Menschen nicht glücklicher gemacht zu haben. Obwohl doch fast alles möglich ist, klagen viele über Einsamkeit. Die Schwelle, aus einer Ehe oder aus der Familie auszubrechen, ist erschreckend niedrig geworden. Viele versuchen, ein individuelles Glück zu leben, gleiten von Selbstverwirklichung ab in ein egozentrisches Lebensmuster, in dem der andere nur noch als Lustgewinn Platz findet. Dabei bleibt die so heiß ersehnte Partnerschaft häufig auf der Strecke, denn diese erfordert einen Lernprozess, zu dem die wenigsten bereit sind, da er mit Verzicht, Verantwortung und Selbsterkenntnis verbunden ist.

Der moralische, nicht auf den eigenen Vorteil bedachte Lebenswandel wird langsam aber sicher zu einem Relikt der Vorzeit. Ob im Geschäftsleben, im Straßenverkehr oder auf dem Campingplatz – Rücksichtnahme ist „mega out“! Wer nicht betrügt, ist wohl zu blöd dazu. Die täglichen Nachrichten machen deutlich, dass fast niemand mehr vor fast nichts zurückschreckt, um sich persönlich zu bereichern. Dagegen steigt die Zahl der Unglücklichen und Depressiven, und der Suizid wird immer häufiger als Ausweg aus der Krise gewählt.

Die Kirchen jeder Richtung, die Vertreter der Religionen, die doch eigentlich den Weg der Liebe lehren sollten, haben sich andererseits im Namen des Glaubens schrecklicher Verbrechen schuldig gemacht. Jede Religion hat ihre Schattenseiten. Fundamentalismus wirkt in jeder religiösen Färbung destruktiv, ganz gleich ob sich Muslime, Juden, Hindus, Buddhisten oder Christen bekämpfen. Das Trauerspiel, das sich tagtäglich in Palästina und Israel vor unseren Augen abspielt, die Dramen in Nordirland, in Bosnien, Kaschmir und im Sudan, die Missachtung der Menschenrechte vor allem der Rechte der Frauen in vielen islamischen Ländern und in Indien, die verbrecherischen Terrorakte islamistischer Fundamentalisten in New York, Bali, Djerba, Madrid und dem Irak – dies alles geschieht oft im Namen Gottes. Doch werden die Religionen nicht vielmehr von Terroristen und Verbrechern für ihre Machtinteressen missbraucht? Der schwedische lutherische Bischof und Islamwissenschaftler Tor Andrae sagt zu Recht: „Ein religiöser Glaube hat dasselbe Recht wie jede andere ideelle Bewegung, nach dem beurteilt zu werden, was er wirklich will, und nicht danach, wie menschliche Schwäche und Erbärmlichkeit das Ideal verfälscht haben."

Bei aller möglicherweise berechtigten Kritik an den Religionen wäre es schade, das Kind mit dem Bade auszuschütten. Religionen bieten durchaus Richtlinien, nach denen es sich zu leben lohnt: Die Spiritualität und ihre Werte wie Nächstenliebe, Mitgefühl und Verantwortlichkeit geben dem Leben vieler Menschen einen Sinn und bieten ein Kontrastprogramm zur egoistischen Spaßgesellschaft. Die Teile der Religion, gegen die sich heute viele wehren, sind nicht unbedingt Bestandteil ihrer Essenz, sondern haben sich im Laufe der Jahrhunderte aufgrund machtpolitischer und finanzieller Interessen herausgebildet. Wer sich von der Schattenseite, die jede Religion hat, nicht beeindrucken lässt und tiefer in den Quellen forscht, wird mit ihrer Essenz belohnt. Diese Werte haben Jahrtausende überdauert und können auch heute noch als Richtschnur unseres Handelns dienen.

Alle Religionen lehren zum Beispiel, dass die Eltern zu achten sind. Damit haben heute viele Menschen große Schwierigkeiten. Abgesehen von den Fällen, in denen Eltern ihre Kinder körperlich oder seelisch misshandelt haben, leiden die meisten Erwachsenen, wenn sie ihren Eltern keine Grundachtung entgegenbringen können. Da wir alle genetisch aus unseren Eltern bestehen, lehnen wir mit ihnen einen Teil von uns selbst ab und bezahlen dafür häufig mit emotionalen Problemen. Hunderte von Klienten, die ich zusammen mit meinem Mann in unserer gemeinsamen Praxis betreute, fühlten sich ganz entscheidend besser, nachdem es ihnen gelang, Achtung oder gar Liebe für ihre Eltern, ihre Wurzeln, zu empfinden, denen sie ihr Leben verdanken.

In den Religionen zeigt sich in Bezug auf die Familie tiefes Wissen um die menschliche Psyche. Ich fand viel von dem, was wir täglich in unserer Praxis vermitteln, in den Lehren aller Religionen wieder. Achtung, Liebe und Wertschätzung sind in jedem Falle richtig, ganz gleich, aus welcher Quelle die Empfehlung für ein solches Verhalten stammt.

Mir ist es wichtig, dass in diesem Buch alle Religionen gleichberechtigt nebeneinanderstehen, obwohl mir dies die Ablehnung dieses Manuskripts durch einen renommierten Verlag bescherte. Ich glaube zutiefst, dass jede Religion auf ihre Weise zu Gott führt, auch wenn ihn die Menschen mit verschiedenen Namen benennen und ihn ebenso verschieden feiern. Dazu abschließend eine Geschichte, die ich in einem Buch über den Sufismus, der mystischen Richtung des Islam, fand:

Vier Männer, ein Perser, ein Türke, ein Araber und ein Grieche, waren unterwegs zu einem fernen Ort. Sie stritten sich, wie sie das einzige Geldstück, das sie noch besaßen, ausgeben sollten. „Ich möchte *angur* kaufen", sagte der Perser. „Ich will *uzum*", meinte der Türke. „Nein, ich will *inab*", sagte der Araber. „Ach was", sagte der Grieche, „wir sollten *stafil* kaufen." Ein anderer Reisender, ein Sufi, der gerade vorüberkam, sprach sie an: „Gebt mir die Münze. Ich werde einen Weg finden, euer aller Wünsche zu befriedigen." Zuerst wollten sie ihm nicht trauen, dann gaben sie ihm die Münze. Er ging zum Stand eines Obsthändlers und kaufte vier Büschel Weintrauben. „Da ist ja mein *angur*", sagte der Perser. „Das ist doch genau das, was ich *uzum* nenne", rief der Türke. „Sie haben mir *inab* gebracht", sagte der Araber. „Ach was", sagte der Grieche, „in meiner Sprache heißt das *stafil*." Die Männer ließen jeden Streit sein und teilten sich die Weintrauben" (Shah, S. 28).

Kapitel 2

Judentum

„Achte, mein Sohn, auf das Gebot deines Vaters, missachte nicht die Lehre deiner Mutter! Binde sie dir für immer aufs Herz und winde sie dir um den Hals!“ (Sprüche Salomos 6,20)

Im Judentum liegen unsere Wurzeln. Als Christen und besonders als Deutsche und Österreicher ist darüber hinaus unser Volksschicksal – und durch die Beteiligung von Mitgliedern unserer Familien am Dritten Reich – auch unser eigenes Schicksal mit dem der Juden verknüpft. Bei der Auseinandersetzung mit den Familienstrukturen des Judentums konnte ich mich der Auseinandersetzung mit dem jüdischen Schicksal nicht entziehen. Zu oft gibt es Überschneidungen, zu oft beeinflusste die Geschichte ständiger Verfolgung und Gewalt die jüdischen Familien.
Noch heute halten sich Stereotype über Juden, die in erster Linie abwertend sind. Auch Menschen, die sich selbst als tolerant bezeichnen, lassen an Juden wenig Gutes. Schon das Wort „Jude“ ist in Europa fast ein Schimpfwort. Selbst wenn soziologische Untersuchungen belegen, dass es unter Juden prozentual weniger Bankiers und Juweliere gibt als im Durchschnitt anderer Völker, hält sich hartnäckig das Vorurteil des „geldgierigen reichen Händlers“. Die Juden sind, wie der Schweizer Philosoph und Angehörige einer alten Rabbinerfamilie Bruno Cohn dieses Stereotyp charakterisiert, „im Grunde ein mieses, eingebildetes Volk, das in verlogener Weise ideelle Werte für sich in Anspruch nimmt, ja auf nichts weniger als auf der Alleinvertretung solcher Werte (Auserwähltheit) beharrt, während es in Tat und Wahrheit nur Materialismus und Eigensüchtigkeit repräsentiert, ja geradezu die Inkarnation alles Schlechten beinhaltet”.
Die jüdische Tradition wird seit nunmehr fast zweitausend Jahren abgewertet, obwohl doch in dieser Tradition und ihren Werten die westliche Kultur verwurzelt ist. Um jüdische Werte würdigen zu können, gilt es deshalb

zuerst einmal, die Vorurteile über das Judentum bewusst zu machen, insbesondere aber den Vorwurf zu diskutieren, die Juden seien die Mörder Gottes und daher zu ewigem Leiden verdammt. Dass diese Ansicht keineswegs aus dem Mittelalter stammt, können wir in einer Predigt Papst Pauls VI. zum Ostersonntag 1965 nachlesen, in der er sagte, *die Juden hätten Jesus ermordet.*

Neben allgemeinen Informationen über das Judentum wie zum Beispiel, ob Judesein eine Volks- oder Religionszugehörigkeit ist, habe ich mich auch der Frage gewidmet, warum die Juden Christus nicht als Messias annehmen konnten und welche Rolle der Antijudaismus, der dann später zum rassisch begründeten Antisemitismus und damit zu den Schrecken des Dritten Reiches führte, in der gemeinsamen Geschichte von Juden und Christen spielte.

Erst dann stelle ich Ihnen die jüdische Familie vor, besonders aber die Rolle der jüdischen Mutter. Das Kapitel schließt mit einer Darstellung der Liebe Gottes zu seiner Braut „Jerusalem“, der spirituellen Erhöhung der ehelichen Liebe, wie wir sie bei den Propheten und später in der Kabbala finden.

Wer ist Jude?

Viele sind nicht wirklich sicher, ob Jude zu sein eine Volks- oder eine Religionszugehörigkeit bedeutet. Einige meinen, dass jeder Jude Israeli ist. Natürlich ist das nicht so, wenn auch 30 Prozent aller Juden in Israel leben und jeder Jude, der nach Israel einwandert, sofort die israelische Staatsangehörigkeit erhält. Eigentlich klar, doch der gelehrte jüdische Verwalter der Synagoge in Dornum, dessen Familie seit Jahrhunderten in Ostfriesland ansässig ist, erzählte uns, dass Besucher den Bericht von ihrer Reise nach Israel häufig mit den Worten beginnen: „Wir waren in Ihrer Heimat!“ Die Mehrzahl aller Juden, rund 48 Prozent, lebt übrigens in den USA.

Die Frage, ob Judesein eine Volks- oder Religionszugehörigkeit bedeutet, ist dagegen schon schwerer zu beantworten, da es im Judentum dazu zwei

verschiedene Meinungen gibt: die orthodoxe und die reformierte oder progressive. Die Geschichte liefert Gründe sowohl für die eine wie für die andere Richtung.
Die Orthodoxen sehen im Judentum die Zugehörigkeit zu einem Volk. Jude ist, wer von einer jüdischen Mutter geboren wurde, und so kann man auch heute noch, trotz der zweitausendjährigen Durchmischung und Zerstreuung, von einem blutsbedingten Zusammenhalt, von einem Volk sprechen. Das strenge Befolgen aller kultischen Regeln, der Besuch der Synagoge, das Erlernen der Tora in Hebräisch, das Bewusstsein, anders zu sein als die christliche Mehrheit, all dies sichert den Juden die so dringend benötigte Identität als völkische Gemeinschaft. Alle Juden vereint die Sehnsucht nach der alten Heimat, der Wunsch nach einem eigenen Staat, dem Land der Väter, dem Heiligen Land. Das Heimweh nach Zion ist Jahrtausende alt und wurde schon in der babylonischen Gefangenschaft besungen. Bevor 1948 der Staat Israel gegründet wurde, wiederholten viele Juden täglich ihre Klage: „An den Strömen von Babel, da saßen wir und weinten, wenn wir an Zion dachten... Wenn ich dich je vergesse, Jerusalem, dann soll mir die rechte Hand verdorren“ (Psalm 137). Das Gefühl, nirgendwo heimisch zu sein als in Israel, dem Land der Väter, stützte jahrhundertelang die Überzeugung, Angehörige eines jüdischen Volkes zu sein.
Erst in der Zeit der Aufklärung, besonders aber durch die Französische Revolution, wurde diese Überzeugung in Frage gestellt. Als die französischen Revolutionäre die Periode der absolutistischen Herrscher beendeten, wurde von der Nationalversammlung 1791 das Dekret von der Gleichheit der Menschen erlassen – unabhängig von ihrer ethnischen und religiösen Zugehörigkeit. Damit wurden alle Juden mit einem Schlag zu gleichberechtigten Bürgern. Sie galten nicht mehr als Angehörige eines wie auch immer gearteten jüdischen Volkes, sondern wurden als Anhänger der mosaischen Glaubensgemeinschaft betrachtet, deren Mitgliedern dieselben Rechte zustanden wie den Christen.
In Preußen hatten die Juden seit 1671 Bürgerrechte. 1700 wurde die erste jüdische Synagoge in Berlin errichtet. Friedrich dem Großen wird das Wort zugeschrieben: „In meinem Staate kann jeder nach seiner Façon selig wer-

den." So gaben viele Juden den Gedanken eines ethnischen Judentums auf und sahen sich nur noch als Anhänger der mosaischen Religion. Der sogenannte reformierte Jude fühlte sich als Deutscher und keineswegs im Exil. Dies schlug sich auch in der Liturgie des Gottesdienstes nieder: Stellen wurden entfernt, die der Hoffnung auf die Rückkehr ins Land Israel und der Errichtung des Tempels Ausdruck verliehen. Auch wurden die Textstellen ausgemerzt, die Gott anflehten, sich an den Christen für die von ihnen verübten Untaten zu rächen. Einige Synagogen erhielten in Anlehnung an die christlichen Kirchen Orgeln, und die Gebete wurden nicht mehr nur in Hebräisch, sondern auch in den Landessprachen gesprochen. Markus Lehmann, der Redakteur der Frankfurter Wochenzeitung „Israelit", bekannte Ende 1870 stellvertretend für alle reformierten Juden: „Wir deutschen Juden sind Deutsche und nichts anderes."

Die Hoffnung trog jedoch. Obwohl die Verfassung des Deutschen Reiches von 1871 bestimmte, dass die Konfession kein Hindernis bei der Bekleidung eines öffentlichen Amtes sein dürfe, wurde den Juden weiterhin der Zugang zu den Universitäten und damit zu höheren Ämtern erschwert. Deshalb schlossen sie sich vermehrt den Sozialdemokraten an, die ja ebenfalls die Freiheit und Gleichheit aller Menschen anstrebten. Dass Karl Marx, der Begründer des modernen Kommunismus, aus einer deutschen Rabbinerfamilie stammt, ist sicherlich kein Zufall. Wenn er sich auch zum Atheismus bekannte, war die Unterdrückung und Missachtung der Juden, die auch seine Familie betraf, sicher ein Auslöser für seine Vision der sozialen Gleichstellung aller Menschen.

Europa befand sich im Umbruch. In vielen Ländern wurden die Monarchien durch bürgerliche Parlamente abgelöst, und die Angst vor der Demokratie und den damit verbundenen politischen Wirren wurde auf die Juden im allgemeinen und den Juden Karl Marx, dessen Thesen die gesamte bürgerliche Welt bedrohten, projiziert. Und sympathisierten alle anderen Juden nicht offen mit diesem Volksverhetzer? Solche Gedanken mögen den Sprecher der konservativen Kräfte im wilhelminischen Deutschland, den Historiker Heinrich von Treitschke, 1890 zu dem Ausspruch verleitet haben: „Die Juden sind unser Unglück!"

1882 war es in Rußland zu schweren Pogromen gegen Juden gekommen, so dass der Arzt, Schriftsteller und Politiker Leon Pinsker, der zunächst die Assimilation der Juden in ihre Gastländer befürwortet hatte, die Schrift „Autoemanciaption“ veröffentlichte, in der er sagte, Juden seien nicht assimilierbar, „weil sie im Schoße der Völker, unter denen sie leben, tatsächlich ein heterogenes Element bilden, welches von keiner Nation gut vertragen werden kann”. Damit legte er die gedankliche Grundlage für den politischen Zionismus, den Theodor Herzl 1896 mit seinem Werk „Der Judenstaat“ einer breiten Öffentlichkeit zugänglich machte. Im gleichen Jahr formulierte die National-jüdische Vereinigung in Köln die erste allgemeine Programmschrift des Zionismus. Wesentliche Aussagen lauten:
„Das Judentum lässt sich nicht als Religion, sondern als eine durch gemeinsame Abstammung und Geschichte verbundene nationale Gemeinschaft definieren. Eine soziale und kulturelle Zukunft der Juden durch die Bildung eines eigenen Staates, der alle Juden, die in ihren Heimatländern nicht bleiben können oder wollen, aufnimmt und sie völkerrechtlich vertritt, ist sicherzustellen.“
Nachträglich betrachtet erwiesen sich Bodenheimer und Wolffsohn, die Verfasser dieses Programms, als Realisten, denn 1899 tauchten die „Protokolle der Weisen von Zion“ auf, eine Hetzschrift, in der die alte Verschwörungstheorie, die Juden wollten unter dem Deckmantel der Demokratie zusammen mit den Freimaurern die Weltherrschaft ergreifen, neu aufgelegt wurde. Obwohl die Schrift schon bald als Fälschung entlarvt wurde, schürte sie die Angst vieler Menschen.
Die Hetze nahm auch in Deutschland zu, doch die deutschen Juden fühlten sich sicher. Immerhin hatten 100000 jüdische Männer im ersten Weltkrieg gekämpft und 12000 waren für ihr Vaterland gefallen, und so verkannten viele die drohende Gefahr. Das Parteiprogramm der NSDAP forderte jedoch schon 1920 die Abschaffung der staatlichen Rechte deutscher Juden, ihre Entfernung aus öffentlichen Ämtern und auf lange Sicht aus Deutschland. Sie wurden für die politischen Wirren durch die Bolschewisten in Rußland verantwortlich gemacht, und Hitler sagte am 30. Januar 1939: „Ich will heute wieder ein Prophet sein. Wenn es dem inter-

nationalen Finanzjudentum inner- und außerhalb Europas gelingen sollte, die Völker noch einmal in einen Weltkrieg zu stürzen, dann wird das Ergebnis nicht die Bolschewisierung der Erde und damit der Sieg des Judentums sein, sondern die Vernichtung der jüdischen Rasse in Europa."
Die Eindeutigkeit, mit der Hitler die Juden als Volksgruppe und eben nicht als Angehörige einer Religion definierte, ließ das Pendel in Europa wieder in Richtung des ethnischen Verständnisses des Judentums zurückschwingen. Auch reformierte Juden wurden, so sie die „Endlösung" überlebten, zu leidenschaftlichen Zionisten.

Was ist Judentum?

Das Judentum ist mit 18,4 Millionen Anhängern die kleinste der fünf großen Religionen. Das Wort Jude, „Jehudim", bedeutet: „Einer, der Gott dankt", der Gott zum Ausgangspunkt seines Denkens und Handelns macht. So versteht sich das Judentum als Religion des richtigen Lebenswandels, als ununterbrochene Aufforderung zu guten Taten. Das Judentum ist nicht auf ein jenseitiges Paradies ausgerichtet. Wenn der göttliche Schöpfergeist – der göttliche Funke im Menschen – durch ein gutes Leben verwirklicht wird, ist der Gewinn im Jenseits sicher. Der Glaube an den einen Gott ist nicht Ziel, sondern die spirituelle Voraussetzung; das mosaische Gesetz, jederzeit ein ethisch einwandfreies Leben zu führen, füllt jüdisches Leben aus. Jude zu sein bedeutet, wie Bruno Cohn es ausdrückt, „Mitglied zu sein im einfachen alten Orden gelebter Menschlichkeit". Rabbi Hillel, ein Zeitgenosse Jesu, der nach der Essenz des Judentums gefragt wird, sagt dazu: „Was dir verhasst ist, das tue deinem Genossen nicht an! Das ist die Weisung ganz und gar, das andere ist ihre Auslegung. Geh und lerne!" (Schabbat 31a)

Das Judentum ist die erste streng monotheistische Religion. Abraham erkannte, dass die Schöpfung nicht aus sich selbst heraus existierte und dass ihre Erscheinungsformen aus diesem Grunde nicht als Gottheit angebetet werden konnten. Es musste Einen geben, der dies alles hervorgebracht hatte, denn alles, was lebte, zeugte von diesem Schöpfer. Ein Funke dieses einen Gottes, des Schöpfers aller Dinge, musste daher in jedem Lebewesen lebendig sein. Dies war die Wurzel des Monotheismus. Das Bekenntnis zum Judentum lautet denn auch: „Höre Israel, der Herr, unsere Gottheit, ist *ein* Herr."

In biblischen Zeiten war der Tempel in Jerusalem das Zentrum jüdischen Lebens. Seit Ende des biblischen Tempelstaates und der Zerstörung des Tempels ca. 70 n. Chr. gibt es im Judentum keinen Klerus mehr, keine offiziellen Priester. Die Bezeichnung „Rabbi", die oft mit „Priester" verwechselt wird, ist nichts als ein Ehrentitel für einen Menschen, der sich in der Halacha, dem jüdischen Religionsgesetz, auskennt, und bedeutet: „Meister, Lehrer". Ein Rabbi ist meist nicht hauptamtlich Priester, sondern übt einen weltlichen Beruf aus. Er ist kein Mittler zwischen Gott und den Menschen, denn das brauchen die Juden nicht. Im Talmud steht geschrieben: „Trifft den Menschen ein Leid, wende er sich nicht an Michael und nicht an Gabriel, sondern er wende sich zu Mir, und Ich erhöre ihn sogleich" (Jer. Berachot IX 6).

Seit der Diaspora, der Zerstreuung des jüdischen Volkes über die ganze Welt, nimmt das Lehrhaus, die Synagoge, die Stelle des Tempels ein. Dort werden Tora und Talmud gelehrt, die heiligen Bücher der jüdischen Religion. Die Tora besteht aus den fünf Büchern Mose, die auch ein Bestandteil der Bibel und des Korans sind. Daneben steht der Talmud, eine Sammlung von Schriften, die die Tora erklären. Nachdem die Römer den Tempel in Jerusalem verbrannt hatten und mit ihm die letzten Reste des eigenständigen Judenstaates in den Flammen aufgingen, versammelte Rabbi Jochanan ben Zakkai Pharisäer und Schriftgelehrte um sich, um das zuvor nur mündlich tradierte Wissen aufzuschreiben und somit für die Nachwelt zu bewahren.

Der Talmud ist also eine Sammlung von Kommentaren zur Tora. Diese geben die persönlichen Meinungen verschiedener Rabbiner wieder und es kommt durchaus vor, dass entgegengesetzte Ansichten vertreten werden. Für Juden ist es ganz normal, mindestens zwei verschiedene Auslegungen eines jeden Verses der Tora zu akzeptieren. Noch im 7. Jahrhundert wurden Texte hinzugefügt, um die Bedürfnisse der neuen Zeiten zu berücksichtigen. Durch das Studium von Tora und Talmud bewahrten sich die heimatlosen Juden ein inneres spirituelles Zentrum und sicherten ihre kulturelle Identität darüber hinaus durch verschiedene Gesetze wie Sabbat- und Speisegesetze und durch die Beschneidung.

Die Juden, der Messias und der Antijudaismus

Christliche Geschichte ist zuerst einmal jüdische Geschichte, denn Jesus von Nazareth wurde als Jude geboren. Das gesamte Alte Testament, das rund drei Viertel der christlichen Bibel ausmacht, ist jüdisch. Seinen eigenen Worten zufolge war Christus nicht gekommen, „um das Gesetz und die Propheten aufzuheben. Ich bin nicht gekommen, um es aufzuheben, sondern um es zu erfüllen. Amen, das sage ich euch: Bis Himmel und Erde vergehen, wird auch nicht der kleinste Buchstabe des Gesetzes vergehen, bevor nicht alles geschehen ist“ (Mt. 5, 17-18). Jesus sah sich keinesfalls als Religionsstifter.

Jesus wurde Rabbi genannt und lehrte reines Judentum. Die ethischen Anweisungen, die er gab, finden wir bis auf wenige Ausnahmen im 3. Buch Mose (Levitikus). Auch das Gebot, das Jesus selbst als das wichtigste bezeichnete, gab Mose 1250 v. Chr. seinem Volk: „Liebe deinen Nächsten so, wie du dich selbst liebst“ (Lev. 19, 18). Jesus eröffnete in seinen Predigten das Judentum jedoch nicht nur dem auserwählten Volk der Israeliten, sondern allen Menschen, auch den Zöllnern – die mit der römischen Besatzungsmacht zusammenarbeiteten – und den Heiden, und aus diesem Grunde hassten ihn die Pharisäer. Er entlarvte die rigide Machtstruktur der Priesterkaste und nannte das sinnentleerte Befolgen der Speise- und Sabbatgesetze beim Namen, und auch das machte ihm viele Feinde unter der Priesterschaft. Doch vor allem lehrte Jesus die Liebe – zu Gott und zu den Menschen – , und diese Ausrichtung war vielen Juden in den kriegerischen Zeiten der Vertreibung und der Besatzung abhanden gekommen.

Was des weiteren geschah, kennen wir aus den Evangelien. Jesus wurde

von einem seiner Jünger, von Judas, an die Römer verraten. Denen war sein Anspruch, Gottes Sohn zu sein, rechtschaffen egal, doch dass er sich als König der Juden bezeichnete, galt als Hochverrat. Pilatus, der römische Prokurator Judäas, konnte an Jesus nicht die üblichen Kennzeichen eines politischen Agitators erkennen. Außerdem warnte ihn seine Frau, sich an Jesus zu vergreifen. Pilatus entledigte sich, wie im Matthäusevangelium dargestellt, elegant der Verantwortung: „Jeweils zum Fest pflegte der Statthalter einen Gefangenen freizulassen, den sich das Volk auswählen konnte... Inzwischen überredeten die Hohenpriester und die Ältesten die Menge, die Freilassung des Barabbas zu fordern, Jesus aber hinrichten zu lassen. Der Statthalter fragte sie: Wen von beiden soll ich freilassen? Sie riefen: Barabbas!" (Mt. 27, 15, 20, 21) Pilatus, der Römer, wusch seine Hände in Unschuld und tat nach dem Willen des Volkes. Aus dem durch die Evangelien überlieferten Sätze „Ans Kreuz mit ihm!" (Mt. 27,22) und: „Da rief das ganze Volk: ‚Sein Blut komme über uns und unsere Kinder!" (Mt. 27, 25), nahm die Christenheit die Legitimation, die Juden fast 2000 Jahre lang als „Gottesmörder" zu diskriminieren, zu misshandeln und zu töten.
Doch warum hatten sich die Juden so sehr gesträubt, Jesus als den von allen ersehnten Messias anzuerkennen, und warum starben sie später lieber, als sich bekehren zu lassen? Dafür gibt es vor allem zwei Gründe: Als strenge Monotheisten, die von ihrem Gott jedesmal bestraft wurden, wenn sie anderen Göttern huldigten, konnten sie Jesus, der sich Sohn Gottes nannte und somit selbst göttlichen Status beanspruchte, nicht anerkennen, *denn es steht nirgendwo geschrieben, dass der Messias angebetet werden soll!*
Es gibt noch einen zweiten gewichtigen Grund: Wenn wir die Stellen im Alten Testament lesen, die das Erscheinen des Messias voraussagen (Psalm 2,7-9 / Jes. 9,5-6 und 11, 11-12 / Amos 9, 14-15), erfahren wir, dass er nicht nur aus dem Stamme Davids kommen muss, sondern den Thron besteigt und als König über das Land herrscht: „Auf dem Thron Davids herrscht er über sein Reich; er festigt und stützt es durch Recht und Gerechtigkeit, jetzt und für alle Zeiten" (Jes. 9, 6). Von diesem König wird zuerst einmal erwartet, dass

er Israel zurückerobert und die Besatzer mit militärischen Mitteln vertreibt: „Du wirst sie zerschlagen mit eiserner Keule, wie Krüge aus Ton wirst du sie zertrümmern (Psalm 2,9).“ Alle Juden, die fliehen mussten, kommen zurück nach Israel und bauen die Städte wieder auf. Das Volk wird danach nie wieder vertrieben. „Sie bauen die verwüsteten Städte wieder auf und wohnen darin; sie pflanzen Weinberge und trinken den Wein, sie legen Gärten an und essen die Früchte. Und ich pflanze sie ein in ihrem Land, und nie mehr werden sie ausgerissen aus ihrem Land, das ich ihnen gegeben habe, spricht der Herr, dein Gott“ (Amos 9, 14-15). „Seine Herrschaft ist groß, und der Friede hat kein Ende” (Jes. 9,6).
Für die Juden stand die spirituelle Führerschaft des Messias überhaupt nicht zur Debatte. Sie erwarteten einen politischen und militärischen Führer! Hatten sie ihn noch bei seinem Einzug in Jerusalem dafür gehalten: *„Die Leute, die vor ihm hergingen und die ihm folgten, riefen: Hosanna! Gesegnet sei er, der kommt im Namen des Herrn!* Gesegnet sei das Reich unseres Vaters David, das nun kommt.“ (Matt. 21, 9-10 / Mk. 11, 9-10), so war der Satz Jesu: „Mein Königtum ist nicht von dieser Welt“ (Joh. 18,36) für die Juden sozusagen der Beweis dafür, dass er nicht der Messias sein konnte. Dass Israel bis 1948 eine verlorene Heimat blieb und den Juden nur durch eigene Anstrengung und Krieg und nicht vom Messias zurückgegeben wurde, war ein weiterer Beweis dafür, dass Jesus nicht der Richtige gewesen sein konnte. Darüber hinaus herrscht Frieden dort und auch sonst in der Welt bis heute noch nicht.
Für die Christen sah das natürlich ganz anders aus. Da Jesus als Sohn Gottes mit Gott gleichgesetzt wurde, galten die Juden schon sehr früh als „Gottesmörder“. Ihre Unterdrückung galt als von Gott gewollt, „um dem jüdischen Volk die Gelegenheit zu geben, das Unrecht zu sühnen“. Der erste überlieferte Text, der die Juden ausdrücklich des Gottesmordes bezichtigt, stammt von Meliton von Sardes (ca. 198 n. Chr.): „Gesetzesbrecherisches Israel, warum hast du dieses neue Unrecht begangen, deinen Herrn in unerhörte Qualen zu stürzen, deinen Gebieter, der dich geformt hat, der dich geschaffen, der dich geehrt hat, der dich Israel genannt hat? ... Du hast deinen Herrn inmitten von Jerusalem getötet.“

Etwa um 250 n. Chr. stammt auch der Brief des Barnabas, in dem die damals herrschende Meinung vertreten wird, die Juden hätten den Bund mit Gott für immer verloren: „Und Mose war auf dem Berge, vierzig Tage und vierzig Nächte fastend, und er empfing den Bund vom Herrn, steinerne Tafeln, auf die der Finger Gottes geschrieben hatte. Aber da sie sich den Götzen zuwandten, verloren sie ihn... Und Mose erkannte es und warf die beiden Tafeln aus den Händen und ihr Bund wurde zertrümmert, damit der Bund des geliebten Jesus fest in unserem Herzen versiegelt würde durch die Hoffnung des Glaubens an ihn." Viele Kirchenväter reihten sich in die Kette derer ein, die die Juden, wie Papst Leo I. „dumm und verblendet" nennt, ihre Priester „gottvergessen", ihre Schriftgelehrten „töricht", ihr Wissen „unwissend" und ihre Gelehrsamkeit „so ungelehrt".
Damit war der Grundstock für die sogenannte „Enterbungstheologie" gelegt, mit der die katholische Kirche später ihren Anspruch auf die Kindschaft Gottes begründete. Sie bezeichnete sich als „Verus Israel", als das wahre Israel. Dies ist noch heute geltende Kirchenmeinung, denn auf dem 2. Vatikanischen Konzil (1962-65) heißt es „... auch wenn es wahr ist, dass die Kirche das neue Volk Gottes ist".
In das dritte Jahrhundert fallen auch die Klagen der Juden, dass ursprünglich hebräische biblische Texte bewusst und zu ihren Ungunsten redigiert worden waren. Besonders bemängelten die Juden, dass ihre Priesterschaft, vor allem aber die Pharisäer, ausschließlich negativ dargestellt würden. So bedeutende Persönlichkeiten wie Rabbi Hillel, ein Zeitgenosse Jesu, seien vollständig übergangen worden.
Dadurch entstand die Polarisierung in den ausschließlich strafenden, rachsüchtigen Gott der Juden und den liebenden Gott der Christen. Bruno Cohn drückt das folgendermaßen aus: „Das Judentum war konservativ, rigide, kompliziert und materialistisch, das Christentum hingegen neu, weltoffen, einfach und dem Geistigen zugewandt. Der jüdische Gott strafte, war unerbittlich und rachsüchtig, der christliche dagegen liebevoll und verzeihend." Nahezu jeder Christ, den ich zum Beispiel danach frage, wo das Gebot: „Liebe deinen Nächsten wie dich selbst" in der Bibel zum erstenmal zu finden sei, ist fest davon überzeugt, Jesus sei der Urheber. Alle

sind höchst erstaunt, wenn ich sie darauf hinweise, dass es sich um ein mosaisches Gebot (Lev. 19, 18) handelt, also um ein urjüdisches. Wie unsinnig diese Polarisierung ist, wird klar, wenn wir uns in die Psalmen vertiefen:

„Der Herr ist mein Hirte, nichts wird mir fehlen. Er lässt mich lagern auf grünen Auen und führt mich zum Ruheplatz am Wasser. Er stillt mein Verlangen; er leitet mich auf rechten Pfaden, treu seinem Namen. Muss ich auch wandern in finsterer Schlucht, ich fürchte kein Unheil; denn du bist bei mir, dein Stock und dein Stab geben mir Zuversicht. Du deckst mir den Tisch vor den Augen meiner Feinde. Du salbst mein Haupt mit Öl, du füllst mir reichlich den Becher. Lauter Güte und Huld werden mir folgen mein Leben lang, und im Haus des Herrn darf ich wohnen für lange Zeit" (Psalm 23).

Jeden Sonntag werden in christlichen Kirchen Psalmen verlesen, jüdische Gebete zum Lobpreis des einen Gottes. Wie lächerlich mutet bei etwas Nachdenken der ausschließlich rachsüchtige Gott der Juden an, und doch wurde dieses Stereotyp jahrhundertelang dazu benutzt, das Judentum und die Juden zu diskriminieren.

Gerne wird als Beweis für die Grausamkeit des jüdischen Gottes das Gebot „Auge um Auge, Zahn um Zahn" zitiert, das dem christlichen Gesetz der Vergebung gegenübergestellt wird: „Und ich sage euch: Leistet dem, der euch etwas Böses antut, keinen Widerstand, sondern wenn dich einer auf die rechte Wange schlägt, dann halt ihm auch die andere hin" (Mt. 5,39). Doch ist dieses Gesetz, wie im Talmud ausführlich erklärt wird, ganz anders zu verstehen. Es bedeutet keinesfalls, demjenigen, der einem anderen ein Auge oder einen Zahn ausgeschlagen hat, dasselbe anzutun. Es geht hier im Gegenteil darum, dass der Täter dem Opfer angemessenen Ausgleich schafft. *Vor* der mosaischen Gesetzgebung war es bei den Beduinen üblich, jemanden, der einen anderen körperlich schädigte, zu töten. Zuweilen wurde gleich die ganze Familie des Täters umgebracht. Das mosaische Gesetz gebietet hier Einhalt. Es fordert statt dessen eine angemessene Ersatzleistung in Form von Geld. Hören wir dazu den Talmud:

„Man könnte meinen: Wer ein Auge geblendet hat, dem blendet man ein Auge, wer eine Hand abgehauen hat, dem haut man eine Hand ab, wer einen Fuß zerbrochen hat, dem zerbricht man einen Fuß“ (Bawa kamma 83b/84a). „Wenn dir aber in den Sinn kommen sollte, das sei wirklich gemeint, so könnte es ja zuweilen vorkommen, dass Auge und Leben um ein Auge genommen wird, wenn nämlich seine Seele schiede, während er geblendet wird.“ „Wie derjenige, der ein Tier erschlägt, zu Ersatzleistungen verpflichtet ist, so ist auch derjenige, der einen Menschen schlägt, zu Ersatzleistungen verpflichtet“ (Abbaje). Diese Ersatzleistung bezieht sich auf fünf Punkte:

- Auf die Wertminderung: Hierbei wird geschätzt, wie viel der Mensch als Sklave ohne seine Verletzung wert gewesen wäre. Der Unterschied wird ihm ausbezahlt.
- Auf den Schmerz: Der Täter wird befragt, wieviel er verlangen würde, wenn er Gleiches zu ertragen hätte, und auch diese Summe wird dem Opfer ausbezahlt.
- Auf die Kur: Der Täter bezahlt alle Kosten, die dem Opfer für Heilbehandlungen in Folge der Verletzung entstehen.
- Für den Zeitverlust: Kann der Verletzte seinen Beruf zum Gelderwerb nicht ausüben, kommt der Täter dafür auf.
- Für die Beschämung: Ist der Verletzte durch die Tat beschämt worden, erhält er hierfür einen Ausgleich.

Was also vordergründig wie eine Verankerung von Rache und Grausamkeit aussieht, ist in Wirklichkeit eine im Kontext jener Zeit beispielhafte Sozialgesetzgebung.

Bruno Cohn, der viel über die Beziehung von Judentum und Christentum geschrieben hat und nichts gegen das Christentum einzuwenden hat, nennt die Folgen, die diese Polarisierung für die Juden hatte, mit klaren Worten: „Diese polare Beurteilung, die durch die Konkurrenzsituation beider Religionen entstand, vertiefte sich im Laufe der Generationen, bis Hitler und seine SS mit deutscher Gründlichkeit versuchten, dieses Volk ein für alle Male auszurotten.“

Ausschreitungen gegen Juden gab es aber nicht erst im 20. Jahrhundert. Die erste große Verfolgungswelle fand zu Beginn des ersten Kreuzzugs statt. Im Jahre 1096 wurden 2000 Juden als Feinde Gottes umgebracht. Nur diejenigen, die sich taufen ließen, kamen mit dem Leben davon.

Natürlich gab es auch Männer der Kirche, die die Juden schützten, wie zum Beispiel Bernhard von Clairvaux, der vor dem zweiten Kreuzzug verbreiten ließ: „Es ist zu eurem Heil, dass ihr gegen die Ismaeliter zieht. Jedoch jeder, der einen Juden berührt, um ihn zu töten, der handelt, wie wenn er sich an Jesus selbst vergriffe." Schützende Gesetze waren jedoch die Ausnahme und meist standen die wirtschaftlichen Interessen der „Beschützer" im Vordergrund. Ausgrenzung und Zwangstaufen nahmen in hohem Maße zu. Juden wurden für alles Übel verantwortlich gemacht, mochte es sich um Seuchen wie die Pest handeln oder um verschwundene Kinder, aus deren Blut die Juden zu Pessach ihr Brot gebacken haben sollten.

Als die christliche Reconquista Spanien 1250 von den muslimischen Mauren zurückerobert hatte, setzte die katholische Kirche die „Heilige Inquisition" ein, ein Gericht, das darüber wachen sollte, dass die dort lebenden zwangsgetauften Juden keinesfalls ihren „teuflischen Kult" wieder aufnahmen. Später richteten sich die Inquisitoren auch gegen Christen und säuberten die Gemeinden von vermeintlichen Hexen und Ketzern. 1781 vollstreckte die Inquisition ihr letztes Todesurteil; erst 1834 wurde die Institution aufgelöst.

Wer nun glaubt, nur Vertreter der katholischen Kirche hätten sich an Juden vergriffen, täuscht sich gewaltig. Der Reformator Martin Luther gilt als einer der größten Judenhasser. Zuerst hatte er mit den Juden sympathisiert, da er überzeugt war, seine Bibelübersetzung müsse jeden Juden vom Christentum überzeugen. Als dies nicht geschah, begann er sie erbittert zu bekämpfen. Er sah im Judentum die Konkurrenz an der „biblischen Geisteswurzel". Der Glaube an den einen Gott war Allgemeingut geworden, und deshalb bedurfte es seiner Meinung nach keiner weiteren Religion, die auch noch beanspruchte, die ältere und reinere zu sein. 1543 rief er in seiner Schrift „Von den Juden und ihren Lügen" unmissverständlich zur Beseitigung des Judentums auf:

„Juden sind Mörder von Christen und insgesamt eine Plage, Pestilenz und eitel Unglück. Ich will meinen treuen Rat geben: Erstlich, dass man ihre Synagoge oder Schule mit Feuer anstecke, und was nicht verbrennen will,

mit Erde überhäufe und beschütte, dass kein Mensch einen Stein oder Schlacke davon sehe ewiglich... Zum anderen, dass man auch ihre Häuser desgleichen zerbreche und zerstöre... Zum dritten, dass man ihnen nehme all ihre Betbüchlein und Talmudisten... Zum vierten, dass man ihren Rabbinern bei Leib und Leben verbiete hinfort zu lehren... Zum fünften, dass man den Juden das Geleit und Straße ganz und gar aufhebe."
Ich könnte für die nächsten vierhundert Jahre noch viele Beispiele auflisten, wo führende Vertreter der christlichen Kirchen offen zum Angriff auf Juden aufriefen. Auch im 20. Jahrhundert finden sich genügend Beispiele für antisemitische Schriften deutschsprachiger Kirchenmänner, beispielsweise die Rede des protestantischen Pastors Karl Gerecke (1920):
„Deutsche Brüder, macht keine Fehler im Kampfe! Es geht einem sonst durchs Herz, weil euer Ziel, der Sieg über Juda, diese einzige Rettung des Vaterlandes nicht erreicht wird... Die eiserne Faust unseres Würgers, des nichtswürdigen Revolutionsjuden, spürt keiner so hart wie der bibeltreue, alldeutsche Kirchenmann... Schließet den Bund mit dem Antisemiten Jesus! Lasset die Flammen der Ewigkeit euer alldeutsches Götterherz durchglühen: flammenden Germanenhass gegen die asiatischen Blutsauger und Volksverderber, flammenden deutschen Christenzorn gegen die antichristlichen Volksverderber, Schulverderber, Kirchenverderber – den Hass und den Zorn der gottgewollten Rache! Dann wollen wir sehen, wer dem Starkstrom des alldeutschen Patriotismus, urgermanischer und urchristlicher Kraft, zu nahe kommt."
Man bedenke, dass Hitler erst 13 Jahre später an die Macht gelangte! Doch der durch die Kirchen genährte Antijudaismus hatte fast 1500 Jahre Zeit gehabt, in Europa Fuß zu fassen. Die offiziellen Kirchen hielten still und schauten weg beim Völkermord. Erst auf dem Zweiten Vatikanischen Konzil 1965 wurde erstmals der Vorwurf des Gottesmordes fallen gelassen. 1999 drückte Papst Johannes Paul II. bei einem Besuch in Israel sein Bedauern darüber aus, dass die Kirche im Dritten Reich nicht für die Juden eingetreten sei. Doch dass der Holocaust ohne die zweitausend Jahre lange Diffamierung der Juden durch die katholische und später auch die evangelischen Kirchen nicht möglich gewesen wäre, wird kaum reflektiert.

Wenn wir diese Texte, die ja nur einen winzigen Bruchteil der tatsächlichen Zeitzeugnisse wiedergeben, auf uns wirken lassen, kann es nicht verwundern, dass Bruno Cohn zu folgendem Schluss kommen muss: „So ungeheuerlich es sich für gläubige Christen anhören mag, wir müssen uns alle darüber klar werden, dass Jesus als zentrale Gestalt des Christentums für die Juden zu allen Zeiten in erster Linie Ausgangspunkt für Unmenschlichkeit, Schlechtigkeit, für das Böse schlechthin war." Hätten die Christen danach gestrebt, wie die Juden anmerken, Jesu Lehren, besonders aber das Gebot der Nächstenliebe in die Tat umzusetzen, wäre Millionen von Menschen auf der ganzen Welt ein grausamer Tod erspart geblieben.
Viele Juden lehnen Jesus und das Christentum nicht ab. Sie wehren sich nur gegen den Anspruch der Christen, der Weg zu Gott führe *ausschließlich und für alle Zeiten nur über Jesus.* Als Rabbi, der die Menschen an die wahren Werte des Judentums erinnerte, wird er heute von vielen Juden geachtet. Jüdische Werte unterscheiden sich nicht so sehr von christlichen. Einer der wichtigsten Unterschiede ist sicher, dass Juden nicht daran glauben, dass persönliche Schuld durch den Tod eines Einzigen, und sei er auch Jesus, gesühnt werden kann. Sie glauben auch nicht an die Absolution durch Priester. Jeder ist vor Gott für sich selbst verantwortlich und muss für sich selbst geradestehen. So streben gläubige Juden auch heute danach, in Liebe zu Gott ein gutes Leben zu führen.

Die Familie im Judentum

Ohne die Familie gäbe es das Judentum heute nicht mehr. Das jüdische Sprichwort „Religion kann nur empfangen, nicht gelernt werden" zeigt, dass der religiösen Erziehung in der Familie ein hoher Stellenwert zugemessen wurde. Das hebräische Wort für „Familie" – *mischpacha* – hat seit dem Fall Jerusalems Eingang in jede von Juden gesprochene Sprache gefunden. Es drückt ein tiefes Empfinden von Zusammengehörigkeit, Zusammenhalt und Zuhause aus: Alle Juden sind eine *Mischpoche* mit gleicher Erbschaft, gleichen Verpflichtungen und gleichen Werten. Sie halten sich an das Gebot, die Familie als einen Ort der Reinheit und des Friedens zu bewahren; sie verpflichten sich, Kinder zu bekommen und zu erziehen und ihre Eltern zu ehren. Die Familie ist der Ort, wo jüdisches Leben gelebt und bewahrt wird.

Die Ehe

Da Gott den Menschen nach seinem Abbild erschaffen hat, ist auch in ihm Männliches und Weibliches vereint. Mann und Frau sind als Abbild des Schöpfers völlig gleichwertig, doch nur in der Vereinigung kommen sie der Vollkommenheit nahe. Deshalb gilt ein Mann ohne Frau im Judentum nur als halber Mann, eine Frau ohne Mann als halbe Frau. „So merke denn auch: An einem Orte, wo sich nicht ein Männliches und ein Weibliches vereinigt finden, schlägt der Allerheilige nicht Seinen Wohnsitz auf und auch der Segen findet sich nur an einem Orte, der Männlich und Weiblich vereinigt" (I.fol.55b). Es wird daher nicht verwundern, dass die Ehe im Judentum einen äußerst hohen Stellenwert hat.
Jeder gläubige Jude hat die Verpflichtung, zu heiraten und sich fortzupflanzen (Jebamot 8, 4). Die Ehe ist nicht nur gottgewollt und ein Abbild seiner Vollkommenheit; sie wird darüber hinaus schon im Himmel geschlossen. Es ist Gottes Aufgabe, die Braut dem zu ihr passenden Bräutigam zuzuführen. Wie Moses Mendelssohn, der berühmte jüdische Gelehrte, Freund Lessings und Vorbild für den Nathan in dessen Theaterstück „Nathan der Weise", diese Überzeugung nutzte, erzählt uns Berthold Auerbach:
„Moses Mendelssohn hatte einen schlimmen Buckel, und obwohl seine Angebetete, Frommet Guggenheim, ihn sehr gut leiden konnte, wagte sie ihn wegen seines Buckels kaum anzusehen. Er ging zu ihr, die gerade nähte, und sie sprachen gut und schön miteinander, aber das Mädchen sah nicht von ihrer Arbeit auf, vermied, Mendelssohn anzusehen. Endlich, da dieser das Gespräch geschickt so gewendet, fragt sie: ‚Glauben Sie auch, dass die Ehen im Himmel geschlossen werden?' – ‚Gewiss, und mir

ist noch was Besonderes geschehen. Bei der Geburt eines Kindes wird im Himmel ausgerufen: Der und der bekommt die und die. Wie ich nun geboren wurde, wird mir auch meine Frau ausgerufen, aber dabei heißt es: Sie wird, leider Gottes, einen Buckel haben, einen schrecklichen. Lieber Gott, habe ich da gesagt, ein Mädchen, das verwachsen ist, wird gar leicht bitter und hart, ein Mädchen soll schön sein, lieber Gott, gib mir den Buckel und lass das Mädchen schlank gewachsen und wohlgefällig sein.' Kaum hatte Moses Mendelssohn das gesagt, als ihm das Mädchen um den Hals fiel – und sie ward seine Frau, und sie wurden glücklich miteinander."

Bei der Hochzeitszeremonie werden die Frauen ihren Männern „angeheiligt". Früher reichte der Beischlaf aus, um die Ehe für geschlossen zu erklären. Noch in biblischen Zeiten, ca. 100 v. Chr., änderte sich dieser Brauch. Es wurde ein Vertrag geschlossen, in den der Mann die feierliche Versicherung schrieb: „Du sollst meine Frau sein, und ich will dir dienen, dich ehren und versorgen nach der Weise jüdischer Männer, die ihren Frauen dienen, sie ehren, ernähren und versorgen in Treue." Außerdem musste der Mann für seine Frau eine Geldsumme hinterlegen, die ihr im Falle einer Scheidung oder seines Todes als Sicherheit diente. Erst wenn wir bedenken, dass Ehefrauen im Umfeld der Israeliten wie Sklavinnen behandelt wurden, können wir den Stellenwert dieser Eheverträge würdigen. Das höchste Ideal für jüdische Männer war nicht Tapferkeit und Stärke, da es Jahrhunderte lang keinen jüdischen Staat gab, der verteidigt werden musste, sondern es war das Wissen um die Tora und den Talmud. Deshalb galt die Ehe mit einem Schriftgelehrten oder mit der Tochter eines Schriftgelehrten als besonders glücklich (Pesachim 49a). Oftmals sorgte die Frau für den Lebensunterhalt, um dem Mann zu ermöglichen, sein Leben dem Studium der Tora zu widmen. Für ihren aufopferungsvollen Dienst am Judentum erhält die Frau reichen Lohn von Gott: „Noch größer ist die Verheißung, die der Heilige, gelobt sei er, verheißen hat, für die Frauen als für die Männer... Wodurch werden Frauen dessen würdig? Dadurch, dass sie ihre Söhne im Gemeindehaus Bibel lesen lassen und dadurch, dass sie ihre Männer im Lehrhaus Mischna lernen lassen und auf ihre Männer warten, bis sie vom Lehrhaus kommen" (Brachot 17a).

Die Liebe sollte der Grundpfeiler jeder jüdischen Ehe sein. Auch dafür gibt es viele biblische Beispiele: Abraham liebte seine Frau Sara, Isaak seine Frau Rebekka und Jakob seine Frau Rachel. Von Jakob wissen wir, dass er zuerst ihre ältere Schwester Lea heiraten musste, bevor er sieben Jahre später die jüngere Rachel bekam. Die eheliche Liebe wird jedoch nicht romantisch sentimental verklärt. Die Rabbiner wissen, dass sie sich im Alltag bewähren, durch Respekt und Rücksichtnahme getragen und stets erneuert werden muss: „Immerdar sei ein Mensch auf die Ehrung seiner Frau bedacht, denn nur um seiner Frau willen waltet Segen im Haus eines Menschen" (Bawa mezia 59a).
Sexualität gilt als notwendiges und erwünschtes Bindeglied zwischen den Eheleuten: „Drei sind der Vorgeschmack der kommenden Welt; das sind Schabbat, Sonne und Beischlaf" (Brachot 57b). Zu den Pflichten des Ehemannes gelten neben der Sorge für den Lebensunterhalt der Ehefrau auch der eheliche Verkehr und der Orgasmus der Frau. Ein neuvermählter Mann darf ein Jahr lang nicht zu militärischen oder öffentlichen Diensten berufen werden (5. Mose 24, 5). Mose ben Nachman gibt im 13. Jahrhundert in seinem Buch für die Ehemänner „Iggeret ha-Kodesch" gar Ratschläge für die Durchführung des Sexualaktes: „Wisse, dass der Beischlaf heilig und rein ist, wenn er in rechter Weise, zu rechter Zeit und mit der rechten Absicht vollzogen wird. Niemand sollte sagen, dass er hässlich und anstößig sei. Gott bewahre! Denn Beischlaf heißt ‚erkennen' (Gen 4,1), und dies nicht umsonst... Er wäre nicht so genannt, wenn ihm nicht große Heiligkeit innewohnte." Und damit der Beischlaf für die Frau erfüllend wird, gibt er folgenden Rat: „Sprich Worte, die in ihr (deiner Frau) Leidenschaft, Einheit, Liebe, Begehren und Lust erwecken ... Warte mit deiner Leidenschaft, bis sie bereit ist. Fange liebevoll an. Lasse ihren Erguss zuerst kommen."
Wenn ihr der Mann den Beischlaf verweigert, kann die Frau die Scheidung durchsetzen. Als warnendes Beispiel gilt Rabbi Raw Rechumi, der sich die meiste Zeit im Lehrhaus und nicht bei seiner Frau aufhielt. „Eines Tages aber ward er vom Thema allzusehr angezogen (und vergaß darüber das Heimgehen). Währenddessen hoffte seine Frau: Jetzt kommt er, jetzt kommt er! Als er nicht kam, bekümmerte sich ihr Sinn, und Tränen flossen

aus ihren Augen. Er saß gerade auf einem Flachdach. Da brach das Flachdach unter ihm durch, und seine Seele ging zur Ruhe ein“ (Ketubbot 62b).
So sehr die Sexualität zwischen Männern und Frauen befürwortet wird, so sehr wird Homosexualität verdammt und bestraft (3. Mose 18,22). Homosexualität wird in einem Atemzug genannt mit Sodomie. Der Herr befiehlt seinem Volk des weiteren: „Verunreinigt euch nicht mit diesen Dingen, denn mit diesen Dingen haben sich die Völker verunreinigt, die ich vor euch austreibe... Denn wer von diesen Abscheulichkeiten eine begeht,... sollen aus ihrer Nation ausgerottet werden“ (3. Mose 18, 24;29). Der homosexuelle Mensch versündigt sich, weil er seinen Samen nicht der Fortpflanzung widmet. Lesbische Liebe wird zwar nicht erwähnt, gilt aber als nicht vereinbar mit der jüdischen Familienethik. In orthodoxen Gemeinden wird Homosexualität auch heute noch als Perversität gewertet.
Obwohl die Stammväter Israels Abraham, Isaak und Jakob polygam lebten, ist das biblische Ideal die monogame Ehe. Seit dem babylonischen Exil 600 v. Chr. wird die Polygamie kaum noch erwähnt, und von den 2800 Rabbinern, die im Talmud erwähnt werden, hatte nur einer zwei Frauen. Im 11. Jahrhundert verbot Rabbi Gerschom ben Juda von Mainz die Polygamie, seit 1951 ist sie auch in Israel nicht mehr erlaubt.
Ehebruch war keine Privatsache, sondern galt als Todsünde und als Verbrechen gegen Gott, den Gatten und die ganze Familie. Bestraft wurde jedoch nur die Frau und nur dann, wenn sie auf frischer Tat ertappt wurde. Sie verlor alle Rechte und die Ehe wurde aufgelöst. Kinder aus einer „verbotenen“ nichtehelichen Verbindung werden „Mamser“ genannt. Sie gelten als Juden, dürfen aber zehn Generationen lang keinen Juden und keine Jüdin heiraten, es sei denn, diese sind ebenfalls Mamser. Dieses Gebot sollte helfen, „verbotene“ Beziehungen zu verhindern. In Israel und in orthodoxen Gemeinden gilt dieses Gesetz heute noch!
Eine Scheidung wurde nie gern gesehen (*Maleachi 2,13* / Sanhedrin 22a), jedoch erstmals durch Mose geregelt (4. Mose 5,11-31 / 5. Mose 24, 1-4). Dass der Frau überhaupt Rechte zugesprochen wurden, muss im Vergleich mit den Nachbarn als große Neuerung betrachtet werden. Zum Beispiel reichte es in Sumer aus, wenn ein Mann zu seiner Frau sagte: „Du bist nicht mehr

meine Frau.“ Wenn die Frau ihrem Mann etwas Entsprechendes zu sagen wagte, warf man sie dagegen in den Fluss.
Nach jüdischem Recht kann eine Scheidung nur dann gültig werden, wenn beide Ehepartner zustimmen. Die Frau erhält den Scheidebrief, in dem der Ehemann bestätigt: „Siehe, du bist jedem Mann erlaubt.“ Danach darf sich die Frau wieder verheiraten. Sie erhält die „Eheverschreibung“, jenes Geld, das der Mann ihr bei der Hochzeit für diesen Fall gegeben hat. Damit sollte verhindert werden, dass der Mann die Frau im Ärger einfach verstieß. Auch der jüdischen Frau war es möglich, den Scheidebrief zu fordern, wenn der Mann ihren elementaren Bedürfnissen nach Ernährung, Kleidung und Beischlaf nicht nachkam.
Wenn ein Mann seiner Frau böswillig den Scheidebrief „Get“ verweigerte, konnte sie keine neue Ehe eingehen. Aber auch wenn der Mann verschollen und sein Tod von keinem Zeugen bestätigt werden konnte, blieb die Frau eine „Aguna“, eine Gebundene. Dies ist auch heute noch geltendes Recht in Israel. Den Frauen, die den Tod ihrer Männer im 2. Weltkrieg und in der Schoa nicht nachweisen konnten, wurde dort eine religiöse Ehe verwehrt.

Die jüdische Frau und Mutter

Dreh- und Angelpunkt der Familie ist die jüdische Frau und Mutter. Sie ist Priesterin des Hauses und verfügt über umfangreiche Kenntnisse der Halacha, der tradierten Religionsgesetze, erzieht die Kinder im Glauben, lehrt sie die Speise-, Reinheits- und Feiertagsgesetze und ist so maßgeblich an der Bewahrung des Judentums beteiligt.
Warum genießt die Frau eine für diesen Kulturkreis so außergewöhnliche Wertschätzung? Die Antwort auf diese Frage gibt uns die Schöpfungsgeschichte. Dort erleben Christen eine Überraschung: Die korrekte Übersetzung für „Adam“ ist nämlich nicht „Mann“, sondern „Mensch, die Einheit von Männlichem und Weiblichem“. Allem Anschein zum Trotze hat Gott nicht zuerst den Mann erschaffen. Um dem weit verbreiteten Missverständnis, Adam sei als Mann geschaffen worden, vorzubeugen, schreibt

Rabbi Schim'on im Sohar: „So heißt es denn auch: ‚Und Er segnete *sie* und nannte *ihren* Namen Adam, am Tage, da *sie* geschaffen wurden', und nicht: ‚Er segnete ihn und nannte seinen Namen Adam.' Denn sogar der Name ‚Mensch' wurde dem Männlichen und Weiblichen zusammen gegeben" (I. fol. 55b).

Gott sah zwar, dass alles gut war, doch da der Mensch kein gleichartiges Gegenüber hatte, befand Gott: „Es ist nicht gut, dass der Mensch alleine bleibe. Ich will ihm eine Gehilfin machen, die um ihn sei" (1. Mose 2, 18). Er trennte das Männliche vom Weiblichen, indem er eine Rippe vom Menschen *(adam)* nahm und aus dieser die Frau oder „Männin" machte. Jetzt, im Angesicht der Frau wird der Mann zum Mann, und im Angesicht des Mannes wird die Frau zur Frau.

Der männliche Mensch behält den Namen „Adam, der aus Erde Geschaffene"; der Name der Frau ist Eva, hebräisch *hawa*, und bedeutet „sprechend Wissen geben". Die jüdische Tradition leitet daraus ab, dass Gott die Frau verständiger als den Mann erschaffen hat. Eva, die den Apfel vom Baum der Erkenntnis pflückte, gab den Menschen damit die Möglichkeit zu moralischem Handeln.

Gott vertrieb Adam und Eva übrigens nicht wegen des Apfels aus dem Paradies. Er hatte vielmehr Sorge, die Menschen könnten sich auch am Baum des Lebens vergreifen: „Das ewige Wesen, Gott, sprach: ‚Nunmehr ist Adam wie einer von uns, zu kennen Gutes und Böses. Wie leicht könnte er seine Hand ausstrecken und nehmen sogar von dem Lebensbaume und essen, dass er ewig lebe'" (1. Mose 3,22). Deshalb ließ er sie durch seinen Engel aus dem Garten Eden vertreiben.

Die Gleichwertigkeit der Frau um 1500 v. Chr. war unter den Nomadenvölkern des mittleren Ostens eine absolute Ausnahme. Dass im gleichen Atemzug mit den Stammvätern Abraham, Isaak und Jakob die Stammesmütter Sara, Rebekka, Rahel und Lea genannt werden, dürfen wir bereits als Sensation werten. Gott selbst stellt die Frau in gewissen Fällen sogar über den Mann. So sagt er zu Abraham: „Was dir Sara sagen wird, gehorche!" (1. Mose 21,12). Daraus leiteten die Rabbiner ab, die Frau habe mehr Verstand als der Mann, und rieten den Männern, sich mit ihren

Frauen zu beraten und ihre Töchter und Söhne gleich zu behandeln (Jewamot 62 b).

Die Mutter hat einen hohen Stellenwert in der jüdischen Familie. Das spiegelt sich auch in dem Sprichwort: „Gott kann nicht überall sein, und deshalb schuf er Mütter." Die Frau gilt als „die Krone ihres Mannes" (Spr. 12,4) und ist Priesterin des Hauses, die den Sabbat und die Festtage durch das Entzünden und Segnen der Lichter einleitet. In traditionellen Familien singen Mann und Kinder der Frau jeden Sabbat das biblische Frauenlob: „Eine tüchtige Frau, wer findet sie? Sie übertrifft alle Perlen an Wert. Das Herz ihres Mannes vertraut auf sie, und es fehlt ihm nicht an Gewinn. Sie tut ihm Gutes und nichts Böses alle Tage ihres Lebens" (Sprichwörter 31, 10-31).

Dann folgt eine Aufzählung all der Pflichten, die die Frau im Haushalt und auf dem Feld von früh bis spät erledigt. Dabei ist sie mildtätig gegenüber den Bedürftigen, eine gute Geschäftsfrau, klug und gütig. Jüdische Frauen wurden nie als schwach angesehen. Debora und Judith, die ihr Volk durch ihren Mut retteten, galten als Vorbilder. Wie wir aus dem „Frauenlob" erfahren, übten Jüdinnen außer ihrer Arbeit als Hausfrauen und Mütter viele Erwerbstätigkeiten aus, hatten Grundbesitz, machten Geschäfte und verwalteten Gelder. In der Antike lernten nur die Mädchen die Landessprache, um die Geschäfte der Familie führen zu können. Im 13. und 14. Jahrhundert wurden 25 Prozent aller jüdischen Geschäfte von Frauen geleitet. Sie verwalteten die Gelder der Gemeinde, vergaben Kredite, wirkten als Wundärztinnen und Hebammen. Viele jüdische Verlage wurden von Frauen gegründet und geführt.

Dafür achteten die Männer ihre Frauen, wovon das Hohelied Salomos ein wunderschönes Zeugnis gibt. Die oft gestellte Frage, ob Salomo mit dem Hohelied seine Geliebte Schulamit oder die Tora besungen hat, beantwortet der Talmud: „Sieh, wie herrlich die gute Frau ist! Besingt die Schrift wirklich die Frau – wie herrlich ist sie! Will hier Salomo im Ideal weiblicher Vollkommenheit die Tora besingen, wie herrlich muss dann die Frau sein!" (Jeb 63b)

Obwohl Männer und Frauen gleichwertig sind, haben sie durch ihre biologischen Unterschiede verschiedene Aufgaben. Da der göttliche Auftrag die

Fortpflanzung hervorhebt, ist es die heilige Pflicht der Frau, Kinder zu gebären und aufzuziehen (Jewamot 63b). In der Bibel wird Eva „Mutter alles Lebendigen" (1. Mose 3,20) genannt, und wie wichtig die Mutterschaft für eine Jüdin war, erfahren wir aus der Bibel, wo Sara und Rachel, die Stammesmütter, die lange unfruchtbar blieben, um den Segen eines Kindes flehen. „Als Rachel sah, dass sie dem Jakob keine Kinder geboren hatte, da beneidete Rachel ihre Schwester Lea (die einen Sohn nach dem anderen gebar) und sprach zu Jakob: ‚Schaffe mir Kinder! Wenn nicht, so sterbe ich!' Da entbrannte Jakobs Zorn über Rachel und er sprach: ‚Bin ich denn an der Stelle Gottes, welcher dir die Leibesfrucht versagt?'" (Mose 1, 30,1)

Es ist Gott, der die Kinder schenkt. Gott ist direkt an der Zeugung und am Wachstum des Ungeborenen beteiligt (Nidda 31 a). Mit der Schwangerschaft wird die Frau zu seiner Partnerin, denn durch seinen Segen gebiert sie neues Leben und bezeugt damit seine Sorge für sein Volk. Die Frauen haben während der Schwangerschaft und auch als Mütter eine Sonderstellung und sind von vielen Pflichten befreit, um sich ganz der Pflege der Kinder widmen zu können. So müssen sie nicht zu vorgeschriebenen Zeiten in den Tempel und auch keine schwere Feldarbeit verrichten. Eine Schwangere kann, wenn sie von Heißhunger überfallen wird, nicht nur vom strengen Fasten am Versöhnungstag befreit werden, sie darf sogar Opferfleisch, das eigentlich den Priestern vorbehalten ist oder das sonst streng verbotene Schweinefleisch zu sich nehmen, ohne bestraft zu werden (Joma 82, 1).

Wie viele Kinder eine Frau gebar, war ihr überlassen. Es gab durchaus Tränke, mit denen eine Schwangerschaft verhindert werden konnte. War eine schwierige Geburt zu befürchten, durfte die Frau die Schwangerschaft sogar abbrechen. Es wurde jedoch erwartet, dass ein Paar mindestens einen Sohn und eine Tochter hatte, weil Gott Männliches und Weibliches erschuf.

Kinder sind für ein Volk wie die Juden, die in ihrer leidvollen Geschichte so häufig Vertreibung und Völkermord ausgesetzt waren, der Garant fürs Überleben. Indem die Kinder das jüdische Leben fortsetzten und hingebungsvoll praktizierten, waren sie die Hoffnungsträger für eine bessere

Zukunft. Die Eltern verpflichteten sich dazu, den Kindern die jüdische Tradition zu vermitteln. Dies wird im „Höre Israel“, dem Glaubensbekenntnis der Juden, bekräftigt: „Die Worte, die ich dir jetzt befehle, sollen dir stets im Herzen bleiben. Du sollst sie deinen Kindern einschärfen und immer davon reden, wenn du zu Hause sitzt oder auf Reisen bist, wenn du dich niederlegst und wenn du aufstehst“ (5. Mose 6, 4-7).

Die Aufzucht und Erziehung der Kinder ist dementsprechend ein Auftrag Gottes und wird von den Eltern sehr ernst genommen, denn sie schaffen damit die Grundlage für die Erneuerung der Gemeinde. Der Vater führt seinen Sohn in die Synagoge, die „Schule“, ein, die Mutter unterweist die Tochter in der Halacha, den Religionsgesetzen. Dass diese Kenntnisse wichtiger sind als die der Jungen, zeigt sich darin, dass nur der als Jude gilt, der eine jüdische Mutter hat.

Aber auch die Kinder sind von Gott beauftragt: Das Gebot, die Eltern zu ehren, ist eines der Zehn Gebote, die Gott dem Moses auf dem Berg Sinai diktierte: „Ehre deinen Vater und deine Mutter! Dann werden lange dauern deine Tage auf dem Boden, den Haschem, dein Gott, dir gibt“ (2. Mose 20,12). Dieses Gebot hatte in einer Zeit, in der die Versorgung der Alten ausschließlich durch die Kinder sichergestellt wurde, eine zentrale Bedeutung.

Doch es gibt auch einen höheren mystischen Sinn, der im Sohar erklärt wird (III. fol. 12a): Der Vater gilt als Sinnbild der Sonne und damit als ein Symbol für den Allheiligen; die Mutter ist dagegen ein Sinnbild für den Mond, und dieser steht für die Gemeinschaft Israels. So fordert das Gebot auf einer höheren Ebene dazu auf, den Allheiligen und die Gemeinschaft Israels zu ehren. Indem sie Vater und Mutter ehren, achten die Kinder Gott und das Volk Israel (Kidduschin 30b).

Der Rabbiner Samson Raphael Hirsch, der 1847 mit seinem Buch „Chorew – Versuch über Israels Pflichten“ ein Standardwerk über die Ausübung des orthodoxen Judentums schuf, widmet der Verehrung der Eltern ein ganzes Kapitel. Seine poetischen Ausführungen sollen dieses Kapitel beschließen: § 486: „Was der Stamm ist für die Frucht, das sind die Eltern für den Menschen. Wie die Frucht alles nur durch den Stamm ist, also ist der Mensch, was er ist, nur durch seine Eltern... Gott schenkt Leben – aber was wäre das Leben, wenn ihm nicht Menschen zugesellt wären, die es schützten und pflegten und nährten und heranbildeten zu dem, was es nach des Gebers Willen werden soll?... Wer – ins Hiersein erwachter Menschensprößling! – wer soll dich zum Menschen und Bürger Jisraels erziehen? Deine Eltern sind`s, Vater und Mutter sind's, die dich für die Menschheit und Jisrael aufnehmen und für die Menschheit und Jisrael dich erziehen. – Aber wie? Wenn nun der Selbstsinn im Kind erwacht und sich die Frucht vom Stamm lossagte und der Stoff widerstrebend sich dem Bildner entzöge? Wie sähe es dann aus um die Mensch- und Jisraelsbildung, um die Überlieferungsewigkeit und Jisraelbund? Darum hat mit unwandelbarer Pflicht Gott, dein Schöpfer, dich mit deinen Eltern verbunden... Sollst sie achten und ehren nächst Gott; denn nur durch sie strebst du hinauf zu Gott... dann wird dein gottempfangenes Leben durch die Elternehre und Achtung zu wahrem Leben erblühen; du magst hier viele Jahre lang leben oder wenig – dein wahres Leben dauert lange – ewig wie Gott – und das Gute – ist dein!"

Die Neuerungen im progressiven Judentum

Das progressive oder reformierte Judentum entstand Ende des 19. und Anfang des 20. Jahrhunderts in Deutschland. Der Völkermord der Nationalsozialisten setzte dieser Bewegung jedoch ein schreckliches Ende. Heute gibt es nur noch wenige progressive Gemeinden in Deutschland, doch ist die Zahl ihrer Mitglieder im Steigen begriffen. Das progressive Judentum versteht sich als „integrative Kraft von Rückbesinnung auf die Tradition und Hinwendung zur Moderne und ist damit der bestimmende Faktor des zeitgenössischen jüdischen Lebens heute" (307)[1]. Leider werden progressive Rabbiner und ihre Entscheidungen von orthodoxen Rabbinern nicht anerkannt, so dass es heute eine Spaltung im Judentum gibt. Die Neuerungen, die progressive Juden einbringen, sind jedoch durchaus bedenkenswert, und so sollen sie hier in den Bereichen, die unser Thema betreffen, ihren Platz finden.

[1] Zitate aus: Romain/ Homolka, Progressives Judentum, Leben und Lehre, Knesebeck 1999

Progressives Judentum unterscheidet sich in vielen Fragen nicht vom orthodoxen, in einigen aber ganz erheblich. So bemühen sich progressive Rabbiner, „in der Reflexion mit der im Schrifttum überlieferten Lehre ein jüdisches Leben zu führen, das den sozialen, kulturellen und ethischen Herausforderungen der Moderne entspricht“ (S. 346). Dies beinhaltet, dass gewisse Gebote und Gesetze zu biblischen Zeiten sehr wohl einen Sinn ergaben, heute aber überholt sind. Progressive Rabbiner nehmen sich das Recht, hier Änderungen vorzunehmen:
„Es gab nie einen Stillstand im Judentum, sondern stets eine nach vorn strebende Bewegung, die manchmal langsamer, manchmal schneller war. Die jüdische Geschichte ist reich an Kontinuität und an Veränderung. Selbst biblisch fixierte Gesetze wurden in der mündlichen Tradition oder durch Ortsbrauch verändert oder außer Kraft gesetzt. Beispiel hierfür sind die Stellung zu Tieropfer, Kapitalstrafen, Polygamie, Sklaverei oder der Schuldenerlaß im siebten Jahr. Wir erkennen den dynamischen entwicklungsorientierten Charakter unserer jüdischen Religion an, der bereits in der Tradition angelegt ist. Wir möchten unsere jüdische Tradition religiös leben und dabei die Herausforderungen der Moderne im Kontext unserer Überlieferung reflektieren“ (S.350).
Progressive Rabbiner sehen ihr Recht, sich an die gesellschaftlichen Gegebenheiten der Moderne anzupassen, in der Vielfalt begründet, die in jüdischen Gemeinden seit der Diaspora herrschte. Juden, die in osteuropäischen Gemeinden wie den polnischen „Schtetl“ lebten, unterschieden sich in ihrer Kleidung und ihrem Gottesdienst seit dem 17. Jahrhundert eindrücklich von in Deutschland, Frankreich oder England lebenden Juden. Rabbi Jakov Emden aus Altona, der im 18. Jahrhundert lebte, erzählt in seiner Autobiographie, dass ihn seine Freunde davor warnten, eine polnische Jüdin als zweite Frau zu nehmen. „Denn, so sagten die Leute, ihr Wesen sei anders und passe nicht zu dem der hier Lebenden.“ Der Rabbi erzählt weiter, dass er es wohl vermied, seine polnische, in Lwow aufgewachsene Nichte, zur zweiten Frau zu nehmen, sie aber als seine dritte heiratete, um zu beweisen, dass Ehen im Himmel geschlossen werden.

Aus diesen historischen Tatsachen heraus entnehmen progressive Rabbiner das Recht, bestimmte jüdische Religionsgesetze an die moderne westliche Welt anzupassen. „Das Judentum war nie einheitlich, sondern stets pluralistisch. Wir achten die Vielfalt unserer Tradition. Die heutige Auffächerung des Verständnisses der Tradition in verschiedenen Richtungen des Judentums geht bereits auf Entwicklungen des achtzehnten Jahrhunderts zurück. Durch die Aufklärung wurde das jüdische Leben stark verändert. Sie stellte grundlegende Fragen an den jüdischen Glauben und seine Ausübung. Orthodoxe und progressive Juden haben unterschiedliche Antworten auf diese Fragen gefunden. Wir setzen uns für die wechselseitige Achtung aller jüdischen Richtungen ein“ (S.351).

Im Punkte der Achtung der Familie gibt es im progressiven wie im orthodoxen Judentum keine Unterschiede. Sie wird als Heiligtum des jüdischen Glaubens gewertet: „Uns eint die jüdische Sicht auf das familiäre Heim des Menschen als ‚kleines Heiligtum‘, das von der Schönheit des Heiligen erfüllt ist. Hier können die Werte und Traditionen des Judentums am besten vorgelebt, gelehrt und von Generation zu Generation weitergegeben werden“ (S. 349).

Doch werden Frauen in progressiven Gemeinden anders behandelt als in orthodoxen. Die Entbindung der Frau von religiösen Pflichten war 1250 v.u.Z. zu ihrem Wohl gedacht. Es war Frauen allerdings nie verboten, an Ritualen im Tempel und in der Synagoge teilzunehmen. Auch steht nirgendwo geschrieben, dass Frauen keine Rabbinerinnen sein dürfen. Im Laufe der Jahrhunderte wurde aus der Schonung der Frau ein Verbot, an wichtigen religiösen Ritualen teilzunehmen. Da Mädchen nicht in Hebräisch unterrichtet wurden, konnten Frauen dem Gottesdienst nicht folgen und waren zu passiven Rollen verdammt. Hier vertreten progressive Rabbiner eine andere Meinung: „Wir bestehen auf der Gleichberechtigung von Frauen und Männern im synagogalen Leben. In unserer Synagoge gibt es keine Geschlechtstrennung. Frauen leiten den Gottesdienst und werden zur Tora aufgerufen. Sie werden zu Rabbinerinnen ordiniert und können jedes Amt in der Synagoge innehaben. Damit widerspricht das progressive Judentum der traditionellen Benachteiligung der Frau" (S.352). Mädchen und Jungen erhalten dieselbe religiöse Erziehung, ja, es wurden für Mädchen Rituale geschaffen, die in orthodoxen Synagogen den Jungen vorbehalten sind.

Bei der Eheschließung und bei der Scheidung werden beide Partner gleichberechtigt behandelt. So stellen progressive Rabbiner keinen traditionellen Scheidebrief mehr aus, weil in diesem der Mann einseitig seine Frau „wegschickt". Angestrebt wird eine einvernehmliche Lösung der Ehe. Auch das Problem der Aguna, der gebundenen Frau, wird hier anders behandelt. „Das progressive Judentum versucht der traditionellen Benachteiligung der Frauen durch eine zeitgemäße Auslegung entgegenzuwirken" (S. 353).

Wichtig ist auch, wie progressive Rabbiner mit den „Mamsern", den Kindern aus biblisch verbotenen Verbindungen umgehen. Ehebruch wird in allen jüdischen Gemeinden abgelehnt. Doch die aus solchen Verbindungen entstandenen Kinder sind unschuldig an ihrer Zeugung und dürfen deshalb nicht bestraft werden. Dabei berufen sich die progressiven Rabbiner auf Ezechiel 18, 20: „Nur wer sündigt, soll sterben. Ein Sohn soll nicht die Schuld seines Vaters tragen und ein Vater nicht die Schuld seines Sohnes. Die Gerechtigkeit kommt nur dem Gerechten zugute, und die Schuld lastet nur auf dem Schuldigen." Deshalb kommt das progressive Rabbinatsgericht *Bet Din* zu dem Schluss, dass der Status des Mamsers ungerecht und mit der Ethik des Judentums nicht vereinbar ist. „Was immer der Wert dieser Vorstellung in den vergangenen Jahrhunderten gewesen sein mag, für das moderne jüdische Leben ist sie ungeeignet... Das progressive Judentum wendet den Begriff *Mamser* heute auf niemanden mehr an. Er hat einen rein historischen Wert" (S. 231).

Auch die Einstellung zur Homosexualität ist in progressiven Gemeinden eine ganz andere. Reformierte Rabbiner gehen davon aus, dass Homosexualität genetisch bedingt oder durch frühkindliche Entwicklungsstörungen ausgelöst worden ist. Sie halten es für ausgesprochen lieblos, einen Menschen aufgrund seiner Veranlagung zu einem Perversen zu stempeln und aus der Gemeinde auszuschließen. „Wir heißen in unseren Gemeinden alle Jüdinnen und Juden willkommen, unabhängig von ihrem Familienstand oder ihrer sexuellen Orientierung" (S. 354). Solange der Homosexuelle seine Neigung nicht in den Vordergrund stellt – was übrigens auch bei heterosexuellen Juden abgelehnt wird -, kann er Mitglied der Gemeinde sein. Er wird ebenso wie jedes andere Mitglied zur Lesung der Tora herangezogen und kann religiöse Ämter ausüben.

Anderen Religionen gegenüber sind progressive Gemeinden offen: „Wir sind ganz dem Judentum verbunden und von seiner Besonderheit überzeugt. Doch wir erkennen an, dass die tiefste Wahrheit geheimnisvoll und komplex ist und dass andere Traditionen sie aufrichtig auf andere Weise suchen und für sich auch finden. Daher treten wir für die Achtung anderer Religionen und den Respekt vor ihnen ein. Deshalb bieten wir das offene Gespräch besonders den mit uns historisch verwandten monotheistischen Religionen Christentum und Islam an. Aber auch alle anderen laden wir zum Gespräch ein. Wir wollen durch den Dialog mit unterschiedlichen Glaubensformen und Religionen gegenseitiges Verständnis, Freundschaft und Austausch fördern" (S. 355).

Die Ehe als Sinnbild der Verbindung zwischen Gott und Israel in der jüdischen Mystik

Obwohl das Judentum in erster Linie darauf ausgerichtet ist, in Liebe und Hingabe zu Gott ein ethisch gutes Leben zu führen, gibt es doch eine jüdische Mystik, die sich mit der Erklärung des Gottesbegriffs, der Tora und mit dem Hohelied Salomos beschäftigt. Die jüdische Mystik wird mit dem Sammelnamen „Kabbala" bezeichnet. „Kabbala" ist das hebräische Wort für „Tradition", für eine nur den Eingeweihten zugängliche Lehre.

Es gibt viele Schriften, die der Kabbala zugeordnet sind. Die Bekannteste ist gewiss der „Sohar", das „Buch des Glanzes". Es wird dem im zweiten Jahrhundert n. Chr. lebenden Rabbi Simon bar Jochai zugeschrieben, der in diesem Buch mit seinen Kollegen und Schülern auftritt, um die Geheimnisse der jüdischen Lehre zu erklären. Wenn der Sohar auch das

bekannteste Buch ist, gibt es viele jüdische Mystiker, die der Tradition des Chassidismus zuzuordnen sind, jener mystischen Richtung, die in Polen und Weißrußland entstand.
Die Kabbala wird häufig mit Zahlenmystik und der verborgenen Bedeutung des hebräischen Alphabets in Zusammenhang gebracht; uns interessiert hier ein anderer Aspekt: das männlich-weibliche Wesen Gottes und die Gleichsetzung der Frau und Mutter mit der Schechina, dem weiblichen Aspekt des Höchsten.
Für Christen und Muslime ist ein Gott mit männlichen und weiblichen Aspekten eine völlig ungewohnte Vorstellung. Doch wenn wir die Bibel wörtlich nehmen, steht geschrieben, dass Gott den Menschen nach seinem Bilde schuf, nämlich: „männlich und weiblich schuf er sie." Deshalb muss auch er, wie schon erwähnt, männlich und weiblich sein: JHWH und Elohim. JHWH wird „der Vater" genannt, Elohim „die Mutter". JHWH und Elohim sind dennoch nicht getrennt voneinander. So wie der erste Mensch, Adam, männlich und weiblich ist, sind auch JHWH und Elohim eins: „Denn ich bin Elohim, und Elohim ist ich."
JHWH ist der König, der sich einen Palast, die Erde mit ihren Geschöpfen, erschaffen will. Dazu braucht er einen Baumeister, Elohim, das weibliche Urprinzip: Dies ist die Schechina, die mütterliche Anwesenheit Gottes, die als ewiger Funke jedes Wesen belebt. Sichtbar wird die Schechina dem Volke Israel. Sie schwebt über den Zelten der Stammmütter Sara und Rachel, begleitet das Volk auf seiner Wanderung ins Land Kanaan und später auch ins Exil nach Babylon wie eine Mutter, die, ohne einzugreifen, nicht von seiner Seite weicht.
Der Sohar erklärt, wie die Welt und der Mensch von diesen beiden Prinzipien geschaffen wurde. JHWH, der Vater, sagt zu Elohim, dem weiblichen Urprinzip: „Lasset uns einen Menschen machen, in unserem Bilde, nach unserem Gleichnis." Darauf antwortet Elohim weitsichtig: „Wohl ist es gut, ihn zu erschaffen, aber in Zukunft wird er sündigen vor Dir in seiner Torheit."
Der Mensch ist von Anbeginn mit freiem Willen geschaffen. Er erhält von JHWH Elohim einen guten und einen bösen Trieb, wobei der gute Trieb dem geistigen Vaterprinzip JHWH zugeordnet wird, der böse dem irdi-

schen Prinzip von Elohim. Gott hat in ihm angelegt, dass er sich für das Gute, aber auch für das Böse entscheiden kann. Der berühmte jüdisch-spanische Gelehrte Maimonides (1135-1204) führt diesen Gedanken in seiner Schrift „Die starke Hand“ näher aus: „Jedem ist Freiheit gegeben. Will einer sich dem guten Wege zuwenden und ein Gerechter sein, so kann er es; will einer sich dem bösen Weg zuwenden und ein Frevler sein, so kann er es.“ Folgt der Mensch dem guten Trieb, „ist er geliebt von seinem Herrn und zahlreiche Wächter schirmen ihn ab von allen Seiten; verzeichnet ist er zum Guten so oben als unten, und die heilige Schechina waltet über ihm. Wenn er aber falsche Pfade wandelt, hebt sich die Schechina von ihm“ (III. fol. 46b). Der Mensch verliert das Bewusstsein der mütterlich göttlichen Macht in sich und den Schutz, den sie ihm verliehen hat. Und doch hat der böse Trieb eine wichtige Aufgabe. Er gilt als „Sauerteig“, der den Menschen zur Selbstläuterung veranlasst.

Der geläuterte Mensch, der Gott aus tiefstem Herzen liebt, wird von Gott mit der Erleuchtung beschenkt. Der weißrussische Mystiker Schneur Salman von Ljade (1747 – 1813) schreibt, „dass beim Gebete und bei der Gottesanbetung aus der Tiefe des Herzens der göttliche Funke der Schechina, der eben in jeder einzelnen israelitischen Seele verborgen ist, befreit wird und nach oben steigt, um sich mit Gott zu vereinigen, der sein Leben ist“ (aus „Sendschreiben der Heiligkeit“). Wird sich der Mensch seiner Schechina, der göttlichen Mutterkraft, wieder bewusst, erhält er Zugang zur väterlichen Kraft von JHWH. Männliches und Weibliches vereinen sich, und der Mensch feiert die mystische Hochzeit: Er ist wieder androgyn und kehrt als Adam ins Paradies zurück. „Es soll nämlich jeder Mensch danach streben, dass Männliches und Weibliches stets zusammen sich finde, damit die Verbindung der Treue erstarke und die Schechina für ewig sich nicht entferne“ (I. fol. 49b).

Als Abbild der göttlichen Schechina gilt die Frau und Mutter. Wenn der Mann zu ihr nach Hause geht und sich „ihrer erfreut“, erlebt er in seiner Ehe die göttliche Vollkommenheit auf Erden. „Die innige Verbindung von Mann und Weib mag mit Seiner Einheit verglichen werden“ (I. fol. 22a). Die Schechina weilt wegen der Frau im Haus des Mannes, und so kann der

Mann zusammen mit seiner Frau die göttliche Vollkommenheit erleben. „Wann wird der Mensch eins genannt? In der Stunde, wenn Mann und Weib sich finden in himmlischer Heiligkeit... Und merke, dass in der Stunde, wenn Mann und Weib sich in der Liebesvereinigung finden in rechter Weise..., dann wird der Mensch vollkommen und kann eins genannt werden, ohne Makel seines Wesens... Auf solche Weise weilt der Allheilige im ‚Eins' und sendet den Geist der Heiligkeit in jedes ‚Eins'" (II. fol. 81b). Der Mann kann seinen geistigen Weg beschleunigen, wenn er die Liebe zu seiner Frau pflegt und sich mit ihr vereint. Denn nur, wenn das „untere Haus", die Ehe, richtig bestellt ist, „dass Männlich und Weiblich sich verbinden können", wird die obere Mutter, die Schechina, ihren „Segen ausgießen".

Doch die Ehe hat noch einen weiteren mystischen Aspekt im Judentum: Israel wird als Braut Gottes bezeichnet, und die Ehe wurde zum Symbol des Bundes zwischen dem Höchsten und seinem Volk. So erinnert der Prophet Jeremia das Volk: „Auf! Ruf Jerusalem laut ins Ohr: So spricht der Herr. Ich denke an deine Jugendtreue, an die Liebe deiner Brautzeit, wie du mir in die Wüste gefolgt bist im Land ohne Aussaat" (Jer. 2,2). Aufgrund der Liebe der Brautzeit wird der Messias die Schechina in jedem Juden wecken und jedem zeigen, dass Gott tatsächlich im Herzen des Menschen wohnt. „Dann wird der innere Mittelpunkt des Herzens von ganz Israel offenbart werden, und die Schechina wird aus der Verbannung und der Gefangenschaft für immer und ewig befreit" (Ljadi). Das Bewusstsein, Gott im eigenen Herzen zu beherbergen, macht Knechtschaft und Gefangenschaft unmöglich. So wird der Mensch in Gott und durch Gott befreit.

Kapitel 3

Christentum

„Ihr Kinder, gehorchet euren Eltern, wie es vor dem Herrn recht ist."
(Paulus, 1. Korinther 6, 1)

„Die Eltern widersetzen sich, doch sie wollen überwunden werden... Überwinde, Jungfrau, erst die kindliche Dankbarkeit. Überwindest du die Familie, überwindest du auch die Welt." (Kirchenvater Ambrosius 339-397)

Das Christentum ist mit seinen 1,67 Milliarden Anhängern die größte der fünf Weltreligionen. Da wir im deutschsprachigen Europa seit Jahrhunderten Christen sind, erübrigt sich eine Einführung.
Die Rolle der Familie im Christentum ist jedoch längst nicht so einfach darzustellen wie in anderen Glaubensrichtungen. Wenn man zu diesem Zweck das Neue Testament studiert, fällt ein eklatanter Widerspruch in der Bewertung dieser Lebensform auf:

- Der Ehe wird ein hoher Wert beigemessen. Scheidung, Ehebruch und Unzucht sind Sünde.
- Im Brief an die Korinther steht: „Es ist gut für den Mann, keine Frau zu berühren" (7, 1).

Dieser Widerspruch blieb lange bestehen. Johannes Chrysostomus († 407) nennt die Ehe ein „sterbliches und sklavenhaftes Kleid" (De virg. 14). Die Jungfräulichkeit und das mönchische Leben wurden von der katholischen Kirche bis ins 20. Jahrhundert deutlich bevorzugt. Und so stellt sich die Frage, ob der Begriff „christliche Familie" überhaupt zulässig ist. Den indischen Soziologen Afzal Qutb veranlasste diese Haltung, die christliche Kirche als ehefeindlich einzustufen. Sie vertrete die Überzeugung, die Heirat behindere die spirituelle Entwicklung des Menschen (Qutb, 1990).
Und doch ist die christliche Familie durch das Vorbild der „heiligen Familie" – Maria, Joseph und dem Jesuskind – ein tief verankertes emotionales

Symbol in der Christenheit. In keiner anderen Religion steht die Beziehung einer Mutter zu ihrem Kind so im Zentrum der Verehrung und in keiner anderen Religion ist der Schutz, den nur die Familie bieten kann, so wichtig für das Überleben und die Entwicklung des göttlichen Kindes. Wie konnte es trotzdem dazu kommen, dass verheiratete Christen bis ins zwanzigste Jahrhundert die „schlechteren" Christen waren?

Wie authentisch ist das Neue Testament?

Bevor wir uns in das Neue Testament vertiefen, will ich kurz auf eine Frage eingehen, die auch heute von niemandem mit Sicherheit beantwortet werden kann: die Frage, ob es sich bei dem, was wir dort lesen, wirklich um die Worte Jesu handelt. Wir wissen, dass kein Text früher als 40 Jahre nach Christi Tod und Auferstehung niedergeschrieben wurde. Da das Abschreiben die einzige Möglichkeit war, die Schriften zu vervielfältigen, wäre es naiv zu glauben, es hätten sich beim häufigen Kopieren keine Fehler eingeschlichen, von bewussten Fälschungen ganz zu schweigen. Schon die Kirchenväter beklagten das Schreiben unter falschem Namen – die Pseudoepigraphie – und prägten den Begriff „apokryph" – „gefälscht" im Gegensatz zu „kanonisch" – „echt". Unzählige Autoren versuchten damals, unter dem Namen der Apostel eigene Machwerke zu verbreiten. So wurden zum Beispiel die Hebräerbriefe lange Zeit Paulus zugeschrieben, während man heute dazu steht, den Verfasser nicht zu kennen.
Während des 3. und 4. Jahrhunderts stritten sich die weit verstreuten Gemeinden darum, welche Schriften als „Neues Testament" gelten sollten. In den Kanon der Heiligen Schriften aufgenommen wurden vor allem Texte, die in den Gemeinden häufig gebraucht wurden. Doch wie authentisch sind diese Schriften? Wir wissen, dass keine einzige Urschrift der Evangelien existiert. 1967 zählte man 5236 Handschriften des griechischen Neuen Testaments (Deschner). Kein einziges dieser Dokumente war mit dem Namen seines Verfassers unterschrieben; die Autorenschaft wurde erst im Laufe des 2. und 3. Jahrhunderts festgelegt. Interessant in diesem

Zusammenhang sind die Forschungen des Religionswissenschaftlers Karl Jaroš der das Johannesevangelium auf etwa 68 n. Chr. datiert und nachweisen will, dass der Jünger Johannes tatsächlich der Autor des Textes sei (Jaroš, 2000). Somit wäre Johannes der einzige Zeitzeuge, und sein Evangelium würde die Lehre Jesu am reinsten widerspiegeln.
Ob Jesus also das, was ihm in den Evangelien zugeschrieben wird, wirklich sagte, ist nicht sicher. Wir wissen daher nicht, ob er die vielen sich widersprechenden Aussagen über die Familie tatsächlich getan hat; die Botschaft der Liebe ist nämlich kaum darin zu finden. Doch in jedem Falle bilden die Evangelien die Grundlage für den christlichen Glauben und damit sind sie die Basis für die Untersuchung der christlichen Familie.

Ehe und Familie im Neuen Testament
Jesus, die Apostel und die Ehe

Lassen Sie uns den Widersprüchen auf den Grund gehen! Jesus hat leider nicht viel zur Ehe gesagt. Er sah sich schließlich nicht als Religionsstifter, sondern als Vollstrecker der mosaischen Gesetze: „Denkt nicht, ich sei gekommen, um das Gesetz und die Propheten aufzuheben. Ich bin nicht gekommen, um aufzuheben, sondern um zu erfüllen" (Mt. 5, 17). Wahrscheinlich hielt er die jüdischen Regeln für ausreichend, denn er äußerte sich nur ein einziges Mal über die Ehe, weil sich seine Überzeugung von der jüdischen unterschied: „Was aber Gott verbunden hat, das soll der Mensch nicht trennen" (Mt. 19, 6).
Als ihn die Jünger fragten, warum Mose dann überhaupt den Scheidebrief eingeführt habe, antwortete er: „Nur weil ihr so hartherzig seid, hat Mose euch erlaubt, eure Frauen aus der Ehe zu entlassen. Am Anfang war das nicht so. Ich sage euch: Wer seine Frau entlässt, obwohl kein Fall von Unzucht vorliegt, und eine andere heiratet, der begeht Ehebruch" (19, 8-9). Das schmeckte den Jüngern überhaupt nicht, und sie maulten: „Wenn das die Stellung des Mannes in der Ehe ist, dann ist es nicht gut zu heiraten" (19,10). Darauf antwortete Jesus: „Nicht alle können dieses Wort erfassen,

sondern nur die, denen es gegeben ist. Denn es ist so: Manche sind von Geburt an zur Ehe unfähig, manche sind von den Menschen dazu gemacht, und manche haben sich selbst dazu gemacht – um des Himmelreiches willen. Wer das erfassen kann, der erfasse es“ (19, 12).
Schon sehr früh scheint dieser Satz als Aufforderung Jesu verstanden worden zu sein, dass diejenigen, die es mit dem Glauben ernst meinten, nicht heiraten sollten. 200 n. Chr. wunderte sich Kirchenvater Clemens von Alexandria über die Forderung nach Ehelosigkeit und Askese, denn die frühen Christen waren zuerst einmal Juden und sie fühlten sich auch so; sonst wäre nicht darüber gestritten worden, ob Heiden Christen werden könnten, ohne sich zuerst zum Judentum zu bekehren und beschneiden zu lassen. Wir wissen aber, dass Askese und zölibatäre Lebensweise - außer bei den Essenern - keine Anliegen des Judentums waren, die Pflicht zu Ehe und Fortpflanzung dagegen göttliches Gesetz. Von Jesus selbst sind, außer den 40 Tagen, die er in der Wüste verbrachte, keine asketischen Züge bekannt, und er war bei den Juden eher dafür berüchtigt, dass er die Speise- und Sabbathregeln brach. Woher stammen also die strengen Sittenregeln, die zweitausend Jahre lang das Leben christlicher Familien prägen sollten?
Clemens von Alexandria führte sie auf den Einfluss einer zeitgenössischen christlichen Strömung, auf die Gnostik, zurück. Die Gnostik war eine später als Ketzerei verfolgte Glaubensrichtung im Christentum, die, von den griechischen Stoikern beeinflusst, auf Sinnlichkeit, vor allem aber auch Sexualität verzichtete und ein streng asketisches Lebensideal verfolgte, um das Fleisch abzutöten und sich zu vergeistigen. Wenn wir bedenken, dass die Urchristen, die täglich mit dem Jüngsten Gericht rechneten, nur wenig schriftlich niederlegten und dass alle Texte, die wir heute kanonisch nennen, mindestens 40 Jahre nach Jesu Tod und Auferstehung entstanden sind, wäre es durchaus möglich, dass die zölibatär lebenden Gnostiker und die asketischen Stoiker Einfluss auf die Gestaltung und Auslegung der Schriften hatten. Das war jedenfalls Clemens von Alexandriens Überzeugung, der Jesu Worte wie folgt erklärt: „Die Gnostiker sagen, der Herr habe auf die Frage der Apostel, ob es denn nicht besser sei, nicht zu heiraten,

geantwortet: ‚Nicht alle fassen dieses Wort‘, ... und dieses Wort legen sie ungefähr so aus:..‚Diejenigen, die sich wegen des Himmelreichs selbst zur Ehe untauglich gemacht haben, fassen diesen Entschluss wegen der aus der Ehe für sie erwachsenden Folgen, weil sie sich vor der Mühe fürchten, die man mit der Beschaffung der Lebensbedürfnisse hat‘“ (Teppiche III, 1,1).
Jesus war von seinen Jüngern nicht danach gefragt worden, ob Ehe oder Ehelosigkeit die bessere Lebensform sei. Sie selbst meinten, es sei nicht gut zu heiraten, *wenn die Möglichkeit der Scheidung nicht mehr gegeben* sei. Wer nicht bereit ist, seine Freiheit aufzugeben und die Pflichten eines Familienvaters zu tragen, macht sich tatsächlich unfähig zu einer Ehe im Sinne Jesu. Dass Jesus die Ehelosigkeit der Ehe vorgezogen habe, steht jedoch nicht geschrieben. Hätte er Ähnliches geäußert, hätte Paulus nicht in seinem Brief an die Korinther geschrieben: „Was die Frage der Ehelosigkeit angeht, so habe ich kein Gebot vom Herrn“ (1. Kor. 7, 25).
Jesus lehrte, dass die Ehe erst nach der Auferstehung überflüssig sei: „Denn nach der Auferstehung werden die Menschen nicht mehr heiraten, sondern sein wie die Engel im Himmel“ (Mt. 22,30 / Mk. 12,25 / Lk. 20,34). Seine Jünger waren als gute Juden natürlich verheiratet. Die Schwiegermutter des Simon Petrus wird bei drei Evangelisten Matthäus, Markus und Lukas erwähnt, und Paulus schreibt an die Korinther: „Haben wir nicht das Recht, eine gläubige Frau mitzunehmen, wie die übrigen Apostel und die Brüder des Herrn und wie Kephas?“ (1. Kor. 9, 5)
Forschen wir weiter in den Briefen des Paulus. Beginnen wir mit dem berühmten Satz aus dem ersten Brief an die Korinther, der der katholischen Kirche ebenfalls als Begründung für die zölibatäre Lebensweise gilt: „Es ist gut für den Mann, keine Frau zu berühren“ (7, 1). Auf den ersten Blick scheint dieser Ausspruch die Meinung des Paulus wiederzugeben und selbst Augustinus versteht ihn so, doch wenn wir den Satz im Zusammenhang lesen, erkennen wir, dass es sich dabei um ein Zitat aus einem Brief handelt, den die Korinther an Paulus gesandt hatten. Dieses Zitat ist in der deutschen Bibel durch Anführungszeichen deutlich gekennzeichnet: „Nun zu den Anfragen eures Briefes! »Es ist gut für den Mann, keine Frau zu berühren«.“ Darauf antwortet Paulus: „Wegen der Gefahr der Unzucht soll aber jeder seine

Frau haben und jede soll ihren Mann haben“ (7, 2). Seine Worte aus dem Brief an die Epheser: „Darum wird ein Mann Vater und Mutter verlassen und sich an seine Frau binden, und die zwei werden Ein Fleisch sein“ (Eph. 5, 31), werden auch heute noch bei jeder christlichen Trauung verlesen.
Sexualität und Ehe sieht der Apostel zwar als Zugeständnis an das schwache Fleisch, doch er empfiehlt den Eheleuten, sich einander nicht zu lange zu entziehen, „damit euch der Satan nicht in Versuchung führt, wenn ihr euch nicht enthalten könnt“ (7, 5). Paulus warnt die Korinther, dass diejenigen, die eine Ehe eingehen, zwar nicht sündigen, sich jedoch der Gefahr „irdischer Nöte“ aussetzen, die er ihnen gern ersparen möchte (7, 28). Denn „der Verheiratete sorgt sich um die Dinge der Welt; er will seiner Frau gefallen. So ist er geteilt. Die unverheiratete Frau und die Jungfrau sorgen sich um die Sache des Herrn, um heilig zu sein an Leib und Geist. Die Verheiratete sorgt sich um die Dinge der Welt; sie will ihrem Mann gefallen“ (7, 33-34).
Welche irdischen Nöte meint der Apostel? *Das frühe Christentum ist eine auf die Endzeit ausgerichtete Religion. Die Urchristen rechneten täglich mit Jesu Wiederkunft*. Er hatte versprochen: „Amen, ich sage euch: Diese Generation wird nicht vergehen, bis das alles eintritt“ (Mk. 13, 30). Jeder Evangelist schildert eindrücklich die Zeiten der Not, die Jesu Wiederkunft vorausgehen werde. In dieser Zeit würden die Spreu vom Weizen getrennt und die Gläubigen von den Ungläubigen. „Wehe aber den Frauen, die in jenen Tagen schwanger sind oder ein Kind stillen“, warnte Jesus (Mk. 13, 17). Schwangere und Mütter aber sind in jener Zeit die verheirateten Frauen. Die Urchristen waren fest davon überzeugt, die Wiederkunft Jesu mit allen vorhergesagten Nöten selbst noch zu erleben. So steht im Brief an die Hebräer: „Denn nur noch eine kurze Zeit, dann wird der kommen, der kommen soll, und er bleibt nicht aus“ (Hebr. 10, 37 / 2. Petr. 8-9).
Und dies ist tatsächlich der alleinige Grund, warum die Apostel die Ehelosigkeit empfahlen: Männer und Frauen sollen vor den Nöten bewahrt werden und sich unablässig auf das Kommen Jesu vorbereiten. So schrieb Paulus an die Korinther: „Ich meine, es ist gut *wegen der bevorstehenden Not,* ja, es ist gut für den Menschen, so zu sein. Bist du an eine Frau gebun-

den, suche dich nicht zu lösen; bist du ohne Frau, dann suche keine." Doch gleich fügt er hinzu: „Heiratest du aber, so sündigst du nicht; und heiratet eine Jungfrau, sündigt auch sie nicht. *Freilich werden solche Leute irdischen Nöten nicht entgehen; ich aber möchte sie euch ersparen"* (1. Kor. 7, 25-31).

Dies galt auch für Priester. So empfahl Paulus im 1. Brief an Timotheus: „Wer das Amt eines Bischofs anstrebt, der strebt nach einer großen Aufgabe. Deshalb soll der Bischof ein Mann ohne Tadel sein, *nur einmal verheiratet, nüchtern, besonnen, von würdiger Haltung... Wer seinem eigenen Hauswesen nicht vorstehen kann, wie soll der für die Kirche Gottes sorgen?"* (1. Tim. 3, 2-5) – Paulus ging sogar noch einen Schritt weiter. Er verglich die eheliche Liebe zwischen Männern und Frauen mit der Liebe zwischen Christus und der Kirche. Zwar legte er im Brief an die Epheser fest, dass sich die Frauen den Männern zu unterwerfen hätten, und schrieb damit die in diesem Kulturkreis vorhandene Ungleichheit der Geschlechter fest, doch verpflichtete er die Männer im Gegenzug dazu, ihre Frauen zu lieben (Eph. 6, 22 – 33). Seinen Brief an die Hebräer beschließt der unbekannte Verfasser mit einem Aufruf zu echtem christlichen Leben und empfiehlt: „Die Ehe soll von allen in Ehre gehalten werden" (Hebr. 13,4).

Obwohl sich die Unverheirateten ungeteilt auf die Wiederkunft des Herrn vorbereiten können, bezeichnet Paulus die Forderung nach Ehelosigkeit im 1. Brief an Timotheus als Irrglauben: „In späteren Zeiten werden manche vom Glauben abfallen; sie werden sich betrügerischen Geistern und den Lehren von Dämonen zuwenden... Sie verbieten die Heirat und fordern den Verzicht auf bestimmte Speisen, die Gott doch dazu geschaffen hat, dass die, die zum Glauben und zur Erkenntnis der Wahrheit gelangt sind, sie mit Danksagung zu sich nehmen. Denn alles, was Gott geschaffen hat, ist gut und nichts ist verwerflich, wenn es mit Dank genossen wird; es wird geheiligt durch Gottes Wort und durch das Gebet" (Tim. 4, 1-5).

Jesus hat das Zölibat nicht bevorzugt, die Apostel empfahlen die Ehelosigkeit nur deshalb, weil sie glaubten, für Unverheiratete sei die Not der Endzeit leichter zu tragen. Warum und wann sich die verordnete Ehelosigkeit schließlich durchsetzte, ist Thema eines späteren Kapitels.

Die Familie im Neuen Testament – geschätzte Lebensform oder notwendiges Übel?

Auch die Evangelien haben in Bezug auf die Familie keine eindeutigen Antworten für uns. So finden wir bei allen Evangelisten, außer bei Johannes, Aussprüche Jesu, die seine Wertschätzung der Familie in Frage stellen: „Denn ich bin gekommen, um den Sohn mit seinem Vater zu entzweien und die Tochter mit ihrer Mutter und die Schwiegertochter mit ihrer Schwiegermutter; und die Hausgenossen eines Menschen werden seine Feinde sein. Wer Vater oder Mutter mehr liebt als mich, ist meiner nicht würdig“ (Mt. 10, 35 – 37 / Lk, 12.53).
Als seine Mutter und seine Brüder ihn sehen wollen, heißt es gleich in drei Evangelien: „Als Jesus noch mit den Leuten redete, standen seine Mutter und seine Brüder vor dem Haus und wollten mit ihm sprechen. Da sagte jemand zu ihm: Deine Mutter und deine Brüder stehen draußen und wollen mit dir sprechen. Dem, der ihm das gesagt hatte, erwiderte er: Wer ist meine Mutter, und wer sind meine Brüder? Und er streckte die Hand über seine Jünger aus und sagte: Das hier sind meine Mutter und meine Brüder. Denn wer den Willen meines himmlischen Vaters erfüllt, der ist für mich Bruder und Schwester und Mutter“ (Mt. 12, 46 / Mk. 3.31 / Lk. 8, 19-20).
Jeder, der um seines Namens willen „Häuser oder Brüder, Schwestern, Vater, Mutter, Kinder oder Äcker verlassen hat, wird dafür das Hundertfache erhalten und das ewige Leben gewinnen“ (Mt. 19,29). Und schließlich: „Wenn jemand zu mir kommt und nicht Vater und Mutter, Frau und Kinder, Brüder und Schwestern, ja sogar sein Leben gering achtet, dann kann er nicht mein Jünger sein“ (Lk. 14,26).
Andererseits gibt er einem Mann, der ihn fragt, was er tun müsse, um das ewige Leben zu gewinnen, die jüdischen Gebote mit auf den Weg: „Du sollst nicht töten, du sollst nicht Ehe brechen, du sollst nicht stehlen, du sollst nicht falsch aussagen, ehre Vater und Mutter (Mt. 19. 18). Er schilt die Pharisäer und Schriftgelehrten, die lehren, dass man Vater und Mutter dann nicht zu unterstützen brauche, wenn man das dafür bestimmte Geld dem Tempel spendet: „Gott hat gesagt: Ehre Vater und Mutter! ... Ihr aber

lehrt: Wer zu Vater und Mutter sagt: Was ich dir schulde, erkläre ich zur Opfergabe!, der braucht seinen Vater oder seine Mutter nicht zu ehren. Damit habt ihr Gottes Wort um eurer Überheblichkeit außer Kraft gesetzt, ihr Heuchler“ (Mt. 15, 4-6)!

Wie behandeln die Apostel, die ja Jesu Wort verkünden, das Thema „Familie“? Wenn man einmal davon absieht, dass die Apostel in Erwartung der Endzeit die Ehelosigkeit empfahlen, fällt auf, dass sie die Familien schätzten und Regeln für die „christliche Hausordnung“ formulierten. Im Brief an die Kolosser schreibt Paulus: „Ihr Frauen, ordnet euch euren Männern unter, wie es sich im Herrn geziemt. Ihr Männer, liebt eure Frauen, und seid nicht aufgebracht gegen sie! Ihr Kinder, gehorchet euren Eltern in allem; denn so ist es gut und recht im Herrn. Ihr Väter, schüchtert eure Kinder nicht ein, damit sie nicht mutlos werden“ (Kol. 3, 18-21).

Erinnern Sie sich an den Brief des Paulus an Timotheus, in dem er über die „rechte Ordnung in den Gemeinden“ lehrt und anordnet, dass nur ein verheirateter Mann das Amt des Bischofs bekleiden könne? „Er soll ein guter Familienvater sein und seine Kinder zu Gehorsam und allem Anstand erziehen“ (Tim. 2, 4). Des weiteren empfiehlt er seinem jungen Freund, Menschen nach dem Vorbild einer guten jüdischen Familie zu behandeln: „Einen älteren Mann sollst du nicht grob behandeln, sondern ihm zureden wie einem Vater. Mit jüngeren Männern rede wie mit Brüdern, mit älteren Frauen wie mit Müttern, mit jüngeren wie mit Schwestern, in aller Zurückhaltung“ (Tim. 5,1).

Den Kindern und Enkeln von Witwen wird aufgetragen, „dankbar für ihre Mutter oder Großmutter zu sorgen, denn das gefällt Gott... Wer aber für seine Verwandten, besonders für die eigenen Hausgenossen, nicht sorgt, der verleugnet damit den Glauben und ist schlimmer als ein Ungläubiger“ (Tim. 5, 4 und 8). Nur Witwen über 60 Jahren empfiehlt Paulus die Ehelosigkeit. Jüngere Witwen hingegen sind gefährdet, sich wieder in einen Mann zu verlieben. „Deshalb will ich, dass jüngere Witwen heiraten“ (Tim. 5, 14). All diese Zitate bezeugen die Wertschätzung der Apostel für das Familienleben, die so ganz im Gegensatz zu den Jesu zugeschriebenen Äußerungen in den Evangelien stehen.

Diese zwiespältige Haltung der Familie gegenüber zeigte in den folgenden Jahrhunderten Wirkung. Kirchenvater Kyrill von Alexandrien (412 – 444) verbot „die Ehrfurcht vor den Eltern als unangebracht und gefährlich", wenn „der Glaube Schaden leidet." Auch muss „das Gesetz der Liebe zu Kindern und Geschwistern zurücktreten". Kirchenvater Hieronymus schrieb an den Mönch Heliodor, den Heimweh nach seiner Familie quälte: „Mag dir auch dein kleiner Neffe am Halse hängen, mag auch deine Mutter mit aufgelösten Haaren und zerrissenen Kleidern die Brüste zeigen, an denen sie dich genährt, mag sogar dein Vater auf der Schwelle liegend dich beschwören: schreite mutig über den Vater weg und fliehe trockenen Auges zum Panier Christi!" Papst Gregor I. befiehlt: „Denn wer nach den ewigen Gütern verlangt, soll... auf keinen Vater, auf keine Mutter, auf keine Gattin, auf keine Kinder achten."
Wehe den Familienangehörigen, die nicht zum Christentum übertreten. Ihnen droht Kirchenvater Julius Firmicus Maternus 347 in seiner Hetzschrift: „Vom Irrtum der heidnischen Religionen": „Weder den Sohn befiehlt Er zu schonen noch den Bruder, und sogar durch die Glieder der geliebten Gattin stößt Er das Racheschwert." Ludwig Donin, der 1862 ein siebenbändiges Werk über „Leben und Thaten der Heiligen Gottes" veröffentlichte, schreibt dort über die Eltern: „Unsere Hausgenossen, unsere Eltern, unsere Freunde sind oft unsere grausamsten Feinde. Die fleischliche und unordentliche Liebe, die sie zu uns haben, verursacht mehr Übel als der Hass der Teufel. Sie setzen sich unseren guten Absichten entgegen, die wir haben, uns Gott hinzugeben; und ihre Schmeicheleien haben oft mehr Macht, uns entweder vom Guten abzuhalten oder zum Bösen zu verleiten, als die Drohungen und Peinen der Tyrannen." Als Bekräftigung zitierte er ein Wort des heiligen Cyprian: „Fremde Treulosigkeit hat uns zu Grund gerichtet, unsere Eltern sind Mörder."
Diese Zitate mögen erschrecken; sie galten jedoch Jahrhunderte lang als Richtlinie für die katholische Christenheit. Die zwiespältige Haltung gegenüber der Familie, die als Worte Jesu aus den Evangelien überliefert ist, wirkten sich tiefgreifend auf das Selbstverständnis christlicher Familien aus. Warum erst Martin Luther auf die Briefe des Apostels Paulus zurück-

griff und der Familie ihren Platz in der Christenheit zurückgab, mag damit zu tun haben, dass nur wenige Menschen griechisch lesen konnten. Dass die Vertreter der katholischen Kirche den sonst so geschätzten Apostel in Hinblick auf die Familien überhaupt nicht berücksichtigten, geschah dagegen aus Gründen, die wirklich gar nichts mit christlichen Werten zu tun hatten. Doch davon später mehr. Bis zur Reformation Martin Luthers, also bis ins sechzehnte Jahrhundert, war die Ehe- und Lustfeindlichkeit der katholischen Geistlichkeit geltendes Gesetz.

Die Überzeugung der Stoiker und Gnostiker, mit der Wollust seien alle Laster überwunden, hinterließ ebenfalls tiefe Spuren. So wird in der katholischen Kirche Moral fast 2000 Jahre lang in erster Linie als Sexualmoral verstanden, und die Überwindung des Sexualtriebs galt als Gipfel höchster Geistigkeit (Ranke-Heinemann, 1998). Viele Päpste scheuten sich nicht, Kriege für „heilig" zu erklären; das war moralisch unbedenklich und geschieht durch die Geistlichkeit noch heute! Vielleicht haben auch Sie im Fernsehen gesehen, wie 1991 im letzten Bosnienkrieg serbisch und russisch orthodoxe Priester serbische Panzer segneten, bevor diese losfuhren, um die ungläubigen muslimischen Bosnier und Kosovaren zu töten. Die auf den Kreuzzügen ermordeten Muslime und die „Ketzer" und „Hexen" auf den Scheiterhaufen ebneten den Inquisitoren und Henkern jedenfalls den Weg ins Paradies; auch diese Taten galten als richtig und gut. Empfängnisverhütung und der eheliche Verkehr aus Lust aber galten als Todsünde und wurden härter bestraft als Mord. Den höchsten Preis dafür zahlten die Frauen. Auf der Basis dieser Moralgesetze formulierte Augustinus seine „Eheentschuldigungsgüter", jene Eheregeln, die 2000 Jahre lang das Zusammenleben katholischer Ehegatten regelten.

Die Eheentschuldigungsgüter des Augustinus

Nach dem Vorbild der Gnostiker und Stoiker geriet die Sexualität und damit die Ehe, die als einzige Institution die Sexualität legitimierte, bei den frühen Christen immer mehr ins Abseits. Zur Fortpflanzung war sie nötig, und so träumten die Kirchenväter vom lustlosen Akt, der nur auf die Zeugung des Kindes ausgerichtet war. Viele Kirchenväter ließen sich zum Thema „Ehe“ aus, doch es war Augustinus, der wie kein anderer die Moraltheologie der katholischen Kirche prägte. Er formulierte die bis heute gültigen Regeln zur Sexualität in der christlich-katholischen Ehe.

Bis zu seiner Bekehrung mit 33 Jahren war Augustinus (354 – 430) ein Lebemann. In seinem im Jahre 400 verfassten Buch „Confessiones“ beschrieb er anschaulich seine „Jugendsünden“: „Ich kam nach Karthago, und es sauste und brauste von allen Seiten um mich in einem Hexenkessel voll schamloser Liebeshändel... Lieben und geliebt zu werden war mir weit süßere Lust, wenn ich auch den Leib der Geliebten genoss“ (3 / 1). Er lebte 17 Jahre lang mit seiner Freundin zusammen, ohne sie zu heiraten, und hatte einen Sohn mit ihr. „In jenen Jahren hatte ich ein Weib, nicht war sie durch das sogenannte gesetzliche Band mir angetraut, es hatte vielmehr meine schweifende Liebesbrunst, bar alles gesunden Menschenverstands, sie aufgespürt; wenigstens war es diese eine nur, und ich hielt ihr die Treue des Ehebetts“ (4 / 2).

Seine Mutter Monika versuchte vergeblich, ihn zum Christentum zu bekehren. Überliefert sind die vielen Gebete und Tränen, mit denen sie um das Seelenheil ihres Sohnes kämpfte. Augustinus nannte sie „einen Mann im Glauben“ und berichtete, sie sei „in Züchtigkeit und in Enthaltsamkeit erzogen worden“. Sie, die später heilig gesprochen wurde, gilt noch heute als Vorbild der christlichen Frau. Als sie ins Heiratsalter kam, „ward einem Mann sie übergeben und diente ihm als ihrem Herrn, und sie bemühte sich, für Dich ihn zu gewinnen, indem sie Dich durch ihre Sitten zu ihm sprechen ließ. Er war im übrigen wie ausgezeichnet durch Leutseligkeit so rasch im Zorn aufbrausend. Sie aber wusste es, dass man dem jähzornigen Gatten sich nimmer widersetzen dürfe, nicht nur im Tun, ja nicht einmal im Wort. Schließlich, wenn viele Frauen, deren Männer friedlicher waren, sogar die Spuren von Schlägen im entstellten Antlitz trugen, und wenn jene im freundschaftlichen Gespräch den Lebenswandel der Gatten rügten, dann gab sie deren Zungen die Schuld und fügte gleichsam scherzend die ernste Mahnung bei: vom Augenblick an, da sie die Verlesung des Ehevertrags angehört hätten, hätten sie sich bewusst sein müssen, dass dies sozusagen die

Beurkundung sei, dass sie zu Dienerinnen geworden; sie hätten daher Ihres Standes eingedenk sein sollen und hätten sich nicht gegen ihre Herren erheben dürfen“ (9/9).
Doch Augustinus hörte nicht auf seine Mutter und reiste von Nordafrika nach Rom und Mailand, um dort Rhetorik zu lehren. Seine Freundin und sein Sohn begleiteten ihn, und nach kurzer Zeit folgte auch die Mutter nach. Sie arrangierte für den Sohn eine standesgemäße Ehe mit einem Mädchen aus einer guten Familie, und die Freundin wurde nach Afrika zurückgeschickt. Da die Braut erst zwölf Jahre zählte, hätte Augustinus zwei Jahre auf sie warten müssen. Er schrieb: „Indessen mehrte sich mein Sündenwust; und da sie, mit der das Lager ich zu teilen pflegte, von meiner Seite weggerissen ward, weil meiner Ehe sie im Wege stand, ward mir mein Herz, das an ihr hing, zerrissen und verwundet und preßte Blut hervor. Und jene war nach Afrika zurückgekehrt und hatte Dir gelobt, sie wolle keinem andern Mann mehr angehören. Es war mein natürlicher Sohn, der mir von ihr geworden, bei mir zurückgeblieben. Doch ich Unseliger vermochte nicht dem Beispiel dieses Weibes nachzufolgen, ich konnte in den Aufschub mich nicht schicken, dass sie erst nach zwei Jahren mir werden sollte, um die ich mich bewarb. War ich doch nicht ein Liebhaber der Ehe, sondern ein Knecht der Lust, und so verschaffte ich mir eine andere, doch nicht als Gattin“ (6 / 15).
Augustinus hörte in Mailand die Predigten des Bischofs Ambrosius, die ihn tief beeindruckten. Dieser Mann vermochte ihn zur größten Freude seiner Mutter für das Christentum zu öffnen. Doch was ihn noch immer abschreckte, war die gebotene sexuelle Enthaltsamkeit: „Es hielten mich zurück die Flausen und Possen und die Eitelkeiten der Eitelkeiten, meine alten Freundinnen, und sie zupften mich am Kleide meines Fleisches und raunten: Schickst du uns weg? Und: Von diesem Augenblick an werden wir nicht mehr bei dir sein bis in Ewigkeit!“ (8 / 11) – Immer tiefer versank er in seinen Seelenqualen.
Kurze Zeit später hörte Augustinus im Garten seines Hauses aus dem Nachbargarten die Stimme eines Kindes sagen: „Nimm, lies! Nimm, lies!“ Dies erinnerte ihn an Antonius, der immer dann, wenn er um Weisung für

sein Leben betete, die Schriften beliebig öffnete und daraus Rat bezog. So öffnete Augustinus die Briefe der Apostel und fand folgende Stelle: „Lasst uns (nachts) ehrenhaft leben wie am Tag, ohne maßloses Essen und Trinken, ohne Unzucht und Ausschweifung, ohne Streit und Eifersucht. Legt als neues Gewand den Herrn Jesus Christus an, und sorgt nicht so für euren Leib, dass die Begierden erwachen“ (Röm. 13, 13). „Weiter wollte ich nicht lesen“, schrieb Augustinus, „denn gleich beim Schlusse dieses Satzes ergoss ein Strahl von Sicherheit sich in mein Herz, und alle Finsternis des Zweifels war zerstoben“ (8 / 12). Die erste, die die frohe Botschaft erfuhr, war die Mutter. Sie jubelte, denn ihr erfüllte sich damit ein Herzenswunsch. Und Augustinus schrieb: „Du hast mich ja zu Dir bekehrt, dass ich mir keine Frau mehr suchte noch irgendwelche Hoffnung dieser Welt“ (8 / 12). Zusammen mit seinem Sohn Adeodatus ließ er sich von Bischof Ambrosius taufen.

Monika lebte nach der Bekehrung ihres Sohnes nicht mehr lange. Augustinus kehrte wenig später nach Nordafrika zurück, wurde Bischof von Hippo und verfasste viele Bücher über religiöse Fragen, womit er der katholischen Kirche ein theologisches Fundament gab. Vom Augenblick seiner Bekehrung an lebte er enthaltsam, doch gelang ihm das nicht leicht. Die Lust bedrängte ihn, vor allem im Schlaf, und er schrieb verzweifelt: „Aber bis heute noch leben in meinem Gedächtnis, von dem ich so viel gesprochen habe, die Bilder solcher Dinge, die meine Gewöhnung dort eingeprägt hat, und wenn sie mich im Wachen überfallen, gebricht es ihnen zwar an Kraft, im Schlafe aber bedrängen sie mich nicht nur bis zum Ergötzen, sondern sogar bis zur Zustimmung und ganz dicht bis zur Tat. Und soviel vermag das Trugbild auf meine an mein Fleisch gebundene Seele, dass den Schlafenden die falschen Bilder zu etwas überreden, wozu im Wachen die Wirklichkeit nicht fähig wäre“ (10, 30).

Vielleicht war der Kampf gegen die eigene Sexualität der Grund dafür, warum sich Augustinus so sehr mit Ehe und Lust auseinandersetzte. Er machte sich beständig Gedanken über das Leben von Adam und Eva im Paradies, überzeugt davon, die Geschlechtslust sei erst durch den Sündenfall Evas als Strafe über die Menschen gekommen: „Mit vollem Recht wird die Frage aufgeworfen, wie man sich die Verbindung von Mann und Frau vor der Sünde vorzustellen habe und ob jener Segen: Seid fruchtbar und mehret euch und erfüllet die Erde fleischlich oder geistig zu verstehen sei. Wir können nämlich diesen Segen auch geistig fassen und annehmen, dass er erst nach dem Sündenfall in fleischliche Fruchtbarkeit umgewandelt wurde" (De Genesis contra Manichaeos 1, 19).

Dass die Ehe trotz der ständigen Gefahr, sich schwer zu versündigen, doch ein verzeihliches Übel blieb, lag an ihren drei Gütern, die später „Eheentschuldigungsgüter" genannt wurden. Augustinus erklärte: „Das Gut der Ehe ist dreifacher Art: die Treue, die Nachkommenschaft und das Sakrament. Die Treue lässt nicht zu, dass außerhalb der Ehe ein Geschlechtsverkehr stattfindet; das Gut der Nachkommenschaft bewirkt, dass die Kinder mit Liebe angenommen, gütig genährt und gewissenhaft erzogen werden; das Sakrament, dass die Ehe nicht geschieden wird oder eine Entlassene sich nicht von neuem verheiratet" (De Gen. ad litt. 9, 17). Der Geschlechtsverkehr zur Vermeidung von Unzucht galt als lässliche Sünde. Versagen durfte sich die Frau ihrem Manne nie, denn wenn er zu einer anderen ging, lud sie schwere Sünde auf sich. So war die Ehe die Medizin für lustvolle Ehemänner, die Frau entging der Sünde, wenn sie beim Akt bestenfalls nichts empfand und Kinder gebar.

Eheleuten empfahl Augustinus, zwischen fleischlicher Empfindung und fleischlichem Verlangen zu unterscheiden. Wenn der Verkehr nur zur Zeugung eines Kindes vorgenommen werde, sei die fleischliche Empfindung eine verzeihliche Sünde, ergäben sich die Eheleute aber nur der Lust, begingen sie eine Todsünde. Der Mann wird in diesem Falle zum Ehebrecher an seiner eigenen Frau. Clemens von Alexandrien schrieb: „Mit seiner eigenen Frau treibt Ehebruch, wer mit ihr in der Ehe wie mit einer Dirne verkehrt" (Paidagogos II, 10, 99, 3). Am liebsten sah Augustinus allerdings, wenn Mann und Frau in keuscher Gemeinschaft zusammenlebten. „Wer in unseren Tagen zu vollkommener Gottesliebe gelangt ist, hat sicherlich nur geistiges Verlangen nach Kindern" (De bono con. 3, 3; 8). Die klare Bevorzugung des Zölibats und der Jungfräulichkeit durch den größten Kirchenlehrer der Antike schuf fast fünfzehnhundert Jahre lang den Rahmen für die christliche Ehe.

Das Zölibat wurde jedoch nicht nur „um des Himmelreiches willen" bevorzugt. Es ging unter anderem ganz weltlich darum, das oft nicht unbeträchtliche Erbe der Christen für die Kirche zu sichern. Der heilige Cyprian empfahl: „Gott überweise deine Schätze, die du für die Erben aufbewahrst. Er sei für deine Kinder Vormund." Der heilige Basilius warnte gar davor, den Kindern das mühsam gesammelte Gut in den Rachen zu werfen. Wer könne schließlich „für den Willen des Sohnes bürgen, dass er die geerbten Güter wohl gebraucht?" Papst Pelagius I. (556 –561) machte einen Familienvater nur dann zum Bischof, wenn dieser ein genaues Verzeichnis seines Vermögens aufstellte und erklärte, er werde nichts davon seinen Kindern vererben. Auf dem Konzil von Toledo 656 und auf dem 2. Konzil von Nicaea wurde das Verbot, das Erbe eines Bischofs auf Verwandte zu übertragen, kanonisches Gesetz. Unzählige Familien wurden so ins Unglück gestürzt.

Doch es gab auch immer Christen, die sich trotzdem an die Worte Jesu hielten. Bischof Ambrosius, der Lehrer des Augustinus, wandte sich gegen die weitverbreitete Sitte, alles Geld der Kirche zu spenden: „Kind, ein wie schreckliches Gericht beschwörst du herauf, wenn du deine Mutter nicht ernährst! Ihr schuldest du, was du hast, nachdem du ihr schuldest, was du bist. Ein wie schreckliches Gericht, wenn die Kirche sie ernähren muss, weil du sie nicht ernähren willst!... Wenn es schon schwere Sünde ist, Fremden keine Gaben zu reichen, wieviel sündhafter ist es, die Eltern davon auszuschließen! Doch du sagst, du willst lieber, was du den Eltern zu reichen entschlossen warst, der Kirche spenden. Gott verlangt keine Spende auf Kosten hungernder Eltern."

Auch hier zeigt sich die widersprüchliche Haltung der Christen zu ihren Familien. Einfachste Sippenregeln, die das Überleben der Mitglieder sichern, die bei den Juden, den Muslimen, den Hindus und bei allen Naturvölkern selbstverständlich sind, wurden im Namen Jesu außer Kraft gesetzt. Dies sollte sich leider nicht so bald ändern!

Das Zwangszölibat und seine Auswirkungen auf das Ansehen der christlichen Ehe

800 Jahre lang kämpfte die katholische Kirche darum, das Pflichtzölibat für Priester einzuführen. Dies blieb nicht unwidersprochen, zumal sich die meisten Bischöfe und Päpste überhaupt nicht an die Keuschheitsregeln hielten. Bordelle befanden sich nicht grundlos in unmittelbarer Nähe zu Kirchen und Klöstern. Schon im 8. Jahrhundert berichtete der angelsächsische Mönch Bonifatius (67 – 745) von Herren, die sich gleich mehrere Konkubinen im Bett leisteten und trotzdem Bischöfe wurden. Papst Johannes XII. (955 – 963) verwandelte Rom in ein Bordell, scheute sich nicht, mit seinen leiblichen Schwestern zu schlafen und Pilgerinnen an heiligen Stätten zu belästigen, so dass seine Regentschaft „Pornokratie" genannt wurde (Deschner). Viele Päpste und hochrangige Bischöfe waren Söhne von Päpsten und Bischöfen. Kardinal Hugo von St. Cher verkündet nach Abschluss des Konzils 1245 in Lyon: „Als wir ankamen, fanden wir nur drei oder vier Hurenhäuser, bei unserem Weggang verlassen wir nur eins, das sich aber vom Osten bis Westen der Stadt erstreckt."

Im 13. Jahrhundert forderten die Bauern in Dänemark die Abschaffung des Zölibats, um ihre Frauen und Kinder vor den Nachstellungen der Priester zu schützen. Noch 300 Jahre später duldeten die Friesen aus gleichem Grunde keine unverheirateten Priester. Im Jahre 1410, *270 Jahre nach der Einführung des Pflichtzölibats für Priester*, wird mit Papst Johannes XIII. ein Mann gewählt, der 200 Frauen und Jungfrauen in Bologna begattet hatte. Papst Sixtus IV. besaß 1470 ein eigenes Bordell, und 1490 weist unter der Regentschaft Papst Alexanders VI. eine Zählung jede siebte Römerin als Prostituierte aus. Das „Kastanienballett", bei dem dieser Papst bei einem Bankett nackte Dirnen auf Kastanien zwischen Kandelabern kriechen ließ, kam zu pornographischem Ruhm. Mit dem Wort „Kurtisane" wurden übrigens Frauen bezeichnet, die dem päpstlichen Hof zu Diensten standen. Und beim Konzil zu Konstanz, das im 15. Jahrhundert beschloss, den „Ketzer" Johannes Hus zu verbrennen, waren für die 300 Bischöfe 700 Huren geladen.

Auch die Nonnen hatten Probleme mit der Jungfräulichkeit. Wieder berichtet uns Bonifatius, dass „in den Zellen der Klöster Unzucht" getrieben wird und dass die Nonnen ihre „im Bösen empfangenen Kinder auch oft zu einem großen Teil töten und die Hölle mit armen Seelen vollstopfen". Und der Stadtrat von Lausanne ermahnte im 12. Jahrhundert die Nonnen, den Bordellen keine Konkurrenz mehr zu machen.

Bei diesen mehr als zweifelhaften Vorbildern weigerten sich die einfachen Priester, die oft mit ihren Frauen verheiratet waren und glücklich zusammenlebten, diese zu verlassen. Um das Jahr 1000 war die Mehrzahl der Priester unter Berufung auf Paulus und die Apostel verheiratet. Doch unter Papst Leo IX. († 1054) wurden die Zügel merklich angezogen. Er unternahm einen ersten Vorstoß in Richtung des Zwangszölibats, indem er die Frauen der Priester für den Lateranspalast versklaven ließ. Dies veranlasste die Ostkirche dazu, sich endgültig von der Westkirche zu trennen. (Auch heute noch dürfen orthodoxe Priester heiraten; nur die Bischöfe müssen zölibatär leben.) Gregor VII. (1073 – 1085) setzte den Geistlichen dann die Pistole auf die Brust und verlangte durch seinen Bischof Heinrich von Chur auf der Synode von Mainz 1074, entweder auf die Ehe oder das Amt zu verzichten. Die versammelten Kleriker waren so wütend, dass es zu tätlichen Angriffen auf den Bischof kam. Urban II. erlaubte 1089, ein Fürst könne die Frau eines Priesters, der sie nicht entlassen wolle, als Sklavin nehmen. 1130 erklärte Innozenz II: „Da die Priester Tempel Gottes, Gefäße des Herrn und Heiligtümer des Hl. Geistes sein sollen, ... verstößt es gegen ihre Würde, dass sie in Ehebetten liegen und in Unreinheit leben."

Auf dem zweiten Lateranskonzil 1139 erklärte Innozenz II. endgültig alle von Priestern nach der Weihe geschlossenen Ehen für ungültig. Priester wurden für „eheunfähig" erklärt, die Ehefrauen dieser Priester waren plötzlich „Konkubinen" oder „Huren". 1227 beauftragte Papst Gregor IX. den gefürchteten Inquisitor Conrad von Marburg damit, die deutschen Geistlichen zu zwingen, ihre Frauen zu entlassen. Priestern wurde verboten, an der Hochzeit oder Beerdigung ihrer Kinder teilzunehmen, Priesterfrauen wurde die kirchliche Beerdigung verwehrt. Doch es gab immer noch genügend Priester, die weiter mit ihren Frauen zusammenlebten.

Sie zahlten an den Bischof eine gewisse Gebühr, den „Hurenpfennig“, und wurden weitgehend in Ruhe gelassen. Einfachen Priestern mochte dies gestattet werden, doch als der berühmte katholische Theologe Abaelard sich in seine Nichte Heloise verliebte und diese heiratete, wurde er nachts überfallen und entmannt; Heloise nahm den Schleier und wurde Nonne.
Seit dem Konzil von Lyon 1274 wurde die Ehe zur christlichen Institution gemacht. Zuvor hatte es ausgereicht, wenn sich Mann und Frau als Eheleute erklärten. Auch die heimliche Ehe war durchaus üblich, ein Brauch, den zum Beispiel Abaelard und Heloise genutzt hatten. Doch da der Kirche damit die Kontrolle über das Privatleben ihrer Priester fehlte, wurde die Ehe das siebte Sakrament. Fortan waren nur noch die vor dem Priester geschlossenen Ehen gültig.
Das Sakrament der Ehe nahm von Anfang an eine Sonderstellung ein: Es ist das einzige, das keine Gnade vermittelt und nur als Heilmittel gegen die Sünde gilt. Laut Thomas von Aquin enthält es „nur ein Minimum an Spiritualität“ (S.Th.III q. 65 a 2 ad1). Er erläuterte: „Gegen die geschlechtliche Lust war es notwendig, speziell ein Heilmittel durch ein Sakrament anzuwenden. Erstens weil durch die Geschlechtslust nicht nur die Person verdorben wird, sondern auch die Natur; zweitens weil die Geschlechtslust in ihrer Unbeständigkeit die Vernunft lahmlegt“ (s.o. 1 ad 5). Aus diesem Grunde wird das Sakrament der Ehe nicht vom Priester gespendet: die Brautleute spenden es sich in seiner Anwesenheit selbst. So wurde die Institution der christlichen Ehe zwar geschaffen, doch rangierte sie immer noch weit hinter dem Ideal des zölibatären Lebens.
Das 19. allgemeine Konzil zu Trient (1545 – 1563) bekräftigte unter den Päpsten Paul III., Julius III. und Pius IV. im Glaubensdekret „Über die Ehe“, wie die katholische Christenheit die Ehe zu bewerten habe: „Canon 10: Wenn jemand sagt, der Ehestand sei dem Stand der Jungfräulichkeit oder dem Zölibat vorzuziehen und das Verbleiben in Jungfräulichkeit und Zölibat sei nicht besser und heiliger als die Bindung der Ehe: der sei im Banne.“ Damit reagierten die Päpste auf den aufsässigen Mönch Martin Luther, der es 1525 gewagt hatte, das Zölibat einfach aufzuheben und zu heiraten.
Die katholischen Theologen erarbeiteten auf diesem Konzil einen Römi-

schen Katechismus als Richtschnur für die Priester. Zur Ehe als christlicher Institution im allgemeinen steht nur der Satz aus dem Epheserbrief: „Ihr Männer liebet eure Frauen." Die Gläubigen sollen darüber hinaus zwei Dinge beherzigen: Ersten sollten Eheleute nicht um der Lust oder um sinnlicher Begierde willen Verkehr haben, sondern in den vom Herrn vorgeschriebenen Grenzen. Zweitens sollten sich christliche Eheleute ab und zu des Verkehrs enthalten und beten.

Papst Sixtus V. ordnete 1586 an, Ehebrecher und Ehebrecherinnen und Verheiratete, die sich eigenmächtig trennten, mit dem Tode zu bestrafen. Außerdem bestimmte dieser Papst, nur Männer, deren Hoden Samen produzieren könnten, seien ehefähig. So griff die Kirche immer tiefer in das Privatleben der Gläubigen ein.

Die Geistlichkeit hielt sich an dieses Gesetz: *Am 22. Januar 1944 wurde einem durch die Nazis zwangssterilisierten Mann durch den höchsten päpstlichen Gerichtshof der katholischen Kirche wegen seiner Unfähigkeit zur Ejakulation die katholische Ehe verboten!* *(Ranke-Heinemann, 1998, S. 260)* – Die Pflicht des Nachweises ihrer Ehefähigkeit wurde den Männern erst 1977 erlassen.

Das Los der Frauen und die Inquisition

Obwohl Paulus den Männern auftrug, ihre Frauen zu lieben, und diese Liebe mit der Liebe Christi zu seiner Kirche verglich, mussten Frauen sehr strenge Auflagen erfüllen, um diese Liebe zu verdienen: „Auch sollen die Frauen sich anständig, bescheiden und zurückhaltend kleiden; nicht Haartracht, Gold, Perlen oder kostbare Kleider seien ihr Schmuck, sondern gute Werke; so gehört es sich für Frauen, die gottesfürchtig sein wollen. Eine Frau soll sich still und in aller Unterordnung belehren lassen. Dass eine Frau lehrt, erlaube ich nicht, auch nicht, dass sie über ihren Mann herrscht; sie soll sich still verhalten. Denn zuerst wurde Adam erschaffen, danach Eva. Und nicht Adam wurde verführt, sondern die Frau ließ sich verführen und übertrat das Gebot. Sie wird aber dadurch gerettet werden, dass sie

Kinder zur Welt bringt, wenn sie in Glaube, Liebe und Heiligkeit ein besonnenes Leben führt“ (Tim. 2, 8-15).
Die Haltung der Christen den Frauen gegenüber wurde von Anfang an einerseits dadurch geprägt, dass durch einen Übersetzungsfehler angenommen wurde, Adam sei ein Mann und von Gott zuerst erschaffen worden. So konnten die Männer ihre traditionelle Vormachtstellung spirituell absegnen. Und dann war es ja Eva gewesen, die sich hatte verführen lassen. Der Mann war ihr Opfer geworden und hatte deshalb jedes Recht, alle Frauen dafür büßen zu lassen. Dieses Los teilten Millionen Frauen fast 2000 Jahre lang. *(Übrigens sehen die Muslime diese Geschichte etwas anders: Kein echter Mann lässt es schließlich auf sich sitzen, zum Opfer einer Frau geworden zu sein! So ist im Koran auch der Mann für die Geschichte mit dem Apfel verantwortlich.)*
Die Kirchenväter vermuteten übrigens, dass die Sünde, die Eva beging, als sie den Apfel pflückte, nichts mit Erkenntnis, sondern mit lustvoller Sexualität zu tun haben musste, weil Adam und Eva sich erst nach dem Genuss der verbotenen Frucht ihrer Nacktheit bewusst wurden, sich schämten und ihre Geschlechtsteile mit Feigenblättern bedeckten.
Auch Augustinus hielt, obwohl er die Frauen jahrelang genossen hatte, nach seiner Bekehrung nicht mehr viel von ihnen. Er sprach der Frau gar die Ebenbildlichkeit Gottes ab: „mulier non est facta ad imaginem Dei.“ Damit bezog er sich auf einen Ausspruch des Apostels Paulus aus dem 1. Brief an die Korinther: „Der Mann darf sein Haupt nicht verhüllen, weil er Abbild und Abglanz Gottes ist; die Frau aber ist der Abglanz des Mannes“ (11,7). Stets betonte Augustinus die Notwendigkeit, dass die Frau sich dem Manne in allem unterordne, denn sie sei im Laster so stark, dass sie mit ihren „Verlockungen“ selbst die hervorragendsten Männer zu Fall bringe.
Mit dieser Überzeugung stand er nicht allein. Papst Leo I. (397 – 461) schrieb: „Da der Satan weiß, dass er den ersten Mann durch den Mund eines Weibes verführt und durch die Leichtgläubigkeit der Frau alle Menschen aus der Seligkeit des Paradieses vertrieben hat, so stellt er auch jetzt noch eurem Geschlechte mit zuversichtlicherer Schlauheit nach.“ Der heilige Chrysostomos lehrte, dass die Weiber hauptsächlich dazu bestimmt seien, die Geilheit der Männer zu befriedigen. Da Eva durch ihre Schuld

den Mann Adam zu Fall gebracht hatte, musste sie „unter seine Herrschaft gestellt“ werden und „sein Herrschaftsrecht mit Freuden anerkennen“. Denn auch dem Pferd sei es nützlicher, „einen Zügel zu tragen“. Tertullian nannte die Frau eine „Einfallspforte des Teufels“.

Für Augustinus gab es nur einen einzigen Grund, warum Gott die Frau überhaupt erschaffen hatte: „Wenn die Frau nicht zur Hilfe des Kindergebärens dem Manne gegeben ist, zu welcher Hilfe dann? Etwa, damit sie zusammen die Erde bearbeiten sollten? Wenn dazu eine Hilfe notwendig gewesen wäre, dann wäre der Mann dem Manne eine bessere Hilfe. Das gleiche gilt vom Trost in der Einsamkeit. Wie viel angenehmer für das Leben und das Gespräch ist es doch, wenn zwei Freunde zusammenwohnen, als wenn Mann und Frau beieinander wohnen“ (De Gen. ad. litt. 9, 5-9).

Damit war ein für alle Male klar, dass die Frau nur zum Kinderkriegen taugte. Da es Eva war, die Adam zur Sünde verführte, war es auch die Frau, die die Erbsünde der Geschlechtslust auf ihre Kinder übertrug. Nur die Taufe konnte die Kinder retten. Aus diesem Grund hielt Augustinus Kinder, die vor der Taufe starben, für sündig und verdammt. Die Verdammnis ungetaufter Kinder rief den Widerspruch von Bischof Julian von Eclanum hervor, der den Gott des Augustinus „einen Verfolger der Neugeborenen“ nannte, „der winzige Säuglinge in das ewige Höllenfeuer wirft“ (Augustinus, opus imperfectum contra Julianum I, 48). Doch Julian setzte sich nicht durch.

Ich selbst erlebte vor wenigen Jahren (1997), dass sich ein katholischer Priester bei einem Trauergottesdienst für ein kurz nach der Geburt verstorbenes Kind vor dem Gebet bei den Eltern erkundigte: „Ist es getauft?“ Als diese verneinten, fuhr er fort: „Dann beten wir nur für die Eltern.“

Die Empfängnis eines Kindes „befleckt“ die Frau, der Akt „beschädigt“ sie. Die Lust, die dabei empfunden wird, ist sündig. Andererseits kann die Frau diese schwere Schuld nur durch das Gebären sühnen. Nur Maria, die Jesus jungfräulich empfangen hatte und auch nach der Geburt Jungfrau blieb, ist von dieser Schuld ausgenommen und übertrug die Erbsünde nicht auf Jesus. Damit auch nicht der leiseste Zweifel an der Reinheit des göttlichen Kindes aufkommen konnte, verabschiedete die katholische Kirche

im Jahre 1854 das Dogma, auch Maria sei von ihren Eltern unbefleckt empfangen worden.
Im 13. Jahrhundert erreichte die Frauenverachtung mit Albertus Magnus einen neuen Gipfel. Er schrieb: „Die Frau ist zur Sittlichkeit weniger (als der Mann) geeignet. Denn die Frau enthält mehr Flüssigkeit als der Mann, und Eigenschaft der Flüssigkeit ist es, leicht aufzunehmen und schlecht zu behalten. Flüssigkeit ist leicht beweglich. Darum sind die Frauen unbeständig und neugierig. Wenn die Frau mit einem Mann Verkehr hat, möchte sie möglichst zur gleichen Zeit unter einem anderen Mann liegen. Die Frau kennt keine Treue. Glaube mir, wenn du ihr Glauben schenkst, wirst du enttäuscht werden. Die Frau ist ein missglückter Mann und hat im Vergleich zum Mann eine defekte und fehlerhafte Natur. Was sie selber nicht erhalten kann, versucht sie zu erreichen durch Verlogenheit und teuflische Betrügereien. Darum, um es kurz zu sagen, muss man sich vor jeder Frau hüten wie vor einer giftigen Schlange und dem Gehörnten" (Quaestiones super animalibus XV q.11).
Auch Thomas von Aquin hielt Frauen für defekte Männer. Auch er unterstellte ihnen mehr sexuelle Triebkraft als den Männern. Kinder dürften sie zwar gebären, doch sei der Vater für die Erziehung wegen seiner „vollkommeneren Vernunft" viel besser geeignet. Wirklich fatal für die Frauen wirkte sich indessen aus, dass Thomas den Teufel und seine Dämonen in den Sexualakt einbezog: „Der katholische Glaube lehrt uns, dass die Dämonen etwas zu bedeuten haben, dass sie den Menschen schaden und auch den Geschlechtsverkehr hindern können" (Quaest. Quodlibet X q. 9). Damit war gemeint, dass eine Frau einen Mann, den sie liebte, durch einen Zauber impotent machen konnte, um ihn an der Ehe mit einer Rivalin zu hindern. Diese Idee spukte schon seit dem 11. Jahrhundert in den Köpfen herum, doch erst Thomas erhob den Volksglauben zum Gesetz der Kirche. So gab es im 13. Jahrhundert zahllose Synoden gegen Zauberinnen, die Eheleute unfruchtbar gezaubert haben sollten. Papst Innozenz VIII. setzte 1484 die „Hexenbulle" ein und berief die beiden deutschen Dominikanermönche Jakob Sprenger und Heinrich Institoris als Inquisitoren. Ab 1487 stand die Todesstrafe auf Impotenz- und

Sterilisierungshexerei. Die meisten Hexenprozesse fanden übrigens in Deutschland statt.
Die amerikanische Soziologin Karen Jo Torjesen schreibt darüber in ihrem Buch: „Als Frauen noch Priesterinnen waren“: „Mönche und Kleriker entsagten der Sexualität, um Gott näher zu sein. Den Männern, die eigentlich den sexuellen Leidenschaften entsagen sollten, erschien die weibliche Sexualität erschreckend groß und bedrohlich. Die Inquisition verwob diese Angst vor weiblicher Sexualität mit dem im Volk verbreiteten Glauben an den Einfluss von Hexen bei Empfängnis und Geburt und machte daraus eine kunstvolle Theologie der Hexen, die mit den Dämonen Verkehr hatten. Diese Theologie war die Basis für eine Verfolgung von Frauen, die in Zusammenarbeit von kirchlicher und weltlicher Macht durchgeführt wurde und mehr als vier Jahrhunderte anhielt“ (1995, S. 232). In diesen 400 Jahren wurden mehr als eine Million Frauen als Hexen verbrannt, darunter auch zahllose Hebammen, die dafür verantwortlich gemacht wurden, wenn Kinder tot oder behindert geboren wurden.
Die Inquisition vollstreckte 1781 ihr letztes Todesurteil; Frauen konnten jetzt sicherer überleben, blieben jedoch rechtlos. Anders als im Koran sind die Rechte der Frauen nicht im Neuen Testament verankert, und auch die Kirche besserte nicht nach. Bis Anfang des 20. Jahrhunderts galten Ehemänner als Vormund ihrer Frauen und hatten das alleinige Verfügungsrecht über das Einkommen der Familie. Erst die bürgerlichen Regierungen im 20. Jahrhundert sorgten für Abhilfe. In Deutschland erhielten Frauen erstmals 1918 das Wahlrecht. Erst nachdem die Bundesrepublik Deutschland 1945 gegründet worden war, wurde die Gleichberechtigung von Männern und Frauen ins Grundgesetz aufgenommen. Wirklich gleichgestellt sind Frauen häufig immer noch nicht, doch wenn man bedenkt, dass sie noch in den siebziger Jahren ihre Ehemänner um Erlaubnis bitten mussten, wenn sie berufstätig sein wollten, geht es Frauen in Deutschland heute so gut wie noch nie. In der katholischen Kirche sind Frauen jedoch auch heute noch nicht gleichberechtigt und werden es nach dem Willen des alten Papstes Johannes Paul II. und auch des neuen Papstes Benedikt XVI. auch nicht werden.

Martin Luther und die christliche Familie

Martin Luther war Mönch. Er wurde 1507 im Augustinerkloster zu Erfurt zum Priester geweiht. Schon 1511 wurde er in Wittenberg Subprior und Distriktsvikar und hatte damit die Aufsicht über 11 Klöster. Im Alter von 29 Jahren wurde er Doktor und ordentlicher Professor für Theologie an der Universität zu Wittenberg. Martin Luther stand voll und ganz hinter dem mönchischen Leben; dafür zeugt seine beispielhafte Karriere. Und doch blieb er von Anfechtungen nicht verschont. Er schrieb: „Ich konnte den gerechten, die Sünder strafenden Gott nicht lieben, im Gegenteil, ich hasste ihn sogar. Wenn ich auch als Mönch untadelig lebte, fühlte ich mich vor Gott doch als Sünder, und mein Gewissen quälte mich sehr."
Luther suchte sein Heil in der Askese und ruinierte damit fast seine Gesundheit, ohne den Frieden zu finden, nach dem er sich so sehnte. Nichts konnte seine Seelenqualen lindern! Im Frühjahr 1518 stieß er beim Lesen des Römerbriefs auf folgende Stelle: „Der Gerechte lebt aus dem Glauben" (Röm. 1, 17). Schlagartig wurde ihm klar, dass Gott die gläubigen Menschen aus Gnade von ihren Sünden erlöst. Dies löste einen wahren Erdrutsch an Gefühlen und Erkenntnissen in ihm aus. Luther empfand endlich den lange gesuchten Seelenfrieden. Doch wenn Gott dem Menschen allein aus gnädiger Liebe verzieh, so konnten einige Praktiken der katholischen Kirche nicht richtig sein. Er dachte vor allem an den damals blühenden Handel mit Ablassbriefen, mit denen Christen die Vergebung ihrer Sünden erkauften. Mit genügend Geld konnte man sogar verstorbene Angehörige aus dem Fegefeuer befreien.
Das ungebildete Volk glaubte an die vergebende Kraft dieser Briefe und kaufte fleißig. So rühmte sich der in Jüterbog wirkende Priester Johann Tetzel, mit dem Ablass mehr Seelen als Petrus befreit zu haben; sein Ablasskreuz sei so wirksam wie das Kreuz Christi und selbst vom Schwängern der Jungfrau Maria könne man sich bei ihm freikaufen. Ein Sprichwort jener Zeit lautete: „So das Geld im Kasten klingt, so die Seel' aus dem Fegefeuer springt." Die Gläubigen wussten natürlich nicht, dass Papst Leo X. Geld brauchte, um den Neubau des Petersdoms zu finanzieren.

Luthers Dienstherr, Erzbischof Albrecht von Mainz, wollte die reich sprudelnde Finanzquelle ebenfalls nutzen, da er dringend Geld brauchte, um seine Schulden bei den Fuggern zurückzuzahlen. So sah er im Verkauf von Ablassbriefen das geeignete Mittel, seine finanzielle Krise zu lösen. Der rechtschaffene Luther, der das Evangelium tatsächlich zur Richtschnur seines Handelns gemacht hatte, war empört. Er verfasste die berühmten 95 Thesen, von denen ich hier nur eine kleine Auswahl zitiere:

21. Es irren die Ablasskommissäre, die da sagen, dass der Ablass des Papstes den Menschen von jeder Strafe erlöse und errette.
36. Jeder Christ, der wahre Reue empfindet, erhält vollkommene Erlassung der Strafe und der Schuld, die ihm auch ohne Ablassbriefe gebührt.
37. Jeder Christ, der lebendige und der tote, nimmt aus Gottes Gnade teil an allen Gütern der Kirche und Christi, ohne Ablassbriefe.

Als Seitenhieb gegen die Finanzierung des Petersdoms schrieb er:

86. Warum baut der Papst, der doch reicher ist als der reichste Krösus, die eine Peterskirche nicht mit seinem eigenen Gelde, statt mit dem Gelde der armen Gläubigen?

Luther wollte sich mit den 95 Thesen keineswegs von der Kirche abwenden; er wollte auf seiner Meinung nach nicht mit dem Evangelium zu vereinbarende schlimme Missstände hinweisen. Doch Albrecht von Mainz sah sein Finanzierungskonzept in Gefahr und zeigte ihn in Rom an. Die hohe Geistlichkeit war empört. Jeder, der erkläre, die Handlungen der Kirche seien falsch, sei ein Ketzer. Luther wurde mit Schmähschriften überhäuft.
Wäre die katholische Kirche in anderer Weise mit dieser – aus heutiger Sicht – höchst berechtigten Kritik umgegangen, hätte es keine Reformation gegeben. Doch als ihm der Bann angedroht wurde, schritt Luther zur Gegenwehr. Er tadelte den römischen Prunk und stellte offen die Herrschaft des Papstes über alle Christen in Frage, da Jesus in den Evangelien keinen Papst eingesetzt und das Papsttum auch nicht geplant habe. Außerdem sei die Macht der Kirche über weltliche Herrscher ganz und gar unberechtigt. Die katholische Kirche schlug zurück: 1521 wurde Luther mit dem Bann belegt und für vogelfrei erklärt.

Die klare Trennung der weltlichen von der geistlichen Macht hatte Luther jedoch Freunde unter den deutschen Fürsten gemacht, denen das Primat des fernen römischen Papstes nicht passte. Friedrich der Weise brachte Luther auf seiner Wartburg in Sicherheit. Junker Martin, wie man ihn nannte, übersetzte dort die Bibel ins Deutsche und entwarf einen deutschen Gottesdienst. Die wichtigste Neuerung Martin Luthers gründete sich jedoch auf seine inneren Erkenntnisse: Wenn der Mensch nur durch die Gnade Gottes erlöst wurde, dann waren menschliche Werke von geringer Bedeutung. Askese und Mönchtum, Zölibat und Kasteiung waren unnötig geworden. Er stellte es Mönchen und Nonnen in seiner Gemeinde frei, die Klöster zu verlassen und zu heiraten. Obwohl auch er die Geschlechtlichkeit für sündig hielt, war er doch davon überzeugt, dass der Verzicht darauf keinen Menschen besser mache. So schrieb er über ehewillige Pfarrer: „Und hier sage ich: Wenn sie so gesinnt sind, dann nehme er sie zum Eheweibe, behalte sie und lebe sonst anständig mit ihr wie ein Ehemann, ohne Rücksicht darauf, ob das der Papst will oder nicht und behauptet, es sei gegen geistliches oder fleischliches Gesetz. Es liegt mehr an deiner Seelen Seligkeit als an den tyrannischen, eigenmächtigen, freventlichen Gesetzen, die weder zur Seelen Seligkeit nötig noch von Gott geboten sind.“
1523 befreiten Torgauer Bürger neun Nonnen auf deren Wunsch aus einem Kloster. Luther und seine Freunde nahmen die Frauen auf, da die meisten von ihnen nicht zu ihren Familien zurückkehren konnten. Viele von ihnen heirateten.1525 ehelichte Luther die ehemalige Nonne Katharina von Bora und führte mit ihr, wie seine Briefe belegen, ein glückliches Eheleben. Er sagte von ihr: „Ich empfinde nicht fleischliche Liebe noch Hitze, sondern verehre meine Frau.“
Martin Luther erfüllte den Begriff der „christlichen Familie“ mit Leben. Er wies in seiner 1522 erschienenen Schrift „Vom ehelichen Leben“ darauf hin, dass Gott Männer und Frauen geschaffen und ihnen geboten habe, sich zusammenzutun, fruchtbar zu sein und sich zu mehren. „Auf dass wir nun nicht so blind einherfahren, sondern christlich wandeln, so halte aufs erste fest, dass Mann und Frau Gottes Werk sind und halte dein Herz und

Mund zu und schilt ihm sein Werk nicht und nenne nicht böse, was er selbst gut nennt. Er weiß besser, was gut und dir nützlich ist als du selbst, wie er 1. Mose 18 sagt: ‚Es ist nicht gut, dass der Mensch allein sei, ich will ihm eine Gehilfin machen, die um ihn sei.' Da siehst du, dass er die Frau gut und eine Gehilfin nennt... Siehe, mit diesem Spruch Gottes stopft man allen das Maul, die über die Ehe klagen und schelten." Da Ehe und Familie von Gott gewollt sind, gibt es für einen Christen nichts Besseres, als zu heiraten und in gegenseitiger Achtung ein gottgefälliges Leben zu führen. Weil es die Ehe schon vor Jesus gab, ist sie jedoch kein Sakrament, sondern ein „weltlich Ding".

In seinem Katechismus, in dem er die Grundlage des evangelischen Glaubens für die Laien verständlich zusammenfasste, erklärt er: „Darum will Er ihn (diesen Stand) auch von uns geehrt, gehalten und geführt haben als einen göttlichen, seligen Stand, weil Er ihn erstlich vor allen andern eingesetzt hat und darum unterschiedlich Mann und Weib geschaffen, nicht zur Hurerei, sondern dass sie sich zusammen halten, fruchtbar seien, Kinder zeugen, nähren und aufziehen zu Gottes Ehren. Darum hat ihn auch Gott vor allen Ständen aufs reichlichste gesegnet, dazu alles, was in der Welt ist, darauf gewandt und ihm verliehen, dass dieser Stand ja wohl und reichlich versorgt würde; so dass es kein Scherz noch Fürwitz, sondern treffliches Ding und göttlicher Ernst ist um das eheliche Leben."

Den Kindern empfahl Luther, sich nach dem vierten Gebot zu richten: „Du sollst deinen Vater und deine Mutter ehren, auf dass dir's wohl ergehe und du lange lebest auf Erden." Er führt in seinem Katechismus dazu aus: „Wir sollen Gott fürchten und lieben, dass wir unsere Eltern und Herrn nicht verachten noch erzürnen, sondern sie in Ehren halten, ihnen dienen, gehorchen, sie lieb und wert halten." Dabei hebt er hervor, dass „ehren" viel mehr sei als bloßes „lieben". Die Ehre erfordere „eine Zucht, Demut und Scheu", die die Eltern direkt neben Gott plaziert. „Die Eltern sind nach Gott die Höchsten, der höchste Schatz auf Erden und die Quelle aller Autorität... So präge man dem jungen Volk ein, seine Eltern an Gottes statt vor Augen zu halten und so zu denken, ob sie gleich gering, arm, gebrechlich und wunderlich seien, dass sie dennoch Vater und Mutter sind,

von Gott gegeben. Darum sind nicht die Personen anzusehen, wie sie sind, sondern Gottes Willen, der so schafft und ordnet."
Die Eltern sind der höchste Schatz auf Erden. Auch wenn sie sich falsch verhalten und Dinge sagen, die nicht stimmen, sollten sich die Kinder zurückhalten und eher schweigen als aufbegehren. Die alten Eltern sollen gepflegt und versorgt werden, und die Kinder sollen alles mit ihnen teilen, was sie haben. Immer wieder weist er darauf hin, dass die Kinder an den Eltern lernen, Autoritätspersonen zu gehorchen, und wie Konfuzius ist er davon überzeugt, dass das reibungslose Funktionieren der Gesellschaft nicht zuletzt davon abhängt, inwieweit die Erziehung der Kinder gelingt.
Da Luther weiß, dass solche Gebote nicht leicht zu halten sind, schrieb er zu jedem der zehn Gebote wunderschöne Gebete, in denen der Christ Gott um Beistand bitten kann, die schwierige Aufgabe zu meistern. Auch zum vierten Gebot schrieb er ein solches Gebet: „Erstens lerne ich hier Gott, meinen Schöpfer, erkennen, wie wunderbar er mich mit Leib und Seele geschaffen, mir aus meinen Eltern das Leben gegeben hat. Er hat ihnen das Herz gegeben, dass sie mir, als ihres Leibes Frucht, mit allen Kräften gedient, mich zur Welt gebracht, mich ernährt, mich versorgt, mich gepflegt und mich mit großem Fleiß, Sorge, Gefahr, Mühe und Arbeit erzogen haben."
Luthers Botschaft überdauerte die Jahrhunderte. Auch heute gelten in der evangelischen Kirche die christliche Ehe und die Familie als Basis des gelebten Christentums.

Die Kinder in der christlichen Familie

Jesus liebte und achtete die Kinder. Im Matthäus- und im Markusevangelium nahm er ein Kind als Beispiel für einen Menschen, dem das Himmelreich sicher sei. Als die Jünger darum stritten, wer von ihnen der Größte sei, antwortete Jesus: „Wer der Erste sein will, soll der Letzte von allen und der Diener aller sein." Dann stellte er ein Kind in ihre Mitte, nahm es in die Arme und sagte: „Wer ein solches Kind um meinetwillen aufnimmt, der nimmt mich auf; wer aber mich aufnimmt, der nimmt nicht nur mich auf, sondern den, der mich gesandt hat" (Mk. 9, 37). Jesus nahm sich, im Gegensatz zu seinen Jüngern, Zeit für die Kinder: „Da brachte man Kinder zu ihm, damit er ihnen die Hände auflegte und für sie betete. Die Jünger aber wiesen die Leute schroff ab. Doch Jesus sagte: Lasst die Kinder zu mir kommen; hindert sie nicht daran! Denn Menschen wie ihnen gehört das Himmelreich. Dann legte er ihnen die Hände auf" (Mt. 19, 13-15).

Doch diese liebevollen Umgangsformen mit Kindern gingen bald genug verloren. Viele hundert Jahre lang galten sie, der Ursünde wegen, als kleine Teufel, die nur dann beachtet wurden, wenn sie Mönche oder Nonnen werden wollten. Kinder waren eine Pflicht der Eheleute, die Gott selbst den Menschen auferlegt hatte. Sie waren der einzige Grund für das Ausüben von Sexualität. Auf die Ausbildung und Erziehung der Kinder wurde kein Wert gelegt. Hatten noch in der griechischen und römischen Antike Kinder in den Gymnasien eine umfassende geistige und körperliche Ausbildung erhalten, glaubten die Christen in Erwartung des baldigen jüngsten Gerichts, die heiligen Schriften seien das einzige, was Kinder zu lernen hätten. So forderte Chrysostomus, Bischof in Konstantinopel, im 4. Jahrhundert: „Lasst uns die Kinder, wenn sie aus den Händen der Amme kommen, nicht mit alten Weibermärchen aufziehen, sondern von den ersten Jahren an sie lehren von Gott und dem göttlichen Gericht. Denn das zarte Alter nimmt das, was es hört, leicht in sich auf und es prägt sich den Gemütern ein wie ein Siegel dem Wachse."

Augustinus forderte das alleinige Erziehungsrecht für die Kirche. Kinder sollten ihren Eltern „im Sinne völliger Dienstbarkeit" unterworfen werden, und die Eltern sollten „fromme Herrschaft" über ihre Kinder üben. Ein Scheitern der Erziehung war fürchterlich, drohten doch den Eltern schlimmste Strafen, weil sie ihre Kinder ins Höllenfeuer geschickt hatten. Dies wurde schlimmer bewertet, als hätten sie sie getötet.

Um die absolute Dienstbarkeit zu erzielen, wurde häufig auf die körperliche Züchtigung zurückgegriffen, ein Erziehungsmittel, das im Alten Testament empfohlen wurde. Im Brief an die Hebräer finden wir dazu unter der Überschrift „Die Züchtigung als Zeichen väterlicher Liebe": *„Mein Sohn, verachte nicht die Zucht des Herrn, verzage nicht, wenn er dich zurechtweist.*

Denn wen der Herr liebt, den züchtigt er; er schlägt mit der Rute jeden Sohn, den er gern hat (Spr.3,11). Haltet aus, wenn ihr gezüchtigt werdet. Gott behandelt euch wie Söhne: Denn wo ist ein Sohn, den sein Vater nicht züchtigt? Würdet ihr nicht gezüchtigt werden..., dann wäret ihr nicht wirklich seine Kinder“ (Hebr. 12, 4-8).

Prügeln galt aufgrund dieses Satzes als Erziehungsmittel Gottes. So ist von Schenute (348 – 466), dem koptischen Abt des Weißen Klosters von Atripe, bekannt, dass er seine Novizen buchstäblich zu Mönchen und Nonnen schlug. Über die Kinder des Klosters heißt es: „Kinder hatten ja im Weißen Kloster stets das Vorrecht, viel geschlagen zu werden.“ Der Rat des Paulus im Brief an die Kolosser: „Ihr Väter, schüchtert eure Kinder nicht ein, damit sie nicht mutlos werden“ (3, 21), scheint dagegen nicht denselben Stellenwert gehabt zu haben.

Behinderte, blinde oder taube Kinder ereilte in den Zeiten der Inquisition (1490 – 1789) häufig ein schreckliches Schicksal. Als „vom Teufel untergeschobene Wechselbälger“ galten sie als seelenlos und nicht-menschlich und wurden getötet. Erst 1789 gelang es dem französischen Abbé de l‘ Epée, einem katholischen Priester und „Erlöser der Taubstummen“, gegen den erbitterten Widerstand seiner Glaubensgenossen, taubstummen Kindern das Leben zu retten und sie zu unterrichten. Walter Bachmann, der ein Buch über die Geschichte der Heilpädagogik herausbrachte, schreibt über das Verhältnis von Christenheit und Behinderten: „Wohl in keinem anderen Kulturkreis der Menschheitsgeschichte dürfte den Behinderten jemals größerer Schaden, eine Missachtung, Intoleranz und Inhumanität zuteil geworden sein als im Christentum“ (Bachmann, 1985).

Erst Luther erwähnte die Kinder in Anlehnung an die Evangelien als Geschenk Gottes und ihre Aufzucht und Erziehung als heilige Pflicht der Eheleute: „Vater und Mutter können an den Kindern den Himmel und die Hölle verdienen, je nachdem, ob sie ihnen gut oder böse vorstehen.“ Immer wieder hob Luther hervor, wie hoch jede Arbeit, die in der Familie und an den Kindern getan werden müsse, zu schätzen sei. Obwohl zu Luthers Zeiten nur die Frauen für die Kinder zuständig waren, gab er sogar den Tätigkeiten des Hausmanns spirituelle Bedeutung:

„Nun sage mir: Wenn ein Mann herging und wüsche die Windeln oder täte sonst am Kinde ein verachtetes Werk und jedermann spottete seiner und hielte ihn für einen Maulaffen und Frauenmann, obwohl er‘s doch in solcher obengesagten Meinung und christlichem Glauben täte, Lieber, sage, wer spottet hier des andern am feinsten? Gott lacht mit allen Engeln und Kreaturen, nicht weil er die Windeln wäscht, sondern weil er‘s im Glauben tut. Jener Spötter aber, die nur das Werk sehen und den Glauben nicht sehen, spottet Gott mit aller Kreatur als der größten Narren auf Erden.“
Er war davon überzeugt, dass es keinen größeren Schaden für die Christenheit gebe, als die Erziehung der Kinder zu vernachlässigen: „...so dürfen wir wahrlich keinen Fleiß, Mühe noch Kosten an unseren Kindern sparen, zu lehren und zu erziehen, dass sie Gott und der Welt dienen mögen...“. Als Erziehungsmittel empfahl Luther, die Kinder zu „warnen und schrecken, wehren und strafen“, damit sie das Wort Gottes befolgen, um ihrerseits die eigenen Kinder zu guten Christen erziehen zu können.
Außer in den Klöstern gab es zu Luthers Zeit für Kinder einfacher Leute keine Möglichkeit zur Bildung. Luther erkannte darüber hinaus, dass vielen Eltern die Befähigung und die Zeit fehlte, ihre Kinder zu erziehen und zu bilden. Doch in den Kindern sah er die Zukunft eines jeden Landes und in der mangelnden Ausbildung der Jugend den Grund für manches Übel: „Denn bei wem liegt die Schuld, dass es jetzt in allen Städten an geschickten Menschen so dünn gesät aussieht, wenn nicht bei der Obrigkeit, die das junge Volk hat aufwachsen lassen, wie das Holz im Walde wächst, und nicht zugesehen, wie man es lehre und erziehe?“ So schrieb er „an die Ratsherren aller Städte deutschen Landes, dass sie christliche Schulen aufrichten und halten sollen.“
Seine eigenen Kinder hat Luther sehr geliebt. Aus seinen Briefen wissen wir, dass er ihnen stets Grüße und Küsse ausrichten ließ. Besonders schön ist ein Brief, den er an seinen vierjährigen Sohn Hans schreibt: „Meinem herzlieben Sohn Hänschen Luther zu Wittenberg. Gnade und Friede in Christus, mein herzlieber Sohn, ich sehe gern, dass du gut lernst und fleißig betest. Tue so, mein Sohn, und fahre darin fort. Wenn ich heimkomme, so will ich dir ein schönes Geschenk mitbringen...“

Heute können wir uns vor dem Barbarentum gegen Kinder nur schaudernd abwenden und uns freuen, dass sich die Christenheit auf Jesu Worte zurückbesonnen hat und sich weltweit um das Wohl der Kinder sorgt. Christliche Schwestern und Brüder sorgen unermüdlich für die Ärmsten der Armen, und das sind häufig Kinder. Die evangelische Kirche rief mit „Brot für die Welt“ eine weltweit operierende Hilfsorganisation ins Leben, die sich über 40 Jahre auch um die Kinder kümmert, das katholische Hilfswerk „Misereor“ steht dem in keiner Weise nach. Überhaupt hat sich seit den „dunklen“ Zeiten sehr viel verändert.

Die moderne katholische Familie

Auf dem Zweiten Vatikanischen Konzil (1962 – 65) wandelte sich nicht nur die Einstellung der Kirche zum Judentum und zum Islam, auch die Rolle der Frau und die Bedeutung der Familie wurden neu eingeschätzt und entsprechend formuliert.

Die Familie wird heute „Ecclesia domestica“ – Hauskirche – genannt, weil sie als der Ort gilt, wo der christliche Glaube an die Kinder weitergegeben und die Religion im Alltag gelebt wird. Im von Papst Johannes Paul II. initiierten und 1993 erschienenen neuen Katholischen Katechismus heißt es über die Familie: „Heute, in einer Welt, die dem Glauben oft fernsteht oder sogar feind ist, sind die christlichen Familien als Brennpunkte lebendigen, ausstrahlenden Glaubens höchst wichtig“ (1656)[2]. Ziel der Ehe ist nicht mehr nur die Erzeugung von Nachkommen, sondern vor allem die Liebe zwischen den Ehegatten: „Da Gott ihn als Mann und Frau geschaffen hat, wird ihre gegenseitige Liebe ein Bild der unverbrüchlichen, absoluten Liebe, mit der Gott den Menschen liebt. Diese ist in den Augen des Schöpfers gut, ja sehr gut. Die eheliche Liebe wird von Gott gesegnet und dazu bestimmt, fruchtbar zu sein“ (1604). Sexualität in der Ehe wird deswegen nicht mehr als Sünde betrachtet, da sie „die Freigebigkeit und Fruchtbarkeit des Schöpfers leiblich“ (2335) nachahmt. Trotzdem bewirkt der Sündenfall, dass durch den

[2] Alle Zitate aus „Katechismus der katholischen Kirche“, 1993

Akt der Fortpflanzung die Ursünde weitergegeben wird (404), so dass jedes neugeborene Kind als Teil der Menschheit an dieser Sünde teilhat.

Sexualität ist jedoch nur unter Eheleuten, keinesfalls aber zwischen gleichgeschlechtlichen Paaren erlaubt. Dabei bezieht sich die Kirche auf Paulus: „Lustknaben und Knabenschänder werden das Reich Gottes nicht erben“ (1. Kor. 6, 9). Im Schreiben der Römischen Glaubenskongregation über die Seelsorge von Homosexuellen vom 1. 10. 1986 wird die Homosexualität als „in sich nicht in Ordnung“ und „keineswegs in irgendeiner Weise“ gutzuheißen beurteilt. Immerhin wird berücksichtigt, dass Homosexuelle ihre Veranlagung nicht selbst gewählt haben. Deshalb sei ihnen mit Achtung, Mitleid und Takt zu begegnen: „Auch diese Menschen sind berufen, in ihrem Leben den Willen Gottes zu erfüllen und, wenn sie Christen sind, die Schwierigkeiten, die ihnen aus ihrer Veranlagung erwachsen können, mit dem Kreuzesopfer des Herrn zu vereinen“ (2358). Da das Ausleben dieser Veranlagung sündig ist, empfiehlt der Vatikan ein keusches Leben: „Durch die Tugenden der Selbstbeherrschung, die zur inneren Freiheit erziehen, können und sollen sie sich – vielleicht auch mit Hilfe einer selbstlosen Freundschaft - durch das Gebet und die sakramentale Gnade Schritt um Schritt, aber entschieden der christlichen Vollkommenheit nähern“ (2359).

Obwohl das Ziel jeden Geschlechtsverkehrs die Zeugung von Kindern sein sollte (2366), sind die bei der Sexualität empfundenen Gefühle zwischen Eheleuten nicht mehr sündig, sondern werden heute als „Quelle der Freude und Lust“ bezeichnet. So sagte Papst Pius XII. in einer Ansprache: „Der Schöpfer selbst ... hat es so eingerichtet, dass die Gatten bei dieser Zeugungsfunktion Lust und Befriedigung des Leibes und des Geistes erleben. Somit begehen die Gatten nichts Böses, wenn sie diese Lust anstreben und sie genießen“ (2362).

Kinder sind ein Geschenk Gottes und sollten das natürliche Ziel jeder katholischen Ehe sein, da die Ehe „durch ihre natürliche Eigenart ... als Institution auf die Zeugung und Erziehung von Nachkommenschaft hingeordnet“ ist und darin „gleichsam ihre Krönung“ findet (1652). Der katholische Erwachsenen-Katechismus der deutschen Bischofskonferenz rät, die

Entscheidung über die Zahl der Kinder in „verantwortlicher Elternschaft" im Einklang mit dem Wohl der Familie und der Gemeinschaft zu treffen. Das göttliche Gebot der Fruchtbarkeit wird jedoch betont und darauf hingewiesen, sich bei dieser Entscheidung nur von Gott, nicht aber von der eigenen Willkür leiten zu lassen. Empfängnisverhütung wird auch heute noch nicht befürwortet, doch ist der Verkehr in den unfruchtbaren Tagen der Frau erlaubt. Jegliche Hilfsmittel wie die Pille oder Kondome sind auch im Zeitalter von Übervölkerung und Aids verboten. Eheleute, die keine Kinder mehr wollen, sollten nach dem Willen der Kirche enthaltsam leben.
Durch ihre Kinder werden die Eheleute zu Mitarbeitern Gottes. Sie haben die Pflicht, ihre Kinder sittlich und religiös zu erziehen. „In erster Linie erfüllen sie (die Eltern) diese Verantwortung, indem sie ein Zuhause schaffen, wo Zärtlichkeit, Vergebung, gegenseitige Achtung, Treue und selbstlose Dienstbereitschaft herrschen. Die Eltern haben die große Verantwortung, ihren Kindern ein gutes Beispiel zu geben" (2223). Doch auch heute noch wird als Mittel der Zurechtweisung auf Sirach 30, 1-2 verwiesen: „Wer seinen Sohn liebt, hält den Stock für ihn bereit, damit er später Freude erleben kann." Wenngleich danach die Warnung des Paulus folgt, die Kinder nicht zum Zorn zu reizen, könnte der Hinweis auf die Prügelstrafe in einer Zeit, wo selbst Hunde gewaltfrei erzogen werden, Fragen aufwerfen.
Die Achtung der Eltern stützt sich auch im katholischen Katechismus auf das vierte Gebot. Bestenfalls entspringt die Liebe der Kinder „der Dankbarkeit gegenüber denen, die ihnen das Leben geschenkt und durch ihre Liebe und Arbeit ihnen ermöglicht haben, an Größe, Weisheit und Gnade zu wachsen" (2215). Kinder sind zu Gehorsam verpflichtet. Solange sie im Haus ihrer Eltern wohnen, müssen sie jeder Aufforderung der Eltern gehorchen, es sei denn, diese wäre unsittlich. Volljährige Kinder müssen ihren Eltern zwar nicht mehr gehorchen, „doch schulden sie ihnen für immer Achtung. Diese wurzelt in der Gottesfurcht, einer der Gaben des heiligen Geistes" (2217). „Im Alter, in Krankheit, Einsamkeit oder Not sollen sie ihnen, so gut sie können, materiell und moralisch beistehen" (2218). In diesen Punkten unterscheidet sich die katholische nicht von der evangelischen Familie. Die Scheidung einer katholischen Ehe ist jedoch auch heute noch

unmöglich, da „das Band der Ehe von Gott selbst geknüpft“ wird, „so dass die zwischen Getauften geschlossene und vollzogene Ehe nie aufgelöst werden kann“ (1640). Die Kirche beruft sich dabei auf die Worte Jesu: „Wer seine Frau aus der Ehe entlässt und eine andere heiratet, begeht ihr gegenüber Ehebruch“ (Mk. 10, 11). Wenn Eheleute beim besten Willen nicht mehr zusammenbleiben können, wird ihnen jedoch gestattet, in getrennten Wohnungen zu leben, wobei die Ehe vor Gott aber weiter aufrecht erhalten bleibt und neue Partnerschaften deshalb nicht eingegangen werden dürfen (1649).

Zivilrechtlich geschiedene und wieder verheiratete Katholiken „befinden sich in einer Situation, die dem Gesetze Gottes objektiv widerspricht. Darum dürfen sie, solange diese Situation andauert, nicht die Kommunion empfangen. Aus dem gleichen Grund können sie gewisse kirchliche Aufgaben nicht ausüben. Die Aussöhnung durch das Bußsakrament kann nur solchen gewährt werden, die es bereuen, das Zeichen des Bundes und der Treue zu Christus verletzt zu haben, und sich verpflichten, in vollständiger Enthaltsamkeit zu leben“ (1650). So werden meines Wissens auch heute noch Mitarbeiter von katholischen Institutionen entlassen, wenn sie sich scheiden lassen. Aus der Gemeinde verstoßen werden sie jedoch nicht mehr. Vielmehr wird den Priestern geraten, diesen Menschen besondere Aufmerksamkeit zu widmen, um ihnen zu ermöglichen, ihre Kinder im katholischen Glauben zu erziehen (1651).

Wenn Mitarbeiter der katholischen Kirche einen geschiedenen Partner heiraten wollen, können sie ihren Arbeitsplatz nur dann behalten, wenn die vorherige Ehe des Partners von der Kirche annulliert wird. Bei einem solchen Verfahren geht es auch heute noch darum, wer das Scheitern der Ehe „verschuldet“ hat. Immer noch dienen sogenannte „sexuelle Verfehlungen“ wie Untreue oder die Verweigerung des Sexualverkehrs durch einen der beiden Partner als triftiger Grund, eine katholische Ehe zu annullieren.

Heute wird die freiwillige Ehelosigkeit nicht mehr höher bewertet als die Entscheidung für die Familie. So schreiben die deutschen Bischöfe in ihrem Katechismus: „Der um des Himmelreiches willen freiwillig Ehelose ist als solcher kein besserer Christ als der Verheiratete... So sind Ehe und Ehelosigkeit zwei Weisen, um das eine Geheimnis des Bundes zwischen Gott und den Menschen darzustellen und zu leben." Das Zölibat ist jedoch immer noch Pflicht für jeden katholischen Priester. Der Verzicht auf die Ehe gilt als „Zeichen des neuen Lebens, zu dessen Dienst der Diener der Kirche geweiht wird; mit freudigem Herzen auf sich genommen, kündigt er strahlend das Reich Gottes an" (1579).

Obwohl es sicher Priester geben mag, die wirklich freudigen Herzens auf ihre Sexualität verzichten (ich selbst kenne einen Pater, dem ich dies voll und ganz abnehme), sieht die Wirklichkeit oft anders aus. Die Witze über die Haushälterinnen katholischer Pfarrer sprechen Bände. Die „Vereinigung katholischer Priester und ihrer Frauen" gibt 1984 weltweit 80 000 Priester an, die mit Frauen zusammenleben. Damit ist erwiesen, dass etwa zwanzig Prozent aller katholischen Geistlichen das Zölibat umgehen. Der Kirche ist dies durchaus bewusst. So kommt sie für Kinder aus solchen Verbindungen auf, doch nur, wenn sich die Männer von ihren Frauen trennen.

Priester, die heiraten möchten, können dies zivilrechtlich tun, werden aber sofort aus ihrem Orden ausgeschlossen. Wollen sie als überzeugte Christen eine katholische Ehe schließen, müssen sie sich laisieren lassen. Ursula Goldmann-Posch spricht in ihrem Buch „Unheilige Ehen, Gespräche mit Priesterfrauen" von 32 000 Priestern, die sich zwischen 1963 und 1978, der Amtszeit von Papst Paul VI., laisieren ließen. Seit Johannes Paul II. sei so gut wie keine Laisierung mehr ausgesprochen worden. Goldmann-Posch zufolge liegen über 10 000 Anträge auf Eis.

Es ist nur zu bewundern, wenn Männer und Frauen so in der Nachfolge Christi aufgehen, dass sie auf eine Beziehung zum anderen Geschlecht verzichten können. Das Pflichtzölibat für Priester ist jedoch weder von Jesus, noch von Paulus jemals gefordert worden. Die seelische Not, in die viele Mönche und Nonnen geraten, ist groß. Das mag erklären, warum wir immer wieder durch Meldungen von sexuellem Missbrauch an Kindern durch zum Teil hohe Würdenträger der katholischen Kirche aufgeschreckt werden. Obwohl sich die Kirche vehement gegen die Verknüpfung von sexuellem Missbrauch an Kindern und Zölibat wehrt, kann dies rein psychologisch gesehen nicht ausgeschlossen werden. Dass es anders geht, zeigt die Praxis der orthodoxen Kirchen, die mit der Möglichkeit der Heirat für einfache Priester und des Pflichtzölibats für diejenigen, die die höheren Weihen empfangen wollen, seit 800 Jahren die besten Erfahrungen machen.

Ansonsten setzt sich die Kirche durchaus mit ihrer Vergangenheit auseinander. So werden Frauen heute nicht mehr als „missglückte Männer" betrachtet, sondern stehen gleichwertig und gleichrangig neben dem Mann: „Indem Gott den Menschen als Mann und Frau erschuf, schenkte er dem Mann und der Frau in gleicher Weise personale Würde... beide sind nach dem Bild und Gleichnis des personhaften Gottes erschaffen" (2334). Allerdings bewirkt dies nicht, dass Frauen gleichberechtigt mitarbeiten dürfen. Die katholische Kirche lebt das Patriarchat; die Männer haben die zentralen Stellen der Macht inne, die Frauen helfen dienend. Diese Rollenzuteilung beruft sich auf Textstellen aus den Briefen des Apostels Paulus: „Wie in allen Gemeinden der Heiligen üblich, sollen die Frauen in der Versammlung schweigen; es ist ihnen nicht gestattet zu reden" (1. Kor. 14,33). Leider findet Vers 11,5 aus dem gleichen Brief keine Beachtung: „Eine Frau aber entehrt ihr Haupt, *wenn sie betet oder prophetisch redet* und dabei ihr Haupt nicht verhüllt." Wenn die Kopfbedeckung bei der prophetischen Rede der Frauen besprochen wird, scheint es vollkommen normal gewesen zu sein, dass Frauen öffentlich beteten und vor der Gemeinde sprachen. Unberücksichtigt bleibt außerdem, dass die Bibelkritik Vers 14, 33 aus dem Paulusbrief als viel später eingeschoben und nicht von Paulus geschrieben identifizierte.

Zu den schweren Übergriffen und Gräueltaten, die durch die Inquisition geschahen, nimmt der katholische Erwachsenenkatechismus der deutschen Bischofskonferenz Stellung, dessen zweiter Band 1995 erschien. Die Kirche entschuldigt sich für die schlimmen Taten, die von ihren Vertretern in der Vergangenheit, besonders aber durch die Inquisition im Namen Gottes begangen wurden. Aber auch der Machtmissbrauch durch Beichtpriester im Beichtstuhl wird hier klar beim Namen genannt. Zusammenfassend schreiben die Bischöfe: „Solche Handlungen... sind Beispiele von Missbrauch des Namens Gottes durch Amtsträger der Kirche, welche die Kirche heute bedauert und für die sie sich entschuldigt" (S. 205).

Heute ist die katholische Kirche genauso familienfreundlich wie die evangelische. Es gibt unzählige gute katholische Kindergärten, Schulen und Beratungsstellen. Der vielleicht größte Unterschied zur evangelischen Familie ist sicher, dass die katholische Ehe ein Sakrament und damit unauflösbar, die evangelische dagegen „ein weltlich Ding" ist. Scheidungen werden auch bei evangelischen Familien sehr ungern gesehen, doch versündigen sich diese Christen nicht, wenn sie wieder heiraten; sie dürfen auch weiterhin am Abendmahl teilnehmen und kirchliche Ämter bekleiden. Aus der Empfängnisverhütung und Familienplanung hält sich die evangelische Kirche heraus, doch ist sie genauso strikt gegen Abtreibung.

Katholische und evangelische Eltern geben heute ihr Bestes, ihren Kindern in einer Welt von Macht und Konsum die Werte zu vermitteln, für die Jesus eintrat: Menschlichkeit, Nächstenliebe, Mitgefühl und die persönliche, liebevolle Beziehung zu Gott. Der Unterschied zwischen den Konfessionen wird nicht mehr so sehr betont, die gemeinsame christliche Grundlage tritt in unserer multikulturellen Welt in den Vordergrund. So leisten christliche Familien auf der ganzen Welt durch ihren Einsatz einen Beitrag dazu, das Leben für alle lebenswerter und schöner zu machen.

Vom Jesuskind zum Bräutigam – die Liebesseligkeit der christlichen Mystiker

Mystiker streben in allen Religionen danach, die Einheit mit Gott zu erfahren. Für die christlichen Mystiker ist jedoch nicht der Allmächtige der Ansprechpartner, sondern Jesus Christus, sein „eingeborener Sohn". Gott ist zu groß, zu fern, zu unfassbar. Sein Sohn Jesus wurde Mensch und ist damit sowohl einer von uns – als auch dem Vater gleich. So ist Er die Brücke – der Weg, der zum Vater führt.

Die christlichen Mystiker aller Zeiten verehrten Jesus als Kind, als Bruder,

als Vater und als Bräutigam. In seiner Liebe zu Jesus wird der Mystiker zur göttlichen Mutter, die ihn innerlich gebiert, er wird zum Sohn, der sich beim göttlichen Vater geborgen fühlt, zum Bruder, dem sein Bruder Jesus das Erbe des Vaters verheißt, und zur Braut, die sich mit dem heiligen Bräutigam in ekstatischer Liebe vereint.
Die Geburt des Jesuskindes ist ein Sinnbild für die Geburt der Gottesliebe im Herzen des Menschen. Angelus Silesius (1624 – 1677) drückt das mit dem bekannten Spruch aus: „Und wäre Jesus hundertmal in Bethlehem geborn und nicht in dir, du bliebest ewiglich verlorn." Auch der Mystiker Johannes Tauler (ca. 1300 – 1361), der in seiner Weihnachtspredigt über den Satz spricht „Ein Kind ist uns geboren, und ein Sohn ist uns geschenkt" (Jes. 9,5), bezieht die Geburt des Jesuskindes auf die erwachende Liebe des Menschen zu Gott, die „alle Tage und in jedem Augenblick geschehen soll und auch geschieht in einer jeden guten, heiligen Seele, wenn sie sich nur mit Aufmerksamkeit und mit Liebe ihrer (der Geburt) annimmt... Und in dieser Geburt wird ihr Gott zu eigen und gibt er sich zu eigen weit mehr, als sonst jemals jemandem etwas zu eigen wurde".
Um das Jesuskind in sich gebären zu können, muss der Mensch geistig zur Mutter Gottes werden. Meister Eckehard konstatiert in der ihm eigenen, nüchternen Art, dass auch Maria von diesem Prozess nicht ausgenommen sein konnte: „Ich sage: Hätte Maria nicht zuerst Gottes Sohn geistlich in ihrer Seele geboren, er wäre leiblich nie von ihr geboren worden." Wie Maria soll ein Mensch, der zur geistigen Mutter Jesu werden will, jungfräulich sein, indem er seine Fruchtbarkeit nach innen und nur darauf richtet, Gott in sich zu empfangen. Meister Eckehard erklärt: „Dass der Mensch Gott in sich empfängt, das ist gut; und in dieser Empfängnis ist er Magd. Dass aber Gott fruchtbar in ihm werde, das ist besser. Denn Fruchtbarkeit ist Dankbarkeit für die Gabe; und in der wiedergebärenden Dankbarkeit ist die Seele ein Weib." Um solcherart fruchtbar zu werden, empfiehlt Johannes Tauler der Seele: „Es soll eine Rast, eine Stille in ihr werden, und sie soll sich in sich schließen und sich vor den Sinnen wie vor dem Geist verbergen und verstecken ... Dass wir nun alle dieser edlen Geburt Raum geben in uns, damit wir wahre geistige Mütter werden, dazu helfe uns Gott. Amen."

Das Wachstum des Jesuskindes bis zum vollendeten Mann symbolisiert das Wachsen der Gottesliebe im Herzen des Menschen. So schreibt Gregor von Nyssa (333 – 394): „Jesus, das Kind, nimmt bei denen, die es aufnehmen, in ihrer Weise zu an Weisheit, Alter und Gnade... Je nach den Fähigkeiten dessen, der es aufnimmt, zeigt sich Christus als Kind, Fortschreitender oder schon Vollendeter" (Homilien über das Hohelied Salomos 3 PG 44, 893 C).

Das Werk des Grazer Mystikers Jakob Lorber (1800 – 1864), der von sich sagte, dass Jesus ihm von 1840 an bis zu seinem Tode Offenbarungen diktierte, ist eine wahre Fundgrube christlicher Mystik. Im Laufe der 24 Jahre schrieb er 25 Bände von je 500 Seiten. In diesen Manuskripten, die ich im Original sehen durfte, finden sich kaum Verbesserungen. Lorber verschrieb sich fast nie, änderte und überarbeitete nichts, und so wird glaubhaft, dass er nach dem Diktat des inneren Wortes schrieb. Zu den verschiedenen Aspekten Jesu – Vater, Sohn, Bruder und Bräutigam – gibt es in diesem umfangreichen Werk zahlreiche Erläuterungen. „Und so höret denn: Jesus Christus ist der alleinige Gott und Herr aller Himmel und aller Welten! Er ist in Sich allein Seiner ewigen unendlichen Liebe zufolge der Vater und Seiner unendlichen Weisheit zufolge der Sohn und Seiner ewig allmächtigen unantastbaren Heiligkeit zufolge der Heilige Geist selbst, wie Er es von sich ausgesagt hat, dass Er und der Vater eines sind, und wer Ihn sieht, auch den Vater sehe" (GS 1, 74, 14).

Juliana von Norwich (1342 – 1423), die als Einsiedlerin in den weiten Wäldern Englands lebte, richtete sich vor allem an diesen väterlichen Aspekt. Über ihr Leben wissen wir fast nichts; wir kennen nur ihre Texte, die von ihrer innigen Verbindung zu Jesus, dem Vater, künden:

O ewiger Vater!
O Feuer und Abgrund der Liebe!
O ewige Schönheit, ewige Weisheit, ewige Güte, ewige Huld!
O Hoffnung, Zuflucht der Sünder, unermeßliche Fülle, ewiges und unendliches Gut! O Liebesnarr, brauchst Du denn Dein Geschöpf? Es scheint mir so; denn Du benimmst Dich, als ob Du ohne es nicht leben könntest.

Dabei bist Du doch das Leben, so dass jedes Ding von Dir das Leben hat und ohne Dich nichts lebt.
Warum bloß bist Du so vernarrt? Weil Du Dich in Dein Geschöpf verliebt hast, fandest Du an ihm in Dir selbst Gefallen und Ergötzen und bist wie berauscht von der Sorge um sein Heil... doch näher konntest Du ihm nicht kommen, als Dich mit seinem Menschsein zu bekleiden."

Der fünfhundert Jahre später geborene Charles de Foucauld (1858 – 1916), der den Laienorden vom „Heiligsten Herzen Jesu" gründete, lebte wie Juliane als Einsiedler in vollkommener Armut in Marokko. Auch er liebte den väterlichen Jesus, an den er dieses wunderbare Gebet richtete:

„Mein Vater, ich überlasse mich Dir; mach mit mir, was Dir gefällt. Was Du auch mit mir tun magst, ich danke Dir; zu allem bin ich bereit, alles nehme ich an. Wenn nun Dein Wille sich an mir erfüllt, an allen Deinen Geschöpfen – so ersehne ich weiter nichts, mein Gott. In Deine Hände lege ich meine Seele, ich übergebe sie Dir, mein Gott, mit der ganzen Liebe meines Herzens, weil ich Dich liebe.
Und weil diese Liebe mich treibt, mich Dir hinzugeben, mich in Deine Hände zu legen, ohne Maß mit einem grenzenlosen Vertrauen. Denn Du bist mein Vater."

Jesus wird auch als Bruder erfahren. Martin Luther gilt zwar im allgemeinen nicht gerade als Mystiker, doch spricht aus seinen Worten eine unmittelbare Nähe zu Gott, die ihn in den Kreis der Mystiker einreiht. Ihn erfüllte die gleichberechtigte Bruderschaft (Mk. 3,35), die Jesus denen, die ihm nachfolgen, anbot, und durch die alle gläubigen Christen zu Kindern Gottes werden. Weil sich Jesus unser Bruder nennt, werden wir nicht gerichtet, sondern können uns in der Liebe des Vaters sicher fühlen. Wir „haben zugleich einen Vater und ein Erbe, welches Erbe durch die Teilung nicht geringer wird wie anderer Erbe, sondern immer größer und größer, denn es ist geistliches Erbe" (WA 10, I 2, S. 214). Auch Jakob Lorber bestätigt die Bruderschaft Jesu: „Ich bin ein Herr nur denen, die da sind abtrünnig

Meinen Worten und sich dennoch in aller Weisheit groß dünken. Denen aber, die ihr Herz mit aller Liebe erfüllt haben, bin Ich kein Herr, sondern ein allmächtiger Bruder nur und gebe ihnen als wahrster Vater alles, was ich habe“ (BM 1, 90 /1).

Am leidenschaftlichsten wird Jesus jedoch als Bräutigam verehrt. Er selbst erklärte, dass das Himmelreich ist „wie ein König, der die Hochzeit seines Sohnes vorbereitete“ (Mt. 22,1). Jesus ist der Bräutigam und die Kirche – die Gemeinschaft der Gläubigen – ist seine Braut (Eph. 5, 25). Der Mensch, der in seiner Seele das Jesuskind geboren hat, reift, wie Bernhard von Clairveaux (1090 – 1153) in seinen Predigten zum Hohelied Salomos schreibt, zur „Braut des göttlichen Wortes heran und wird in einer mystischen Hochzeit mit Christus vermählt.“ Die männlichen Mystiker vergleichen ihre lodernde Liebe zu Jesus gerne mit der Liebe der Braut zum Geliebten, die Mystikerinnen haben dagegen eine ganz persönliche Beziehung zu ihrem Jesus. Sie fühlen sich als wahre Bräute Christi, und da sie sich als Frauen dem Mann und Gott Jesus anvertrauen, besingen sie ihn wie einen Geliebten, künden vom „wundgeküssten Mund der Seele“ und vom Feuer der Liebe, das Jesus in ihnen entfacht. Darin gleichen sie ihren muslimischen und hinduistischen Schwestern. Die Liebestexte der entflammten Nonnen erinnern an die Gesänge, mit denen Rhada und Mira um Krischna warben. Mechthild von Magdeburg (1210 – 1285), die in einem Zisterzienserkloster lebte, ist sich ganz sicher, die bräutliche Geliebte Jesu zu sein, und spricht ganz unbefangen von ihrer Minne:

„Aber nach dem Jüngsten Tag, da Gott sein Abendmahl einnehmen will, wird man den Bräuten Sitze bei ihrem Bräutigam bereiten, und dann wird Lieb zu Lieb kommen, der Leib zur Seele, und dann volle Herrschaft in der ewigen Herrlichkeit besitzen.

O du anmutiges Lamm und wonnevoller Jüngling Jesus, des himmlischen Vaters Kind, wenn Du Dich alsdann erhebst und ... den Jungfrauen liebend zuwinkst, dann folgen sie Dir feierlich zu dem allerwonnevollsten Ort, von dem ich niemandem je etwas sagen kann.

Wie sie dann mit Dir spielen und sich in Deiner Minnelust verzehren, das

ist von so himmlischer Süßigkeit und so zarter Innigkeit, dass ich dergleichen nicht kenne. Auch die Witwen folgen in herrlicher Lust.
Und im süßen Anschauen lassen sie sich aufs höchste befriedigen und können sehen, wie das Lamm sich den Jungfrauen vereinigt."

Auch Angela von Foligno (1248 – 1309), die, nachdem ihr Mann und ihre Kinder gestorben waren, in den Orden der Franziskanerinnen eintrat, fühlte sich als Braut Christi, von ihm zutiefst geliebt und von ihrem großen Leid erlöst. Sie diktierte ihrem Beichtvater, was ihr Jesus übermittelte: „Meine Tochter, du mein Süßestes, Meine Tochter, du mein Tempel! Meine Tochter, du meine Lust! Halte mich lieb, denn du wirst innig von mir geliebt, inniger, als du mich liebst... Tochter mein, meine süßeste Braut, ich liebe dich mehr als irgendeine andere im Tal von Spoleta. Nachdem ich mich also mit dir vereint, in dir geruht habe, sollst du ebenfalls dich mit mir vereinigen, ruhen in mir."
Franz von Sales (1567 – 1622), der in seinem weltlichen Leben als Jurist arbeitete und erst später Bischof von Genf wurde, soll uns als Beispiel einer männlichen Braut Jesu dienen. Für ihn ist die Liebe zu Jesus „das Universalmittel unseres Heiles. Wo sie fehlt, gereicht uns nichts zum Heile. Deshalb wünscht Jesus, der uns mit seinem Blut losgekauft hat, inständig, dass wir ihn lieben und so die ewige Seligkeit erlangen." Diese Liebe vergleicht er mit dem Liebesweh der Braut, die im Hohelied Salomos weinend und klagend umherirrt, „da sie ihren Geliebten sucht und nicht sogleich findet. Sie würde vergehen vor Leid, lebte nicht die Hoffnung in ihr, ihn wiederzufinden." Doch Gott sorgt für jene, die ihn suchen: „Wie eine liebevolle Mutter, die ihr kleines Kind führt, ihm hilft und es stützt, wo es notwendig ist; es auf ungefährlichem und ebenem Weg ein paar Schritte allein tun lässt; es bald an der Hand fasst, dann wieder es trägt – so sorgt der Herr ständig für seine Kinder, nämlich für jene, die in der Liebe leben." Und es bricht ekstatisch aus ihm hervor: „O ewige Liebe, nach dir verlangt meine Seele. Dich erwählt sie auf ewig. Komm, Heiliger Geist, entflamme mein Herz mit deiner Liebe! Lieben oder sterben! Sterben oder lieben! Sterben jeder anderen Liebe, um dir allein zu leben, o Jesus, auf dass ich nicht ewig sterbe, sondern in deiner Liebe lebe und dich ewig preise."

Gertrud die Große (1256 – ca. 1302), die als fünfjähriges Mädchen ins Kloster Helfta eintrat, beschreibt den ganzen christlichen Heilsweg: wie sie als Magd Gottes das Jesuskind in sich gebar und wie es in ihr zum Bräutigam wurde:

„In der allerheiligsten Nacht, da Gott die Himmel tauen ließ und aller Welt das Heil brachte, kam Gottes Liebe über mich: Sie warf mich nieder... Und das habe ich in meiner Seele gefühlt und erkannt: ein kleines neugeborenes Kind wurde mir einen Augenblick lang gezeigt, ich habe es in den Arm genommen und dann in mein Herz aufgenommen. In diesem Kind war verborgen das Geschenk der Geschenke, die kostbarste aller Gaben. Als ich das Kind so in mir hielt, war ich plötzlich wie verwandelt, dem Kinde gleich. Und in dieser Verwandlung wurde meiner Seele das wahre Verständnis jenes trostreichen Wortes geschenkt: Gott wird alles in allem sein (1. Kor. 15, 28). Mein Innerstes umschloss den Geliebten, und der himmlische Bräutigam erfreute meine Seele."

In den „Himmelsgaben", die der Mystiker Jakob Lorber empfing, bezeichnet sich Jesus gar als eifersüchtigen Liebhaber: „Willst Du mich so recht kennen, da stelle dir so einen recht hitzigen und kreuz und quer eifersüchtigen Liebhaber vor! Dieser liebt seine Braut mit aller Glut seines Herzens, und ihr Leben ist ganz das seinige; aber wehe ihr, so er sie auf irgendeiner Zweideutigkeit ertappt! Wie wird er sie das auf alle mögliche Weise fühlen lassen! – Kehret sie aber wieder um und bekennet dem Liebhaber reuig und offen einen schwachen Seitenblick, so kehrt in dem Liebhaber sobald die alte Glut wieder zurück. Und er liebt seine ihm ein wenig untreu gewordene Braut noch glühender als vorher! Siehe, gerade ein solcher Liebhaber bin Ich auch" (HG 2, Der Herr als Liebhaber, 7).

Auch Martin Luther bezeichnete Jesus als den Bräutigam und jeden Christen als Seine Braut: „Also sollen wir hier wissen, dass Christus unser lieber Gespons ist, und wir sind die Braut; da ist kein Mittler vonnöten, sondern wir sollen selbst mit solcher ganzer Zuversicht zu ihm treten, wie je eine geliebte Braut zu ihrem holdseligen, freundlichen ehelichen Gemahl immer getreten ist, denn der christliche Glaube bringt zuwege, dass Christus ist der Bräutigam, ich bin der Gespons" (WA 10 III, S. 357). Als seine Braut lässt

der Bräutigam sie teilhaben an allen seinen Gütern. Die Seele muss nicht erst rein werden, um Seiner würdig zu sein. Allein der Glaube macht sie zur Braut, und sie wird vom Bräutigam bedingungslos geliebt.
Pater Pierre Teilhard de Chardin (1881 – 1955) verehrte Jesus nicht nur als Vater, Sohn, Heiliger Geist und Braut. Er war überzeugt, dass der Leib Christi nicht auf die Hostie beschränkt bleibt, wenn der Priester bei der Heiligen Eucharistie spricht: „Hoc est corpus meum." Er glaubte, dass sich der Leib Christi über die Hostie hinaus als großer mystischer Leib manifestiert (Lobgesang des Alls, S. 10), der das ganze Universum und alle Menschen umfasst. Die Welt ist Sein Leib, aus den Augen eines jeden Menschen, der in der Wahrheit ist, blickt Jesus. Und so kommt Teilhard de Chardin zu dem Schluss: „Wer leidenschaftlich Jesus verborgen in den Kräften liebt, die die Erde wachsen lassen, den wird die Erde mütterlich in ihren Riesenarmen emporheben, und sie wird ihn das Angesicht Gottes schauen lassen" (s.o. S. 33, 34).
Im Ersten Weltkrieg diente Teilhard de Chardin als Soldatenpriester in den Schützengräben vor Verdun. Die Gefechtspausen nutzte er, um über ein Bild zu meditieren, auf dem ein unbekannter Künstler Jesus dargestellt hatte. In seiner mystischen Schau sah der Pater in den Augen dieses Jesus die ganze Menschheit gespiegelt: „Diese Augen, die zum Beispiel so sanft und zärtlich waren, dass ich glaubte, meine Mutter vor mir zu haben, wurden im Augenblick darauf leidenschaftlich und zwingend wie die einer Frau – so gebieterisch rein zugleich, dass unter ihrer Herrschaft das Empfinden physisch unfähig gewesen wäre, irrezugehen. Und dann erfüllte sie wiederum eine große und männliche Majestät, ähnlich jener, die man in den Augen eines sehr mutigen, sehr feinen oder sehr starken Mannes liest, allerdings unvergleichlich höher und köstlicher zu ertragen... Doch während ich brennend meinen Blick in die Augensterne Christi tauchte, die zu einem Abgrund faszinierenden und glühenden Lebens geworden waren, da sah ich aus dem Grund eben dieser Augen wie eine Wolke etwas aufsteigen... Und ich blieb verwirrt stehen. Denn diesen letzten Ausdruck, der alles beherrscht hatte, alles zusammengefasst hatte, konnte ich nicht entziffern. Es war mir unmöglich zu sagen, ob er eine un-

sagbare Agonie oder ein Übermaß triumphierender Freude verriet! – Ich weiß nur: seitdem glaube ich Ihn in dem Blick eines sterbenden Soldaten von neuem gesehen zu haben“ (s.o. S. 51-53).
Jesus ist das Feuer der Liebe, das die ganze Welt ergreift, jeden einzelnen Menschen, alle Lebewesen, ja sogar die irdische Materie. Und so können wir Seiner Liebe in jedem Menschen, in jedem Lebewesen, ja sogar in der irdischen Materie begegnen. Damit schließt sich der Kreis: Im Zustand stofflicher Offenbarung sind Geist und Materie – wie vor der Schöpfung – wieder eins.

Kapitel 4

Islam

„Dein Herr hat befohlen:
Verehret keinen denn Ihn und erweiset Güte den Eltern.“
(Koran, Sure 17, 24)

Der Islam ist mit seinen 881 Millionen Anhängern die zweitgrößte Religion. Menschen im vorderen Orient, in der Türkei und in Ländern Nord- und Mittelafrikas, in Afghanistan, Pakistan und Indien, Aserbeidschan, Tschetschenien und Tadschikistan, in Indonesien, auf Teilen der Philippinen und auf einzelnen ozeanischen Inselstaaten, aber auch im Kosovo, in Bosnien und Albanien nennen sich Muslime – Gott Ergebene. Das Wort „Islam“ bedeutet „Hingabe an Allah“, wobei „Allah“ das arabische Wort für „Gott“ ist. Die Muslime beten zum selben Gott wie die Christen und die Juden. Sie verehren Abraham, Moses und Jesus als große, weise Propheten, doch sind sie davon überzeugt, dass Gott seine Propheten zu verschiedenen Zeiten und zu verschiedenen Völkern auf die Erde schickt und dass die Vision des jeweils letzten Propheten gilt. Dies ist Mohammed (gest. 632 n. Chr.), dem das heilige Buch, der Koran, durch den Engel Gabriel in arabischer Sprache offenbart wurde.

Jeder, der sich zu Gott bekennt und die Formel spricht: „Ich bekenne, dass es keinen Gott außer Gott gibt, und ich bekenne, dass Mohammed der Gesandte Gottes ist“, ist ein Muslim. Die Bezeichnung „Mohammedaner“, die im Westen oft gewählt wird, ist grundsätzlich falsch, weil Muslime zu Gott beten und - bei aller Verehrung für Mohammed – nicht zu seinem Propheten.
Die Muslime teilen sich in zwei Glaubensgemeinschaften: die Sunniten und die Schiiten. Die Spaltung wurde durch einen Streit um die Nachfolge Mohammeds ausgelöst. Die einen meinten, jeder, der Araber und ein vorbildlicher Muslim sei, sei auch als Kalif geeignet, und so wählten sie den Vater von Aischa, der dritten Frau Mohammeds, Abu Bakr, zum Nachfolger Mohammeds. Diese Gruppierung, die nur den Koran und die überlieferten Aussagen Mohammeds, die Sunna, anerkennt, nennt sich „Sunniten“. Zu ihnen gehören heute etwa 90 Prozent der Muslime. Die andere Gruppierung wollte die Nachfolge nur einem direkten Verwandten des Propheten anvertrauen, und da dieser keine Söhne hatte, wählten sie Ali, den Mann seiner Tochter Fatima. Die Schiiten, zu denen etwa 10 Prozent der Muslime gehören, richten sich nicht nur nach Koran und Sunna, sondern auch nach den Korandeutungen der autorisierten Imame. Diese Imame lehren mit höchster Autorität und sind, wie der unfehlbare Papst, vor jedem Irrtum geschützt. Ihr Wort gilt gleich viel wie das Wort Mohammeds.
Zwischen Sunniten und Schiiten herrschten genauso erbitterte Glaubenskämpfe wie zwischen Katholiken und Protestanten. Als es im Sommer 1987 in Mekka zu einem Gemetzel zwischen fanatisierten iranischen Schiiten und den saudischen Sicherheitskräften kam, das mehr als 400 Tote forderte, wurde deutlich, dass die Muslime diese religiöse Spaltung noch immer nicht überwunden haben. Auch heute im Jahre 2005 hören wir fast täglich in den Nachrichten von den Querelen zwischen Sunniten und Schiiten im Irak.
Der Islam praktiziert die Einheit von Religion und Politik und regelt alle Bereiche des Lebens. Die Anwendung islamischen Rechts gehört unverzichtbar zum Leben eines Muslims. Die Hauptquelle dieses Rechts ist

der Koran, gefolgt von der Sunna, einer Sammlung von Texten, die vom Leben, den Handlungen und Aussagen des Propheten künden. Im 8. und 9. Jahrhundert wurde auf Grund dieser beiden Schriften das islamische Recht, die Scharia, formuliert und schriftlich fixiert.
Auch das Leben der Familie wird durch die Scharia geregelt. Dabei beschränkt sich islamisches Familienrecht nicht auf moralische Aufforderungen, liebevoll, geduldig und rücksichtsvoll miteinander umzugehen. Es regelt eine Fülle von sozialen Fragen wie das Ehe-, Scheidungs- und Erbrecht, die Rechtsstellung und Mündigkeit der Kinder, das Zusammenleben der Geschlechter, die Kleiderordnung und die Rolle des Einzelnen in Familie und Gesellschaft. Das islamische Familienrecht gilt bis heute in fast allen Ländern mit überwiegend muslimischer Bevölkerung. Nur in der Türkei und in Tunesien wurde es zu Gunsten einer am Westen orientierten, bürgerlichen Gesetzgebung eingeschränkt. So ist islamisches Familienrecht auch heute noch Richtschnur für das Zusammenleben muslimischer Familien.
Der Islam nimmt in Europa unter allen nicht-christlichen Religionen eine Sonderstellung ein. Während andere Glaubensgemeinschaften toleriert werden, wird keine Religion mit so viel Argwohn betrachtet wie der Islam. Die politischen Ereignisse der letzten 30 Jahre haben dazu sicher beigetragen. Dass es dem fundamentalistischen Mullah Khomeini gelang, aus seinem Pariser Exil heraus die Herrschaft im Iran zu übernehmen, und dass er drohte, die Ungläubigen zu vernichten, weckte nicht gerade Vertrauen. Auch die Verfolgung iranischer Oppositionspolitiker, die offensichtliche Unterdrückung der Frauen in vielen islamischen Ländern und die offizielle Morddrohung des Staates Iran gegen den Schriftsteller Salman Rushdie hinterließen einen verheerenden Eindruck. Der Überfall Saddam Husseins auf das friedliche Kuwait verstärkte die negative Haltung des Westens. Die Machtübernahme der afghanischen Mujahedin, die ihren Frauen von einem Tag auf den anderen die Bewegungsfreiheit und das Recht auf Bildung und Berufsausübung entzogen und Glaubensbrüder aus anderen Stämmen genauso erbittert bekämpften wie zuvor die Russen, konnten den Eindruck nicht verbessern. Doch damit nicht genug! Die

Morde algerischer Fundamentalisten nicht nur an Ausländern, sondern an der eigenen Bevölkerung einschließlich der Frauen und Kinder gaben der Abneigung neue Nahrung, und mochte man sich damit beruhigt haben, dass die schlimmen Dinge uns nicht direkt betrafen, wuchs das Risiko, bei Reisen in islamische Länder als Tourist verschleppt oder ermordet zu werden, so geschehen im Jemen, in Kaschmir, in Ägypten, in Tunesien, in Algerien und in Indonesien. Die Bombenanschläge von Islamisten auf Restaurants in der Südtürkei legten die Tourismusbranche dort einige Jahre lahm. Die extremen Islamisten, die am 11. September 2001 Zivilflugzeuge entführten und sie in die beiden Türme des World Trade Centers und in das Pentagon lenkten, taten das ihrige dazu, den Islam als eine fanatische, blutrünstige Eroberungsreligion erscheinen zu lassen, die die Menschenrechte missachtet und ein völlig veraltetes Rechtssystem befolgt. Und mit jedem Tag, den dieses Buch noch nicht gedruckt ist, verlängert sich die Liste der Gräueltaten, die die islamistische Terrorgruppe El Kaida weltweit verübt.

Doch vieles, vor dem wir uns schaudernd abwenden und mit dem Etikett „Islam“ versehen, gründet sich weder auf den Koran noch auf die Sunna. Ein differenziertes Bild können wir nur gewinnen, wenn wir berücksichtigen, dass machtpolitische Interessen häufig unter dem Deckmantel der Religion verborgen werden. Die Mörderbanden in Algerien wollen durchsetzen, dass eine ihnen genehme islamistische Regierung die Macht übernimmt, und die Terroristen in Kaschmir wollen, dass der indische Bundesstaat ein Teil des islamischen Pakistans wird. Die türkischen Fundamentalisten wollen die Trennung von Kirche und Staat rückgängig machen und die Scharia wieder einführen, und bei den afghanischen Taliban wurden Stammesfehden um die Alleinherrschaft im Land ausgetragen. Die islamischen Staaten, die Schlagzeilen machen, waren fast ausnahmslos europäische Kolonien, die ihre Identität erst finden müssen. Häufig lebt die Mehrheit der Bevölkerung am Rande des Existenzminimums; Verhaltensformen, die wir missbilligen, entstehen aus der seelischen Verrohung und Verzweiflung, die Menschen entwickeln, wenn sie sich chancenlos sehen. Wer jetzt glaubt, nur Völker der sogenannten Dritten Welt und nur Muslime ließen sich durch Worte zu roher Gewalt verführen, sollte sich mit der Geschichte Mitteleuropas der letzten hundert Jahre befassen. Weit zurückschauen müssen wir wirklich nicht! Waren wir nicht gerade fassungslose Zeugen dafür, wie ein skrupelloser Alleinherrscher unter dem Deckmantel des heiligen Krieges der Christen gegen die Muslime versuchte, seine Territorialansprüche auf ein serbisches Großreich mit Waffengewalt durchzusetzen? Uns stockte der Atem, dass sich russisch- und serbisch-orthodoxe christliche Priester im 20. Jahrhundert dazu herabließen, Militärkonvois und Waffen zu segnen. Und wie oft hörten wir selbst in unserem Urlaub 1991 in Griechenland, die Unterstützung der Kosovaren durch die NATO sei völlig unverständlich, da die Serben christliche Glaubensbrüder und damit im Recht seien. Was scherten uns die Ungläubigen? Einige beschimpften uns wütend, weil unser deutsches Autokennzeichen uns als Angehörige dieser antichristlichen Liga auswies. Der Islam ist nicht blutrünstig und er ruft auch nicht zu Glaubenskriegen auf! Wir dürfen die Grausamkeiten islamistischer Gewaltherrscher und Terrorkommandos nicht mit der Religion gleichsetzen. Die Christen würden sich sicher wütend zur Wehr setzen, wollten Muslime ihre Religion an den Terrorakten messen, die sich Protestanten und Katholiken in Nordirland gegenseitig antun, ganz zu schweigen von den Gräueltaten der „christlich" serbischen Soldateska in den Vergewaltigungscamps an muslimischen Frauen und bei den Erschießungskommandos an Männern und männlichen Kindern.

Was außerdem dringend berücksichtigt werden muss, wenn man den Islam würdigen möchte, ist der Unterschied zwischen Religion und Stammestradition. Seit Jahrtausenden herrschen im Orient Männer über Frauen, und diese Tradition beeinflusst das Verhalten muslimischer Männer auch heute noch. Dabei muss man wissen, dass Frauen im Orient vor Mohammed wesentlich schlechter behandelt wurden. Neugeborene Mädchen wurden oft lebendig verscharrt, Frauen hatten kein Recht auf Besitz und gehörten zum Eigentum des Mannes, das verkauft, getötet oder vererbt werden konnte. Der Koran garantierte ihnen zum ersten Mal Rechte und stellte sie vor Allah mit den Männern auf eine Stufe. Wenn man

die heiligen Bücher der großen Religionen liest, schneidet der Koran in der Frauenfrage eindeutig am besten ab! Doch warum, wenden Sie mit Recht ein, werden Frauen in Ländern, die sich auf die Scharia, das islamische Recht berufen, unterdrückt? Warum versagt man ihnen ihre im Koran garantierten Rechte? Rechte, die ihre Schwestern in Europa zugegebenermaßen auch nicht durch die christlichen Kirchen, sondern, wie in Indien, durch die bürgerliche Gesetzgebung erhielten?
Annemarie Schimmel, die bekannte Professorin für Orientalistik, formuliert den Widerspruch zwischen Religion und Wirklichkeit folgendermaßen: „Dass das männliche Prinzip zumindest im praktischen Leben immer wieder dominiert, ist in allen Religionen und Kulturen bekannt, und es ist unleugbar, dass im Islam viel Leid über die Frauen gekommen ist, weil einfache koranische Vorschriften im Laufe der Jahrhunderte immer enger ausgelegt wurden, weil Sitten und Anschauungen, die sich absolut nicht aus dem Koran ableiten lassen, durch eine zunehmende Erstarrung geradezu kanonischen Charakter angenommen haben. Vieles von dem, was heute als islamisch dargestellt wird, gehört zu diesen immer starrer werdenden Schichten."
Es gibt genauso wenig muslimische wie christliche Terroristen. Der Islam gebietet wie das Christentum Toleranz und Nächstenliebe. Menschen, die Gott oder Allah verehren, werden solche Verbrechen nicht verüben. Fanatiker, die ihre Interessen mit Gewalt durchsetzen, finden wir dagegen in allen Religionen: bei den Hindus, den Juden, den Muslimen und auch bei den Christen. Die Taten all dieser Verbrecher sind schrecklich. Wir werden ihnen nicht den Gefallen tun, uns den Blick auf das Wesentliche verschleiern zu lassen.

Die Frau im Islam

Im Westen herrscht allgemein die Meinung, die Unterdrückung der Frau sei im Islam verankert. Gegen diese Ansicht wehren sich Muslime vehement und machen immer wieder darauf aufmerksam, dass ein großer Unterschied zwischen patriarchalischen Stammestraditionen und dem Islam bestehe. So schreibt der kuwaitische Justizminister Salim El-Bahnassawi: „Es ist nicht dem Islam anzulasten, dass die Muslime die Angelegenheiten der Frauen negierten und sie von der aktiven Teilnahme am Gesellschaftsleben ausschlossen, da gerade dies *nicht* in Übereinstimmung mit den islamischen Grundsätzen der Arbeitsteilung steht. Sie (die Fundamentalisten) realisieren nicht, dass die Isolation der Frau vom gesellschaftlichen Leben nicht praktikabel ist, ja vom Islam sogar verabscheut wird, da gerade der Islam die Frauen dazu ermahnt, sich Wissen anzueignen und sich, wo immer es nötig ist, in allen Schemata des sozialen Fortschritts und der nationalen Wohlfahrt zu engagieren" (1998, S. 40).

Dass Frauen in so vielen islamischen Ländern unterdrückt werden, führt er historisch nicht nur auf die Jahrhunderte alte Bevorzugung der Männer im vorderen Orient zurück, sondern auch auf „dekadente Kalifen", die „die Frau ihrer sozialen Rechte, ihrer Persönlichkeit und insbesondere der Bildung beraubten". Fälschlicherweise habe man diesen Missbrauch dem Islam zugeschrieben. Doch zerstöre die Herabsetzung der Frau in der muslimischen Gesellschaft die wahren islamischen Werte und seine Ethik.

Bischof Andrea machte, wie schon erwähnt, darauf aufmerksam, dass jede Religion das Recht habe, nach dem beurteilt zu werden, was sie will, und nicht danach, was „menschliche Schwäche und Erbärmlichkeit" aus ihr gemacht haben. Wenn wir uns in diesem Sinne unserem Thema nähern, erfahren wir Erstaunliches, besonders wenn wir uns vor Augen halten, dass der Koran um 600 n. Chr. entstand.

Wenden wir uns dem Koran zu und schauen, was dort über die Behandlung der Frauen geschrieben steht. Es fällt zuerst einmal auf, dass Eva nicht allein für den Sündenfall verantwortlich gemacht wird. Adam und Eva werden beide gemeinsam von Iblis, dem Satan, versucht, den Apfel vom Baum der Erkenntnis von Gut und Böse zu pflücken. Beide gemeinsam begehen sie die Sünde, und Allah vertreibt sie aus dem Paradies. So bleibt der muslimischen Frau die erdrückende Schuld der Ursünde erspart.

Vor Gott sind Mann und Frau gleich (Sure 4,2). Doch weil sie unterschiedlich geschaffen sind, haben sie verschiedene Rechte und Pflichten. Der Mann muss für seine Frau sorgen und steht deshalb über ihr (Sure 4,34). Das bedeutet jedoch nicht, dass die Frau weniger wert ist oder schlecht behandelt werden darf. Ihr ist, da sie allein gebären kann, die „schwerste und wichtigste Aufgabe für die Zukunft der *umma (Glaubensgemeinschaft)* aufgetragen, nämlich die Geburt und Erziehung der neuen Generation. Hier kann es keine Gleichberechtigung geben, da die Mutterschaft nicht auf Männer übertragbar ist" (El-Bahnassawi).

Vertiefen wir uns weiter in den Koran, fällt auf, wie genau die Regelungen bezüglich Ehe und Familie formuliert sind. Sie regeln detailliert Fragen des Erbes, der Eheschließung, der Beziehungsgestaltung und der Scheidung. Wenn man bedenkt, dass die Frauen in vorislamischer Zeit weniger galten als Vieh und neugeborene Mädchen lebendig begraben wurden, um die knappe Lebensgrundlage den bevorzugten Jungen zu sichern, räumt der Koran mit diesen Missständen gründlich auf: „Wenn einer von ihnen von der Geburt eines Mädchens benachrichtigt wird, bleibt sein Gesicht finster, und er unterdrückt (seinen Groll). Er verbirgt sich vor den Leuten wegen der schlimmen Nachricht. Soll er es nun trotz der Schmach behalten oder es im Boden verscharren? Übel ist, wie sie da urteilen" (Sure 16: 59-60).

Um zu ermessen, wie fortschrittlich der Islam die Frauen schon vor 1400 Jahren behandelte, müssen wir berücksichtigen, dass christliche Frauen zu jener Zeit vollkommen von der Gunst ihrer Männer abhängig waren. Im Gegensatz zu ihren christlichen Schwestern hatte die Muslimin folgende verbriefte Rechte:

- Sie behält mit ihrem Nachnahmen ihre juristische Identität: „Nenne sie nach den Namen ihrer Väter, denn dies ist gerechter vor Gott" (Sure 33,5).
- Sie hat die gleichen Rechte wie der Mann. „Und den Frauen stehen die gleichen Rechte zu wie sie die Männer über sie haben in angemessener Weise" (Sure 2,228).
- Sie muss keinen Mann heiraten, der ihr unsympathisch ist. Ehen ohne Einverständnis der Frau sind ungültig.
- Sie muss dem Mann nur dann gehorchen, wenn seine Anordnungen den ethischen Gesetzen des Islam entsprechen. So sagt Imam Al-

Ghazali: „Es gibt keine Verordnung noch Gebot außer von Gott. Wenn ein Prophet, Gebieter, Herrscher, Meister, Vater oder Ehemann einen Befehl gibt, dann gebührt Gehorsam nicht deren Befehl, sondern dem Gebot Gottes."

- Sie ist dem Mann geistig, intellektuell und moralisch ebenbürtig. Der Prophet sagt: „Die Frauen sind die Zwillingshälften der Männer... Das Aneignen von Wissen obliegt jedem muslimischen Mann und jeder muslimischen Frau" (nach Ibn Madscha).
- Sie erhält bei der Hochzeit vom Mann einen Geldbetrag, die Morgengabe. Dieses Geld gehört ihr allein, und sie kann nach eigenem Gutdünken darüber verfügen. Im Falle einer Scheidung oder des Todes ihres Mannes ist sie damit sozial abgesichert.
- Sie ist erbberechtigt; ihr steht die Hälfte des Erbes ihrer Brüder zu. Dieses Geld darf sie für sich allein verwenden, wogegen ihre Brüder das Erbe zum Erhalt ihrer Familien verwenden müssen.
- Nach einer Scheidung oder nach dem Tod ihres Ehemannes darf sie wieder heiraten.
- Sie hat das Recht, die Empfängnis zu verhüten, wenn ihre Gesundheit gefährdet ist oder wenn die wirtschaftliche Situation die Aufzucht eines weiteren Kindes nicht ratsam erscheinen lässt (Al-Ghazzali).
- Sie bekommt den gleichen Lohn für die gleiche Arbeit wie ein Mann: „Die Männer bekommen den Anteil dessen, was sie erworben haben, und die Frauen bekommen den Anteil dessen, was sie erworben haben" (Sure 4,32).
- Sie darf jedes Amt bekleiden, wenn sie ihre Aufgaben in der Familie nicht vernachlässigt.
- Der Ehemann wird verpflichtet, die Frau auch nach der Scheidung zu versorgen: „Und auch für die geschiedenen Frauen soll eine Versorgung vorgesehen werden nach Billigkeit – eine Pflicht den Gottesfürchtigen" (Sure 2, 242).

Erstaunt nehmen wir zur Kenntnis, dass die Muslimin schon vor vierzehn Jahrhunderten Rechte hatte, die sich ihre christlichen Schwestern viel später mühsam und mit Unterstützung der bürgerlichen Gesetzgebung erkämpfen mussten. Interessant ist in diesem Zusammenhang, dass der indische Soziologe Afzal Qutb das Christentum als frauenfeindliche Religion beschreibt: „Man glaubt, die Frau sei verantwortlich für den Niedergang des Mannes, und deshalb muss sie unterdrückt werden. Der Glaube, dass die erste Frau weniger wertvoll als der erste Mann und außerdem für seinen Fall verantwortlich sei, hat die Frauen verunglimpft. Eine Frau galt nicht mehr als ein Tier, das der Erfüllung sinnlicher Begierde diente und niedere Arbeit zu verrichten hatte...Es ist noch nicht lange her, dass die zivilisierten europäischen Staaten ihren Frauen überhaupt Bürgerrechte gaben“ (Qutb 1990). Im Schweizer Kanton Appenzell haben Frauen erst seit wenigen Jahren Wahlrecht!
Auch die Kleiderordnung für Frauen, die so diskriminierend erscheint, war von Mohammed in erster Linie als Schutz gedacht. In einem heißen Wüstenland, in dem Frauen weniger galten als Kamele und Ziegen, wollte er die Muslimin deutlich von anderen Frauen abheben, um sie vor Übergriffen zu bewahren: „O Prophet! Sprich zu deinen Frauen und deinen Töchtern und zu den Frauen der Gläubigen, sie sollen ihre Tücher tief über sich ziehen. Das ist besser, damit sie erkannt und nicht belästigt werden“ (Sure 33,60). Die Notwendigkeit eines alles verhüllenden Chadors jedoch ist im Koran nirgendwo erwähnt. Der Ägypter Qasim Amin (1863-1908) schrieb in seiner Abhandlung über die Stellung der Frau, der Chador sei, trotz einer gewissen Schutzfunktion, letztlich ein Beweis dafür, dass der Mann das schwächere Geschlecht sei, wenn er sich bei dem Anblick einer unverschleierten Frau nicht beherrschen könne.
Heute gibt es muslimische Frauenbewegungen, die sich nicht gegen den Islam, sondern gegen die patriarchalische Tradition der Unterdrückung der Frauen richten. Sie streben, im Sinne des Koran, vor allem die gleiche Schulbildung für Mädchen an und fordern soziale und politische Rechte für Frauen. Unbestritten bleibt allerdings, dass die wichtigste Aufgabe der Muslimin ist, Mutter zu sein. Darin unterscheidet sich der Islam jedoch von keiner anderen Religion.

Ehe und Familie

Auch im Islam ist die Ehe die Grundlage der Beziehung zwischen Mann und Frau. Sie ist Recht und Pflicht, denen sich niemand entziehen darf (Sure 24: 33). Frauen sind seit Mohammed keine rechtlosen Sklavinnen mehr, sondern gehören dem Mann freiwillig nach „den Mitteln eures Vermögens nur in richtiger Ehe und nicht in Unzucht" (Sure 4, 25) an. Im Islam werden Ehen von den Familien der Brautleute arrangiert. Da Frauen als schwächer, gefühlvoller und leichter beeinflussbar gelten, unterstehen sie dem besonderen Schutz der Männer. Die Frau kann sich nicht selbst über ihren zukünftigen Ehemann informieren, und so wird diese Aufgabe von einem männlichen Verwandten wie dem Vater, dem Onkel oder einem älteren Bruder übernommen. Dieser Mann überprüft den Charakter des Bräutigams dahingehend, ob er wirklich ein guter Vater für die Kinder zu werden verspricht.

Die Verlobten dürfen sich sehen, um festzustellen, ob sie sich sympathisch sind. Nicht Schönheit oder Reichtum sollten bei der Entscheidung eine Rolle spielen, sondern Frömmigkeit und Klugheit: „Die gläubigen Männer und die gläubigen Frauen sind einer des andern Freund" (Sure 9, 71), sagt der Koran, und in den Geschichten des Propheten von Kisa'i sagt Gott zu Adam: „Ich habe Meine Huld in Meiner Dienerin Eva für dich versammelt, und es gibt keine Gnade, Adam, die besser ist als eine fromme Frau." Nur wenn beide einander gutheißen, wird die Ehe geschlossen. Heute dürfen junge Leute immer häufiger auch vor der Ehe zusammen sein, doch auch heute noch ist es kaum möglich, dass gegen den Willen der Familien geheiratet wird. Die Ehe wird durch einen Vertrag zwischen Bräutigam und Braut vereinbart. In diesem Vertrag kann die Frau zum Beispiel ausschließen, dass ihr Mann eine zweite Frau heiraten darf. Die Ehe ist gültig, wenn die Brautleute vor einem religiösen Würdenträger in Anwesenheit von Zeugen ihre Zustimmung geben.

Nach Vollzug der Hochzeit erhält die Frau von ihrem Mann die Morgengabe „Mahr" (Sure 4, 25). Die Höhe der Summe wird vom Vater der Braut mit dem zukünftigen Schwiegersohn ausgehandelt. Dieses Geld gehört allein der Frau und ist dazu bestimmt, sie im Falle einer Witwenschaft oder einer Scheidung finanziell abzusichern. Heute ist die Morgengabe besonders in den reichen Ölstaaten so hoch geworden, dass sich die Familie des Bräutigams oft schwer verschuldet, um sie bezahlen zu können. Es gibt sogar Sozialfonds, aus denen bedürftige heiratswillige Männer Zuschüsse erhalten.

Eine Muslimin darf nur einen Muslim heiraten, wogegen dem muslimischen Mann die Ehe mit einer Christin oder Jüdin gestattet ist. Die nicht muslimischen Frauen dürfen ihre Religion weiter ausüben, die Kinder müssen jedoch im Islam erzogen werden. Die Religionszugehörigkeit richtet sich, anders als im Judentum, nicht nach der Mutter, sondern nach dem Vater.

Der Mann ist das Oberhaupt der Familie. Er ist der Ernährer und muss der Frau eine *ihrem* Lebensstandard angemessene Wohnung bieten. Die Frau hat in erster Linie die Aufgabe, den Besitz und die Ehre ihres Mannes zu hüten und die gemeinsamen Kinder aufzuziehen. Der türkische islamische Katechismus führt näher aus, dass die Frau „die Harmonie und Unversehrtheit der Familie sichert, ...für das Wohlbefinden der Kinder, ihre Erziehung und Fortbildung Sorge trägt, das Einkommen des Ehemannes nicht verschwendet und der Ordnung und Sauberkeit des Hauses die gebührende Wichtigkeit beimisst" (S. 106). Der Mann sollte sich seiner Frau gegenüber stets höflich, gütig und nachgiebig zeigen. Der Prophet weiß, dass die Partnerschaft nur dann gelingen kann, wenn sich beide Zeit füreinander nehmen. So ist der Ehemann verpflichtet, Zeit mit seiner Frau zu verbringen.

Bei Streitigkeiten mahnt der Koran zur Güte: „Wenn ihr Abneigung gegen sie empfindet, wer weiß, vielleicht empfindet ihr Abneigung gegen etwas, worein Allah aber viel Gutes gelegt hat" (Sure 4,20). Stellt sich der Ehefrieden nicht ein, gibt der Koran folgenden Rat: „Ermahnt diejenigen, von denen ihr Widerspenstigkeit befürchtet, und entfernt euch von ihnen in den Schlafgemächern und schlagt sie. Wenn sie euch gehorchen, dann wendet nichts Weiteres gegen sie an. Gott ist erhaben und groß" (Sure 4, 34).

Die Aufforderung an den Mann, seine Frau zu schlagen, klingt abstoßend. Wie legen muslimische Rechtsgelehrte heute diesen Abschnitt der Sure aus? Salim El-Bahnsassawi führt aus, dass der Prophet das *traditionelle Recht der Männer, ihre Frauen zu schlagen, stark einschränkte.* Ein Muslim darf seine Frau nur leicht schlagen und nur dann, wenn sie sich unmoralisch verhalten hat und nicht bereit ist, ihr Verhalten zu ändern. Muhammad Asad schreibt dazu in seinem Kommentar zum Koran: „Wie aus vielen authentischen Überlieferungen ersichtlich ist, hat der Prophet selbst entschieden den Gedanken verabscheut, die Ehefrau zu schlagen, und mehr als einmal hat er gesagt: ‚Ist es für einen von euch wirklich möglich, seine Frau zu schlagen, als wäre es eine Sklavin, und dann am Abend zu ihr zu gehen?'" Und Al-Dardier schreibt: „Schmerzvolles Schlagen ist nicht erlaubt, auch wenn es die einzige Möglichkeit wäre, die Frau wieder zur Vernunft zu bringen. Wenn also ein Mann zu solch einem Mittel greift, hat die Frau das Recht auf Scheidung und auf Wiedergutmachung, gemäß dem göttlichen Gesetz der Gleichheit" (El-Bahnassawi, S. 171).

Dass dieser Vers von weniger zartfühlenden und belesenen Männer auch heute noch dazu missbraucht wird, körperliche Gewalt gegen Frauen zu rechtfertigen, liegt auf der Hand, denn der Mann ist für die Moral der Frau verantwortlich. Er darf verfügen, ob und zu welchem Zweck sie das Haus verlässt. Die islamische Gesellschaft trennt die Geschlechter strikt. „Wo Mann und Frau unbeobachtet zusammen sind, da ist der Teufel der Dritte", sagte Mohammed. Deshalb wird in traditionellen islamischen Ländern die Berufstätigkeit der Frau sehr kritisch gesehen. Sie könnte nicht nur mit fremden Männern zusammenkommen, viel schlimmer ist, dass sie die Überlegenheit ihres Mannes anzweifeln könnte, weil sie selbst Geld verdient. Außerdem wird befürchtet, dass sie ihren Aufgaben im Haushalt nicht ausreichend nachkommen könnte.

Diese Einschränkungen haben in fundamentalistisch islamischen Ländern dazu geführt, dass Frauen ihre Häuser nicht verlassen dürfen. Doch bleibt diese Haltung unter Muslimen nicht unwidersprochen. Salim El-Bahnassawi führt dazu aus, dass es keinen islamischen Text gibt, der die Arbeit der Frau und ihre Teilnahme an der Gesellschaft verbiete, solange dies mit Gottesfurcht geschieht. „Frauen brauchen Ärztinnen, Lehrerinnen, Rechtsanwältinnen und andere Professionelle", schreibt er, und deshalb sollten sie sich „in den verschiedensten Sparten des Berufslebens Wissen aneignen, um am Aufstieg in der Gesellschaft ihren Beitrag zu leisten" (S. 70).

Der Ehemann ist verpflichtet, mit seiner Frau zu schlafen, denn Sexualität ist eine gute Gabe Gottes. Die Frau darf sich ihrem Mann nicht verweigern, der Mann nicht enthaltsam leben (Sure, 30:22). Der Ehemann darf sich insgesamt nur vier Monate von seiner Frau zurückziehen, dann muss er sich entweder von ihr scheiden lassen oder den ehelichen Verkehr wieder aufnehmen (Sure 65: 3).

Homosexualität wird im Islam durchweg verurteilt, sowohl bei Männern wie bei Frauen. Sie ist eine Verletzung des göttlichen Rechts und gehört wie Alkohol- und Drogenmissbrauch zu den Vergehen, die die islamische Gesellschaft zerstören. Homosexualität wird in fundamentalistisch islamischen Staaten immer noch mit dem Tode bestraft.

Ehebruch ist in islamischen Familien verpönt (Sure 17:33). Sollte der Mann seine Frau verdächtigen, muss er für dieses Vergehen vier unabhängige Augenzeugen benennen. Diese Regelung geht auf eine Begebenheit zurück, in die Aischa, die junge Frau Mohammeds, verwickelt war. Auf einem Kamelritt durch die Wüste blieb sie zurück, um ein verlorenes Schmuckstück zu suchen. Einem Mitreisenden fiel ihr Fehlen auf, und er ritt zurück, um sie zu beschützen. Obwohl der Mann Aischa nicht angerührt hatte und nur um ihr Wohl besorgt war, lag auf beiden der Makel des Ehebruchs, weil sie allein zusammen gewesen waren. Die anderen Frauen des Propheten, die eifersüchtig auf das enge Verhältnis Mohammeds zu Aischa waren, taten das ihrige dazu, den Ruf der jungen Frau zu schädigen. Verzweifelt kehrte sie zu ihren Eltern zurück. Auch Mohammed war befangen, doch Allah erbarmte sich der unschuldigen jungen Frau und ließ den Propheten durch den Engel Gabriel wissen: „Warum dachten die gläubigen Männer und Frauen, als ihr es hörtet, nicht Gutes von ihren eigenen Leuten und sprachen: ‚Das ist eine offenkundige Lüge'? Warum brachten sie nicht vier Zeugen dafür? Da sie keine Zeugen gebracht haben, sind sie es also, die vor Allah die Lügner sind" (Sure 24, 12-14). Der Engel verkündete des weiteren eine Warnung Gottes: „Diejenigen, welche züchtige, ah-

nungslose, gläubige Frauen verleumden, sind verflucht hienieden und im Jenseits. Ihrer harrt schwere Strafe“ (Sure 24, 24). Bei erwiesenem Ehebruch jedoch droht einer Muslimin und ihrem Geliebten in bestimmten fundamentalistischen Ländern allerdings auch heute noch die Steinigung.
Im Gegensatz zum Christentum waren Ehescheidung und erneute Heirat im Islam schon immer erlaubt. Der Koran widmet diesem Thema in der 2. Sure die Verse 227 – 242 und die gesamte Sure 65. Es reicht, wie oft angenommen, natürlich nicht aus, dass ein Mann zu seiner Frau sagt: „Ich verstoße dich!“ Zuerst werden zwei Vermittler beauftragt, den Streit zu schlichten. Erst wenn das misslingt und der Ehemann auf der Scheidung besteht, spricht er den Wunsch öffentlich aus. Diese Ankündigung muss im Laufe von zwei Monaten wiederholt werden. Während dieser Zeit ist der Mann verpflichtet, seine Frau gut zu behandeln. Die Frau kann ebenfalls über einen Magistraten oder einen Vermittler die Scheidung beantragen. Ist die Scheidung rechtskräftig, fordert der Koran: „Und wenn ihr euch von den Frauen scheidet und sie nähern sich dem Ende ihrer Wartefrist, dann sollt ihr sie entweder auf geziemende Art behalten oder auf geziemende Art entlassen; doch haltet sie nicht zu ihrem Schaden zurück, um ungerecht zu handeln. Wer das aber tut, wahrlich, der sündigt wider seine eigene Seele“ (Sure 2, 232). Die Frau behält die Morgengabe, die ihr der Ehemann vermacht hat. Darüber hinaus empfiehlt der Koran dem Mann, die Frau auch nach der Scheidung zu versorgen: „Und auch für die geschiedenen Frauen soll eine Versorgung vorgesehen werden nach Billigkeit – eine Pflicht den Gottesfürchtigen“ (Sure 2, 242).

Eltern und Kinder

Die Familie ist im Islam hochgeschätzt und gilt als Stütze der Gesellschaft. Im islamischen Katechismus steht darüber: „Die Gemeinschaft, die sich aus Mann und Frau, Vater und Mutter, Kindern und Verwandten zusammensetzt, ist die Familie. Sie ist der Zellkern der menschlichen Gesellschaft und ihre kleinste Einheit. Der Mensch lernt seine Aufgaben gegenüber Gott und seinen Geschöpfen, die Verehrung für die Großen, die Güte gegen die Kleinen und seine Pflichten gegenüber der Menschheit zuerst in der Familie“ (S. 104-105).

Kinder sind eines der Hauptziele der islamischen Ehe und ein hohes Gut. Sie werden von Allah geschenkt: „Allah schafft, was Ihm beliebt. Er beschert Mädchen, wem Er will, und Er beschert Knaben, wem Er will; oder Er gibt beides, Knaben und Mädchen; und Er macht unfruchtbar, wen er will (Sure 42: 50).“ Jeder, der als Kind eines muslimischen Vaters geboren wird, ist zum Leben nach dem Islam verpflichtet. So ist es die wichtigste Aufgabe der Eltern, die Kinder für die Gemeinschaft und die ganze Menschheit zu erziehen. Kinder sollen gütig behandelt werden: „Wer nicht gütig ist gegen unsere Jüngeren und unseren Älteren keine Ehrerbietung erweist, der gehört nicht zu uns.“ Es ist verboten, Kinder so zu schlagen, dass sie körperlichen Schaden nehmen.

Mädchen und Jungen werden im Hinblick auf ihre von Gott gegebenen Rollen erzogen. Der Prophet mahnte immer wieder, Mädchen wie Jungen gleich zu behandeln: „Wer eine Tochter hat und diese ordentlich erzieht und ernährt und ihr in reichlichem Maße die Güter zuteil werden lässt, die ihm Gott beschert, den bewahrt sie vor der Hölle und sie ebnet ihm den Weg ins Paradies.“ Trotzdem wird der Erziehung der Jungen, die die Altersversorgung der Eltern sichern, während Töchter die Familie verlassen, in dieser grundsätzlich patriarchalischen Gesellschaft natürlich viel mehr Sorgfalt gewidmet. Die Erziehung von Jungen ist darüber hinaus einfacher, da Jungen die Ehre der Familie nicht beflecken können. Obwohl sich vor allem die Väter um die Söhne kümmern, haben Mütter und Söhne meist eine enge Bindung, da die Mutter durch die Geburt des Sohnes gesellschaftliche Anerkennung erhält. Der Sohn verehrt dafür seine Mutter, und dies ändert sich nicht mit seiner Heirat. Ein muslimischer Ehemann erwartet von seiner Frau, dass sie sich seiner Mutter unterordnet.

Die Mütter kümmern sich um die Erziehung der Töchter. Heute gibt es auch für Mädchen Schulen, und in allen islamischen Ländern herrscht die allgemeine Schulpflicht, die von vier Jahren in Afghanistan bis zu zwölf Jahren in Kuwait dauert. Wurden die Mädchen anfänglich hauptsächlich in Fächern unterrichtet, die sie auf die spätere Hausfrauen- und Muttertätigkeit vorbereiten sollten wie Kochen, Kinderpflege und Hygiene, lernen sie heute auch Naturwissenschaften und Sprachen, da die strikte Geschlechtertrennung in der islamischen Gesellschaft natürlich auch die Ausbildung von Ärztinnen und Lehrerinnen erfordert. Der Unterricht an Universitäten wird für Mädchen in speziellen Hörsälen gegeben und häufig per Video übertragen. Mädchen der Oberschicht erhalten so die Möglichkeit, qualifizierte Berufe zu erlernen, doch die überwiegende Mehrzahl der Mädchen wächst eher isoliert auf. Ist ein Mädchen geschlechtsreif, wird sie zu einer potentiellen Gefahr für die Familienehre. Ihr Vater und ihre Brüder bewachen sie, sobald sie das Haus verlässt, und besonders in Europa lebende junge Musliminnen müssen sich manchmal völlig aus dem Klassenverband, in dem natürlich auch Jungen unterrichtet werden, zurückziehen.

Kinder sollten gleichermaßen gütig zu ihren Eltern sein. Der Koran fordert: „Wir haben dem Menschen Güte gegen seine Eltern zur Pflicht gemacht. Seine Mutter trug ihn mit Schmerzen, und mit Schmerzen gebar sie ihn. Und ihn zu tragen und ihn zu entwöhnen erforderte dreißig Monate, bis dann, wenn er seine Vollkraft erlangt und vierzig Jahre erreicht hat..." (Sure 46, 16). Deshalb ist die Achtung der Mutter Pflicht. Dies spiegelt sich in folgender Geschichte: Ein Jüngling kam zum Propheten und fragte ihn: „Wer verdient meine Liebe und Fürsorge am meisten?" – „Deine Mutter!" antwortete Mohammed. Der Jüngling erkundigte sich: „Und an zweiter Stelle?" – „Deine Mutter!", antwortete der Prophet. „Und wer an dritter Stelle?" Der Prophet sprach: „Deine Mutter!" – „Das Paradies liegt unter den Füßen der Mutter", sagte Mohammed, und der Gründer des Derwisch-Ordens, Jalaluddin Rumi schrieb: „Dankbarkeit gegenüber der Mutter ist selbstverständlich, da sie ja von der Milde Gottes inspiriert ist" (Mathnawi, VI, 3257). Viele Fromme tragen ihre alten gebrechlichen Mütter auf den Schultern nach Mekka, und dichtende Söhne wie Iqbal widmeten ihr wunderschöne Verse:

„Wer wird auf mich zu Hause wartend beten,
wer unruhig sein, wenn Briefe sich verspäten?
Ich werde in dein Grab die Frage senken:
Wer wird im Nachtgebet jetzt meiner denken?“

In den muslimischen Großfamilien gehören die alten Eltern selbstverständlich zum Familienverbund. Wenn aus dem Zusammenleben der verschiedenen Generationen Schwierigkeiten entstehen, empfiehlt der Koran: „Wenn eines von ihnen oder beide bei dir ein hohes Alter erreichen, sage nie ‚Pfui‘ zu ihnen und stoße sie nicht zurück, sondern sprich zu ihnen ein ehrerbietiges Wort. Und neige gütig gegen sie den Fittich der Demut und sprich: ‚Mein Herr, erbarme Dich ihrer, so wie sie mich als Kleines betreuten‘“ (Sure 17, 24-25). So kann Frieden herrschen zwischen den Generationen.

Die Polygamie

Die im Islam erlaubte Polygamie wird im Westen häufig als reines Privileg der Männer und als Missachtung der Frauen verstanden. Besonders verurteilt wird, dass der Prophet Mohammed selbst elf Frauen ehelichte. Der Westler denkt bei so vielen Frauen natürlich zuerst an ein lustvolles Liebesleben, das er nicht mit dem Charakter eines Religionsstifters vereinbaren kann. Ganz abgesehen davon, dass die Polygamie im Orient ein weit verbreiteter Brauch war und der Koran erstmals Regeln aufstellte, die diese Praxis für die Frauen verträglich regelten, dürfen die elf Frauen des Propheten nicht als Harem gewertet werden. Er kam damit, wie Mohammed El-Zayat schreibt, „moralischen und sozialen Verpflichtungen in der islamischen Gemeinschaft nach, die ihrem Aufbau und ihrer Erhaltung dienten.“
Der Prophet selbst liebte seine Frauen und Töchter. Es sind verschiedene seiner Aussprüche überliefert worden, die dies bezeugen. So sagte er: „Wenn ich jemanden vorziehen würde, wären es die Frauen.“ Seine

Glaubensbrüder ermahnte er: „Der Beste unter euch ist derjenige, der am besten zu seiner Frau ist.“ Doch warum hatte er elf Frauen?
Mohammed, der als Waise im Hause seines Onkels aufwuchs, wurde als junger Mann bei der reichen Kaufmannswitwe Hadiga angestellt. Diese hatte eigene Karawanen, die regelmäßig zwischen Syrien und Arabien verkehrten. Obwohl Hadiga fünfzehn Jahre älter war als er, entschloss sie sich, ihn zu heiraten. In seiner Ehe mit Hadiga, die 28 Jahre dauerte und erst mit ihrem Tod endete, hatte Mohammed keine anderen Frauen. Hadiga unterstützte und ermutigte ihren Mann, als er seine ersten Visionen empfing. Ohne sie wäre der Koran nie geschrieben worden. Mohammed sagte von ihr: „Mit keiner besseren (Frau) hat Allah mir sie ersetzt. Sie glaubte an mich, als die Menschen nicht glaubten. Und sie bestätigte mich, als die Menschen mich verleugneten. Und sie versorgte mich aus ihrem Vermögen, während die Menschen mir nichts gegeben haben. Und Allah bescherte mir Kinder von ihr, jedoch nicht von anderen Frauen“ (El-Zayat, S. 22). Deshalb wird Hadiga die „erste Mutter der Gläubigen“ genannt.
Der Tod Hadigas betrübte Mohammed zutiefst. Nach der Trauerzeit überredeten ihn seine Freunde, eine neue Frau zu nehmen, um sich und seine Kinder zu versorgen. Dies fiel in eine Zeit, wo die Muslime in Mekka wegen ihres Glaubens verfolgt wurden und nach Medina oder sogar weiter nach Abessinien flüchten mussten. Dabei verloren viele nicht nur ihr gesamtes Hab und Gut, bei den Kämpfen kamen viele Männer ums Leben, deren Witwen sozial nicht abgesichert waren. So heiratete der Prophet Sawda, die Witwe eines Mitstreiters, die mit ihren über neunzig Jahren schon so alt war, dass sie niemand mehr als Ehefrau haben wollte. Durch die Ehe gab er Sawda ein Zuhause, und sie hielt seinen Haushalt in Ordnung. Der Prophet heiratete danach noch vier Witwen seiner Glaubensbrüder, um sie abzusichern. Eine dieser Frauen, Zainab bint Huzama, starb kurz nach der Hochzeit. Eine sechste Frau heiratete er, weil ihr Mann vom Islam abgefallen war und sie sich deshalb von ihm scheiden ließ.
Aischa, seine dritte Frau, war die Tochter seines Freundes Abu Bakr, der danach sein Nachfolger wurde. Mit ihr verband Mohammed tiefe Zuneigung. Er nannte sie „kleine Rötliche“. „Nehmt die Hälfte eurer Religion von

Aischa," sagte er und meinte damit, sie sei die wichtigste Quelle für die Sunna, in der seine Worte und Taten verzeichnet sind. Aischa beanspruchte, Hadiga als Hauptfrau des Propheten zu folgen und war eifersüchtig auf jede, die er nach ihr heiratete. Sie betonte, dass sie als einzige bei der Eheschließung Jungfrau gewesen sei. Am liebsten hätte sie ihn für sich allein gehabt und setzte ihre Intelligenz und ihre Schönheit ein, um ihren Vorrang vor den anderen Ehefrauen zu sichern. Ernsthaft gefährdet sah sie ihren Rang, als die Christin Maria dem Propheten einen Sohn gebar. Daraufhin fing sie mit Unterstützung der anderen Frauen an, Maria zu bekämpfen. Mohammed versuchte vergeblich, die Frauen miteinander zu versöhnen. Da sie nicht zur Besinnung kamen, zog er sich von allen zurück und drohte, sich von allen scheiden zu lassen. Da erhielt er vom Engel Gabriel folgende, für die Frauen bestimmte Warnung: „Vielleicht wird sein Herr ihm, wenn er sich von euch scheidet, an eurer Statt bessere Frauen geben, gottergebene, gläubige, gehorsame, reuige, fromme, fastende – Witwen und Jungfrauen" (Sure 66:6). Sofort beendeten die Frauen ihren Streit und der Prophet kehrte zu ihnen zurück.
Auch mit Zainab bint Gahs, der geschiedenen Frau seines Adoptivsohns Zaid, verband ihn tiefe Zuneigung. Als sich Zaid von ihr scheiden ließ, erhielt er folgende Botschaft von Allah: „Dann aber als Zaid tat, was er mit ihr zu tun wünschte, verbanden Wir sie ehelich mit dir, damit für die Gläubigen keine Beunruhigung bestünde in Bezug auf die Frauen ihrer angenommenen Söhne, wenn sie ihren Wunsch ausgeführt haben" (Sure 33:37). Mohammed heiratete Zainab aufgrund dieser göttlichen Weisung und veränderte damit das Gesetz, das zuvor die Heirat der geschiedenen Frauen von Adoptivsöhnen mit deren Adoptivvätern verboten hatte.
Seine achte Frau war Gewairiya bint Al-Arit, die Tochter eines Stammesfürsten, den die Muslime besiegt hatten. Dadurch wurde sie zur Sklavin und wandte sich Schutz suchend an den Propheten. Da sie sich zum Islam bekehrte, heiratete er sie, um sie aus der Sklaverei zu befreien und um sich und seinen Glaubensbrüdern dauerhaft Frieden mit ihrem Stamm zu sichern. Mit seiner neunten Frau Safiya, einer Jüdin, und

seiner zehnten Frau Maria, einer Christin, demonstrierte er den Muslimen, dass Ehen mit Frauen dieser beiden Religionen erlaubt waren.
Von seinen elf Ehefrauen lebte Mohammed also mit einer Frau 28 Jahre lang in Monogamie, sechs Frauen heiratete er, um sie zu versorgen, eine befreite er aus der Sklaverei, und durch die Heirat mit der Jüdin und der Christin wollte er seine Anerkennung der anderen Schriftreligionen ausdrücken. Zainab heiratete er auf göttliche Weisung. Aischa aber stand seinem Herzen nach der verstorbenen Hadiga wohl am nächsten.
Durch den Engel Gabriel wurden Mohammed Regeln für die Polygamie offenbart, die so streng sind, dass viele islamische Gelehrte zu dem Schluss kommen, eigentlich sei die ideale Eheform die Monogamie. Der Koran bestimmt, dass ein Mann bis zu vier Frauen heiraten darf, doch nur dann, wenn er diesen genau die gleiche Zeit, die gleiche Morgengabe und genau die gleiche Versorgung bieten kann. Er darf die Frauen nicht in einem Haus unterbringen, sondern muss jeder Frau eine eigene Wohnung geben. Der Koran macht jedoch noch eine weitere Einschränkung: „Doch wenn ihr fürchtet, sie nicht alle gleich behandeln zu können, dann heiratet nur eine" (Sure 4,3). Der islamische Gelehrte Al-Bahi Al-Khuli schreibt dazu: „Dieser Text, von dem im allgemeinen angenommen wird, dass der Islam dadurch die Polygamie erlaubt, tendiert in Wirklichkeit zur Einschränkung der Mehrehe und empfiehlt die Einehe. Denn es wird perfekte Gerechtigkeit verlangt und warnt die Männer, ungerecht mit den von ihnen abhängigen Ehefrauen zu verfahren... Da die Ungerechtigkeit als unehrenhaft und schändlich bezeichnet wird, kann Gerechtigkeit nur erreicht werden, wenn die Männer sich an die Einehe halten oder die Polygamie auf bestimmte Umstände reduziert wird, in denen eine monogame Verbindung eher unrecht wäre und ein anständiges Leben gefährden würde" (El-Bahnassawi, S. 179).
Die Gleichbehandlung ist so gut wie unmöglich: „Und ihr könnt kein Gleichgewicht zwischen euren Frauen halten, so sehr ihr es auch wünschen möget. Aber neigt euch nicht gänzlich einer zu, also dass ihr die andere gleichsam in der Schwebe lasset. Und wenn ihr es wiedergutmacht und recht handelt, dann ist Allah allverzeihend, barmherzig" (Sure 4, 130). Aischa berichtet von ihrem Ehemann, dem Vorbild aller Muslime: „Der Prophet

zeigte niemals eine Vorliebe für eine seiner Frauen vor den anderen. Er pflegte uns gemeinsam zu rufen, sich uns allen in Freundlichkeit zuzuwenden, bis er zu derjenigen eintrat, mit der er die Nacht zu verbringen hatte." Doch selbst Mohammed schaffte es nicht, mit der alten Sawda die ihr zustehenden Nächte zu verbringen. Um sie nicht schlechter zu behandeln als seine anderen Frauen, bot er ihr daraufhin die Scheidung an. Sie schlug ihm vor, ihre Nächte Aischa zu schenken, und war zufrieden, in seinem Haushalt zu leben.

Meist ist Kinderlosigkeit der Grund für den Ehemann, eine zweite Frau zu heiraten. In der patriarchalischen Gesellschaft des Islam wird dies ausschließlich der Frau angelastet. Die Polygamie ermöglicht der ersten Frau, mit ihrem Mann verheiratet und damit versorgt zu bleiben. Hazrat Mirza Mahmud Ahmad weist darauf hin, dass das Christentum einen Mann, dessen Frau unfruchtbar oder krank wird, dazu zwingt, sie in ihrem Unglück zu verlassen. „Wenn er sich in irgendeinem dieser Fälle von seiner ersten Frau scheiden ließe, es wäre Scham und Schande für ihn, denn er lebte mit ihr so lange, als sie gesund war, und verließ sie zu einer Zeit, als sie seinen Schutz am meisten benötigte" (S. 8-10).

Die Zweitehe ist zwar Recht des Mannes, wird heute de facto aber kaum noch geschlossen. Da der Mann die Pflicht hat, beide Ehefrauen finanziell völlig gleich zu stellen, ist die Zweitehe sowieso nur der vermögenden Oberschicht vorbehalten. Außer in Tunesien, wo die Polygamie verboten ist und Zuwiderhandlungen bestraft werden, ist sie in allen anderen muslimischen Ländern erlaubt oder wird zumindest geduldet.

Wir sollten bei unserem Urteil über die erlaubte Polygamie im Islam bedenken, dass christliche Männer nicht davor zurückschrecken, neben ihrer Frau eine oder auch mehrere Geliebte zu haben. Oft werden aus solchen Verbindungen Kinder geboren, und diese werden erst seit kurzem gesetzlich behandelt wie eheliche. Wie häufig erfahren wir aus der Presse, dass Väter erst nach einem Gentest bereit sind, Verantwortung für ihre unehelich geborenen Kinder zu übernehmen; und die Kinder katholischer Priester werden in den christlichen Gesellschaften bis heute verheimlicht.

Der amerikanische Prediger Billy Graham meinte: „Christliche Länder machen eine große Show um die Monogamie, aber sie praktizieren in Wirklichkeit Polygamie. Niemand ist sich über die Stellung der Geliebten in der westlichen Gesellschaft im Klaren. In diesem Sinne ist der Islam eine grundehrliche Religion, die dem Muslim erlaubt, eine zweite Frau zu heiraten, da ihm verboten ist, eine verborgene amouröse Affäre zu unterhalten, zur Aufrechterhaltung der moralischen Ordnung in der Gesellschaft."

Die mystische Liebe der Sufis

Der Sufismus gilt allgemein als die mystische Tradition des Islam. Die Sufis selbst sehen das anders. Sie sagen, es gebe sie bereits seit Abraham; der Islam sei als Religion der Offenheit und Toleranz nur ihre Wahlheimat. Jalaluddin Rumi, einer der berühmtesten Sufimeister und Begründer des Derwisch-Ordens erklärt daher:

„Bisweilen sind wir sichtbar, bisweilen verborgen,
bisweilen Muslime, Christen oder Juden;
wir durchlaufen viele Formen, bis unser Herz Zufluchtstätte für alle wird."

Sufis gehören den unterschiedlichsten Bevölkerungsgruppen an: Sie waren Theologen, Sklaven, Soldaten, Kaufleute, Wesire, Könige und Künstler, ja sogar einen bekehrten Räuberhauptmann findet man unter ihnen. Viele verfolgten als wandernde Asketen oder in Orden in äußerster Armut ihr Ziel, doch war das keine Voraussetzung.
Sufismus kann man nicht aus Büchern lernen. „Wer nicht schmeckt, der weiß nicht", sagt Rumi. Und Fariduddin führt aus: „Die Wahrheit der Sufis lässt sich nicht in Regeln und Bestimmungen fassen, nicht in Formeln und in Ritualen – und doch ist sie zu einem Teil in allen diesen Dingen präsent." Obwohl sie dem Bücherwissen also eher ablehnend gegenüberstehen, finden wir unter den Sufis zahlreiche Autoren, darunter Dichter von höchstem Rang.

Die Sufis suchen nach der Liebe, der ekstatischen Liebe zu Gott. Darin gleichen sie den Bhakti-Yogis in Indien und jüdischen und christlichen Mystikern. Diesem Ziel nähern sie sich durch Askese, Kontemplation und Gebet. Mit geistiger Arbeit versuchen sie, ihre niederen Triebe zu verwandeln. Nur derjenige, der sein emotionales Selbst, seine Seele, transformiert, wird durch die Ekstase göttlicher Liebe belohnt. Das emotionale Selbst, das erzogen und gezähmt werden muss, ist im Arabischen weiblich, und so gilt die Frau – *nafs* – als Sinnbild der gefühlvollen Seele.

Die Sufis teilten sich in zwei Gruppen: Die eine lehnte Frauen als Symbol der unentwickelten Emotionen ab und lebte zölibatär, die andere sah in Frauen den Weg zur Vollkommenheit und verehrte sie als Sinnbild göttlicher Liebe.

Die Mehrzahl der Sufis gehörte zur ersten Gruppe. Diese Männer lebten allein, und wenn sie verheiratet waren, vernachlässigten sie ihre Familien. Von dem im 8. Jahrhundert lebenden Mystiker Fudail weiß man, dass er das Familienleben als eines der größten Hindernisse auf dem geistigen Pfad betrachtete. Obwohl der Prophet die Gläubigen anhielt, zu heiraten und sich fortzupflanzen, hielten diese Sufis die Ehe für Ablenkung. „Die Süße der Anbetung und die ungetrübte Hingabe des Herzens, die der Ledige verspürt, kann der Verheiratete niemals erfahren“ (Al-Ghazzali, 2, 222), sagt der Mystiker Darani und Ibrahim ibn Adham fügt hinzu: „Wenn ein Mann heiratet, besteigt er ein Schiff, und wenn ihm ein Kind geboren wird, erleidet er Schiffbruch“ (As-Sarraj 199). Doch auch wenn sich die Asketen eher von den Frauen fernhalten, finden wir im Sufismus nie die Verachtung, die wir aus den Zeugnissen mittelalterlicher christlicher Mönche kennen.

Die andere Gruppe versteht die Frau als Sinnbild der göttlichen Liebe. Ibn‘ Arabi ist einer ihrer bekanntesten Vertreter. Das Weibliche ist ihm die wahre Offenbarung von Gottes Gnade und Schöpferkraft; sie enthüllt seine Barmherzigkeit. „Der Anblick Gottes in der Frau ist der vollkommenste von allen.“ Sie ist ein Symbol für die materielle Schöpfung, die der männliche Geist Gottes sich zum Spiegel erschaffen hat. Die Frau jedoch vereint beide Prinzipien in sich. Sie ist durch ihren Körper weiblich, darüber hinaus jedoch auch männlich, weil sie durch den männlichen Geist Gottes

geschaffen wurde. In diesem Sinne ist die Frau dem Mann überlegen. Und so sagt Ibn' Arabi: „Gott ist vollkommener in der Frau als im Mann."
Der Mystiker Quais ist von der Liebe zu Laila so ergriffen, dass er den Verstand verliert und verrückt – oder von ekstatischer göttlicher Liebe entrückt – wird, und so lautet sein neuer Name Madschnun, der Entrückte. Er sieht Laila überall und küsst sogar die Pfoten der Hunde, die durch die Straße gelaufen sind, in der sie wohnt. Laila ist Sinnbild für Gott, sie wird zum Symbol für das höchste geistige Ziel des Mystikers.
Auch der Erleuchtungsweg hat weibliche Attribute. „*Nafs*" – die weiblich gefühlvolle Seele –, ist der Rohdiamant, der in sich das Potential zum geschliffenen Edelstein enthält. Dieser Rohdiamant, die „niedere Triebseele", muss durch den Erleuchtungsweg verwandelt werden, um zum kostbaren Edelstein zu werden. Mohammed nannte den Weg dorthin „größerer Glaubenskrieg". Am Beispiel von Yussuf und Zuleika wird die Transformation der Seele im Koran beschrieben.
Sie kennen die Geschichte aus dem Alten Testament: Yussuf, den wir besser unter dem Namen Josef kennen, wurde von seinen neidischen Brüdern als Sklave nach Ägypten verkauft. Er kam ins Haus des reichen Ägypters Potiphar, dessen Frau Zuleika sich in den schönen Jüngling verliebte und versuchte, ihn zu verführen. Yussuf ließ sich nicht darauf ein, und in ihrem verletzten Stolz beschuldigte Zuleika den jungen Mann, sich an ihr vergangen zu haben. Darauf wurde Yussuf ins Gefängnis geworfen.
Die Sufis erklären mit Hilfe dieser Geschichte die verschiedenen Stufen von *nafs:* Die unterste Stufe beschreibt die unentwickelte Seele, die ihren Trieben ausgeliefert ist und Böses tut, um ihre Begierden eigennützig zu befriedigen (Sure 12:53). Ihr entspricht Zuleika, die sich in Yussuf verliebt und versucht, ihn durch erotische Bilder und aufreizende Kleidung zu verführen. Doch Yussuf weigert sich, seinen Herrn zu betrügen. *Nafs* auf der untersten Stufe ist stolz und kann die Demütigung nicht ertragen. Lieber vernichtet sie den Geliebten, als auf ihn zu verzichten!
Doch als Yussuf im Gefängnis ist, hat Zuleika ihn verloren und leidet die Qualen unerfüllter Liebe. Jetzt befindet sich *nafs* im Zustand der „tadelnden Seele" (Sure 89:27), in der die Emotionen bezwungen werden müssen.

Zuleika leidet so lange, bis sie bereit ist, das Objekt ihrer Begierde aufzugeben und die Liebe selbst zu lieben. „Solange Zulaika Yussuf begehrte, wurde sie jeden Tag niedriger. Als sie ihr Begehren wegwarf, gab Gott ihr Jugend und Schönheit zurück. Wenn der Liebende vorangeht, weicht der Geliebte zurück, aber wenn der Liebende allein mit der Liebe zufrieden ist, dann naht sich der Geliebte." Diesen Zustand nennt der Koran „Seele im Frieden" (Sure 89:27).

Eine ähnliche Geschichte kennen wir aus Indien: Prinz Punhun verliebt sich in die schöne Wäscherin Sassi und wird selbst zum Wäscher, um ihr nahe zu sein. Seine Familie, die damit nicht einverstanden ist, entführt ihn eines Nachts, und Sassi, die nichts von alledem bemerkt hat, wacht morgens alleine auf. Außer sich vor Schmerz begibt sie sich auf die Suche nach dem Freund und wandert durch die Wüste, in der sie schließlich, eins geworden mit dem Geliebten, stirbt. Die Wanderung Sassis durch die Wüste ist die Wanderung der Seele, die schließlich erkennt, dass sie nie von ihrem Geliebten, Gott, getrennt war. Indem sie die Suche aufgibt, findet sie ihn: „Wären nicht die weiten Felder der Seele, so gäbe es keine wirkliche Reise der Wandernden, denn es gibt keine Entfernungen zwischen dir und Ihm, die deine Wanderung überwinden könnte, und keine Trennung zwischen dir und Ihm, die dein Ankommen auslöschen könnte" (Ibn Ata Allah).

Auch hier verfolgen wir den mystischen Weg von *nafs*, der Seele, die, geläutert durch Leid, zur ekstatischen Vereinigung mit dem Göttlichen gelangt. Lieber gibt sie die Welt mit ihren leeren Versprechungen auf und wählt im Tod die Hochzeit mit dem wahren Geliebten – mit Gott. Der Tod als Hochzeit ist ein altes Motiv der Sufis. Man muss sterben, bevor man stirbt, die Selbstsucht in sich töten, damit man sich, wenn man stirbt, wirklich mit Gott vereint. Der christliche Mystiker Jakob Böhme formuliert dies ganz ähnlich: „Wer nicht stirbt, bevor er stirbt, der verdirbt, wenn er stirbt."

Die Liebe zum anderen Menschen ist für die Sufis Sinnbild für die Liebe zu Gott: „Der Liebende, der in vielen Seelen Spuren göttlicher Schönheit sieht, steigt auf dieser Leiter geschaffener Seelen zu höchster Schönheit empor: zur Liebe und Erkenntnis der Gottheit", sagt der große Sufimeister Jami. Die

Vereinigung von Mann und Frau ist wie im Judentum Sinnbild für das Zusammenwirken des männlichen und des weiblichen Elementes und steht für die Vereinigung der Seele mit Gott. Die männliche Furcht vor Gott vereint sich mit der weiblichen Hoffnung und führt, wie Sahl at-Tustari († 896) feststellt, zur „Geburt des wahren Glaubens."
Nur wenige Frauen genießen die ungeteilte Verehrung aller Sufis. Zum einen ist es Maria, die Mutter Jesu. Sie wird als Symbol der Seele – *nafs* – verstanden, die von der göttlichen Inspiration schwanger wird. Die andere ist Rabi'a al-Adawiyya, die Heilige von Basra, die der Liebe in der eher kargen, asketischen Mystik der Sufis den Weg bahnte. Die ehemalige Sklavin Rabi'a wird selbst von den skeptischen Männern akzeptiert und „von Liebe Entflammte" oder „zweite unbefleckte Maria" genannt. Sie gilt als „Gottesmann", denn ein „Mann" ist jeder, der nach Gott strebt. Rabi'a liebt nur Gott. Sie bleibt unverheiratet, und selbst der Prophet ist ihr nicht so wichtig. Im Frühling soll sie die Fenster geschlossen haben, um die Blumen nicht zu riechen, und meditierte statt dessen denjenigen, der die Blumen erschaffen hat. Man erzählt, sie sei einst durch Basra gelaufen, in einer Hand einen Eimer Wasser, in der anderen eine brennende Fackel. Als man sie nach dem Sinn ihres Tuns fragte, antwortete sie: „Ich will Wasser in die Hölle gießen und Feuer ans Paradies legen, damit diese beiden Schleier verschwinden und die Menschen Gott nicht aus Furcht vor der Hölle oder aus Hoffnung aufs Paradies anbeten, sondern allein um Seiner urewigen Schönheit willen." Rabi'a gilt als Vorbild für die in der Frau manifestierte Göttlichkeit. Selbst Jami, von dem bekannt ist, dass er die Frauen mied, schreibt über sie:

„Wär'n alle Frauen so wie sie, die wir genannt,
so wären Frauen wohl den Männern vorzuziehn.
Der Sonne schadet nicht das weibliche Geschlecht
noch dient das männliche zur Ehre für den Mond." (Rahman Jami, 615)

Der Sufismus gestattete den Frauen viel größere Freiheiten als die traditionelle Religion. In der Frühzeit durften Frauen die Zusammenkünfte besuchen; einige Orden nahmen Frauen auf. Es gibt schriftliche Zeugnisse von zahlreichen Frauen, die wegen ihrer Frömmigkeit und ihrer Askese erwähnt werden wie die Gefährtin Rabi'as Maryam von Basra, die in ekstatischer Verzückung starb, oder Schawana, die Gott durch Trauern und Weinen liebte. Auch die Frauen großer Mystiker werden erwähnt. Fatima von Nishapur, die Frau des Sufis Ahmad Khidruyas, disputierte öffentlich mit dem Sufimeister Dhu'n-Nun. Von ihr wird erzählt, dass Dhu'n-Nun ein Geschenk, das sie ihm schicken ließ, zurückwies, weil es von einer Frau stammte. Sie ließ ihm antworten, ein wahrer Sufi achte nicht auf die sekundären Ursachen, ihre Weiblichkeit, sondern nehme jede Gabe vom Ewigen Schenkenden. Von Dhu'n-Nun sagt man, er habe Fatima von Nishapur verehrt und sie wegen ihres Verständnisses des Korans zutiefst bewundert.

Nicht alle Frauen waren jedoch wie Rabi'a. Manche Sufis scheinen, den Quellen zufolge, mit schrecklichen Weibern verheiratet gewesen zu sein. Von Kharanqanis Frau wird berichtet, sie sei zänkisch und spreche nur schlecht über ihren unnützen Mann. Ein Schüler, den sie von ihrer Tür verjagt hatte, suchte enttäuscht den Meister im Wald. Da kam ihm dieser auf einem Löwen reitend entgegen, wobei er eine Schlange als Peitsche benutzte. Er hatte Holz gesammelt, das er so nach Hause beförderte. Die Geduld, die er gegenüber seiner Frau aufbrachte, hatte sich bei ihm in mystische Wunderkraft verwandelt.

Obwohl Homosexualität strengstens verboten ist, ist die Schwärmerei für „den schönen Jüngling von vierzehn Jahren, leuchtend wie der Vollmond" weit verbreitet und wird bei einigen Sufis zum Ideal menschlicher Schönheit. Diese Vorliebe wurde durchaus kritisch beobachtet. So sagte Kharraz am Ende des 9. Jahrhunderts, dass Satan sich fröhlich rühme, wenigstens eine Schlinge gefunden zu haben, um die Sufis einzufangen, „nämlich ihre Liebe zu den Unbärtigen" (Abu'l-Qasim Al-Qushairi).

Wie verzehrend diese Liebe sein konnte, erfuhr auch Jalaluddin Rumi, der wohl bekannteste Sufimeister und Begründer des berühmten Derwisch-Ordens in Konya in der Türkei. Da sich viele gelehrte Männer in Konya trafen, lernte Rumi dort Shamsuddin von Tabriz aus Syrien kennen und lieben. Dieser feurige Mann entfachte in Rumi die mystische Liebe, die ihn so hinriss, dass er seine Familie und seine Schüler monatelang vergaß. Schließlich beschwerten sie sich und sorgten dafür, dass Shamsuddin Konya verließ. Doch Rumi war untröstlich. „Der Sonne gleicht dein Antlitz, Shamsuddin, mit dem, den Wolken gleich, die Herzen ziehn!" (Rumi, 310), dichtete er traurig. Bestürzt über seine Trauer, suchten seine Schüler den Freund. Er wurde gefunden und kehrte nach Konya zurück, doch wieder ließ sich Rumi von Liebe überwältigen. So beschlossen einige von Rumis Schülern, darunter auch sein Sohn Ala'uddin, Shamsuddin, wie Annemarie Schimmel bemerkt, „zu dem Platz zu senden, von dem es keine Rückkehr gibt". Sie lauerten ihm auf, erstachen ihn, warfen ihn in einen Brunnen und bedeckten das Grab mit Mörtel. Rumi, von Liebessehnsucht verzehrt, meditierte über den Freund und entdeckte ihn schließlich – wie Zuleika, Maschnun und Sassi – in sich selbst. Er war eins geworden mit dem Objekt seiner Liebe, das Ziel eines jeden Mystikers:

Ein Mann kam zur Tür der Geliebten und klopfte.
Eine Stimme fragte: „Wer ist da?" „Ich bin es", antwortete er.
Da sagte die Stimme: „Hier ist nicht genug Platz für mich und dich."
Und die Tür blieb geschlossen.
Nach einem Jahr der Einsamkeit und Entbehrung
kam der Mann wieder und klopfte.
Von drinnen fragte eine Stimme: „Wer ist da?"
„Du bist es", sagte der Mann.
Und die Tür wurde ihm geöffnet.
(Jalaluddin Rumi)

Kapitel 5

Hinduismus

„Ich mache aus euch ein Herz und einen Geist, frei von Hass.
Liebt einander so wie die Kuh ihr Kalb.
Möge der Sohn dem Vater treu und mit der Mutter ein Herz und eine Seele sein.
Möge die Ehefrau ihren Mann mit süßen, sanften Worten erfreuen;
kein Bruder soll seinen Bruder hassen, keine Schwester ihre Schwester.
Einmütig gerichtet auf ein gemeinsames Ziel, sprecht freundliche Worte."
(Atharvaveda)

Indien ist ein riesiges Land. Nicht umsonst spricht man von einem Subkontinent. Seine Kultur ist uralt: Die frühesten Spuren von Besiedlung im Industal werden von Archäologen auf ca. 4000 v. Chr. datiert. Der Ursprung seiner ältesten spirituellen Schriften, der Veden, liegt etwa 3500 Jahre zurück. Der Hinduismus, die Religion vieler Inder, gehört zu den Weltreligionen. Er ist mit über 663 Millionen Anhängern nach dem Christentum und dem Islam die drittgrößte Religionsgruppe. Dabei unterscheidet sich der Hinduismus von allen anderen großen Weltreligionen, da es keinen Stifter, keine zentral organisierte Priesterschaft und kein religiöses Oberhaupt gibt.
Der Begriff „Hinduismus" ist kein Wort, das von Indern für ihre Religion geprägt worden wäre. Ursprünglich verwandten die Perser diese Bezeichnung für die am Fluss Indus lebende einheimische Bevölkerung. Als die Muslime ab 711 n. Chr. nach Indien vorrückten, wurde der Begriff für jeden gebraucht, der nicht dem Islam angehörte. Die britischen Kolonialherren übernahmen diese Bezeichnung. Dabei wurde nach einem einfachen Prinzip verfahren, das der Verwaltungsbeamte und Anthropologe Denzil Ibbetson anlässlich der Volkszählung 1881 so zusammenfasste: „Jeder Einheimische, der unfähig war, sein Glaubensbekenntnis anzugeben oder mit dem Namen irgendeiner anerkannten Religion oder der Sekte einer solchen Religion zu umschreiben, wurde für einen Hindu gehalten und entsprechend eingestuft." Hindus waren also in er-

ster Linie alle nicht-christlichen oder nicht-islamischen Inder. Die Bezeichnung „Hinduismus“ täuscht eine Einheit vor, die in dieser Form nicht existiert.
Der Hinduismus setzt sich aus allen Weisheits- und Götterlehren, allen Bräuchen und Traditionen des Subkontinents zusammen. Die zahlreichen Glaubenswege mit ihren Stiftern, heiligen Schriften, Glaubenslehren, Götterwelten, Ritualen und Sprachen unterscheiden sich zum Teil erheblich, überlagern und ergänzen sich aber auch. Christentum, Judentum und Islam haben mehr gemeinsam als der brahmanische Sanskrit-Hinduismus, der Hinduismus der Gurus oder die Glaubensformen der indischen Stämme. Die Indologin Margaret Stutley ist der Überzeugung, der Hinduismus könne „allen Menschen alles sein“, da die einzelnen Kultformen so unterschiedlich seien, „dass sie außerhalb Indiens als selbständige Religionen angesehen werden“. Das stellt für die meisten Inder jedoch kein Problem dar, denn das Befolgen verschiedener Wege ist durchaus üblich. Ein Hindu kann sogar gleichzeitig Buddhist sein, ohne seinen religiösen Status zu verändern. So kann man den Hinduismus nicht über seine Lehren von anderen Religionen abgrenzen, sondern nur durch seine religiösen Praktiken und seine Strukturen.
Auf der zweiten Welt-Hindu-Konferenz im Februar 1979 in Allahabad konnten sich die Vertreter der verschiedenen hinduistischen Gruppierungen und Kasten nur auf die folgenden Gemeinsamkeiten einigen: Hindu ist, wer Gebete spricht, die Bhagavadgita liest, eine persönliche Wunschgottheit verehrt, die heilige Silbe OM verwendet und den Tulasi-Strauch anpflanzt. Der deutsche Indologe Axel Michaels nennt den Hinduismus einen „Sammelbegriff für religiöse Gemeinschaften“, die auf dem südasiatischen Subkontinent entstanden oder verbreitet sind, das Kastensystem befolgen, eine Erscheinungsform von Schiva, Vischnu, Devi, Rama, Krischna oder Ganescha als Gott verehren und Opferrituale ausführen.
Viele Hindus bezeichnen ihren Glauben als *sanatana dharma*, als ewigen Dharma. Der Dharma, das Religionsgesetz, gilt für alle Lebewesen und umfasst Naturgesetze, aber auch von Menschen geschaffene Ordnungen und Traditionen. „Entschlossenheit, Zucht, Selbstkontrolle, Respekt vor fremdem Eigentum, Reinheit, Beherrschung der Sinne, Weisheit, Wahrheit,

Wutlosigkeit – das sind die zehn Merkmale des Dharma“, lehrt das Gesetzbuch des Manu, das Dharmasastra (6.92).

Im Gegensatz zu den monotheistischen Religionen, die allgemeingültige Ordnungen vorgeben, gibt es für die Bewohner der verschiedenen Landesteile und die Angehörigen der einzelnen Kasten verschiedene Dharmas; darüber hinaus hat jeder Einzelne seinen persönlichen Dharma. Die Bhagavadgita sagt dazu: „Besser ist es, den eigenen Dharma, wenn auch mit schwachen Kräften, zu erfüllen, als den Dharma eines anderen, wenn auch noch so vortrefflich, zu tun (3.35).“ Westliche Menschen mögen ganz bestimmte Eigenschaften als allgemeingültige Tugenden preisen; der Hindu-Dharma sieht dies, wie Hegel schreibt, völlig anders: „Wenn wir sagen, Tapferkeit ist eine Tugend, sagt der Hindu, Tapferkeit ist eine Tugend der Krieger.“ Im Nationalepos Mahabharata bringt der Pandava-Prinz Bhima genau diese Tatsache gegenüber seinem Bruder Yudhishthira auf den Punkt: „Du bist als Kshatriya (Krieger) geboren, doch du denkst und verhältst dich nicht so. Du bist zum Brahmanen geworden! Du weißt, die Schriften verlangen von einem Kshatriya Mut und Tatkraft. Vertan ist das Leben des Kriegers, der seine Feinde nicht bekämpft!“

Die Glaubensformen im Hinduismus werden von Indologen in drei Hauptströmungen eingeteilt: in den brahmanischen Sanskrit-Hinduismus, der sich auf die vedischen Texte stützt; in die auf lokale Volksgruppen begrenzten Stammesreligionen und in die gestifteten Religionen, die auf einen Gründer oder Stifter zurückgehen. Zu den gestifteten Religionen gehört auch der im Westen so beliebte „Guruismus“ wie die von Maharishi Mahesh Yogi gegründete Bewegung der Transzendentalen Meditation, die Satya Sai Vereinigung des Satya Sai Baba und die Bewegung der Sanyasins, die Baghwan Rajneesh Chandra Mohan, der sich später „Osho“ nennen ließ, ins Leben rief.

So verschieden diese Strömungen auch sein mögen, haben sie jedoch einige Charakteristika, die sie verbinden: ihre Anhänger üben Rituale aus und verehren hingebungsvoll eine oder mehrere Gottheiten oder einen Guru. Außerdem richten sie sich geistig darauf aus, spirituelle Befreiung mit Hilfe von Askese und Frömmigkeit zu erlangen. Die Eigenschaften und

Handlungen der Gottheiten und die von ihnen verkörperten Werte sind lebendige Tradition, die in Indien durch Geschichten, Bilder und Tänze seit Jahrhunderten weitergegeben werden. Da die indischen Götter selbst in Beziehungen leben, existiert eine Idealvorstellung der Familie, die sich zum Teil bis heute erhalten hat. So gibt es trotz aller Unterschiedlichkeit doch gemeinsame Nenner, die es möglich machen, allgemeingültige Aussagen über die Familie aus der Sicht des Hinduismus zu treffen.

Die Geschichte des Hinduismus ist in ihrer Länge her vergleichbar der Geschichte des Judentums, doch während die Juden mit ihrer homogenen Volksstruktur und der überschaubaren Fläche ihres Landes es schafften, ihre Religionstradition sorgfältig vor äußeren Einflüssen abzuschirmen, blieb Indien auf Grund seiner Größe und seiner unterschiedlichen Volksgruppen offen. So wirkten sich im Laufe der nahezu 4000 Jahre historische Ereignisse entscheidend auf die Religion aus.

Mit der Religion änderten sich auch die Ideale und natürlich auch die Idealvorstellung von der Familie. Besonders deutlich wird dies an der Behandlung der Frau. War sie in der Hochkultur die geliebte, für den spirituellen Fortschritt unentbehrliche Partnerin des Mannes, wird sie nach dem Einfall der persischen Moguln immer mehr zu seinem rechtlosen Eigentum. Erst unter Ghandi besannen sich die Hindus auf die alten Werte und gaben ihren Frauen wieder die Rechte, die sie vor 3000 Jahren schon einmal hatten.

Um die lange Geschichte zu strukturieren, unterscheiden wir sie ganz grob in folgende Epochen:

- die vedische Epoche von 1750 bis 200 v. Chr.;
- die Zeit des klassischen Hinduismus von 200 v. Chr. bis 1100 n. Chr.;
- die Zeit der Stammesreligionen und Sekten, ausgelöst durch die Herrschaft der islamischen Mogulfürsten ab 1100 n. Chr.;
- die Kolonialisierung durch die Engländer ab etwa 1850 und den modernen Hinduismus.

Begleiten Sie mich nun auf einer Reise, die Sie mit den Werten der indischen Hochkultur, aber auch mit ihrem Niedergang und ihrer Erneuerung

in der Moderne bekannt machen will. Die Familie mit ihren vielfältigen Beziehungsmustern steht dabei immer im Vordergrund. In den Werken der Epoche des klassischen Hinduismus fand ich zahlreiche Geschichten und Mythen, die die Bräuche der Hochkultur lebendig werden lassen und darüber hinaus den Geist jener Zeit vermitteln. Insbesondere stütze ich mich auf den Mahabharata, das Ramayana und die Puranas.
Der *Mahabharata* enthält neben farbenfroh beschriebenen Darstellungen von Hof- und Kampfszenen das wichtigste spirituelle Buch der Hindus: die Bhagavadgita. Das *Ramayana* erzählt die Abenteuer von Rama und Sita, deren Ehe und deren Beziehungen zu ihrer Familie auch heute noch als Vorbild gelten. Die Puranas enthalten die Mythen der Hindus. Da sich die Menschen in ihren Bräuchen an den Lebensgewohnheiten der Götter orientieren, sind die *Puranas* eine wahre Fundgrube, um eben diese Bräuche zu verstehen. Die Traditionen des Niedergangs und der Moderne entnehme ich vor allem den Werken indischer Soziologen und europäischer Indologen. Das Kapitel schließt mit einer Einführung in die spirituelle Bedeutung der Familie im Hinduismus, den Bhakti-Yoga.

Die Familie in der indischen Hochkultur

Spuren von Besiedelung finden sich im Industal schon 4000 v. Chr., doch geben die gefundenen Artefakte aus jener Frühzeit keine Aufschlüsse darüber, ob sich die Menschen damals mit spirituellen Inhalten beschäftigten. Deshalb beginnt die sogenannte „vedische Epoche" mit dem Vordringen arischer Stammesgruppen etwa 1750 v. Chr.
In dieser Epoche entstanden die ältesten Weisheitsbücher, die Veden (Veda – Wissen), deren ältestes, der Rigveda, auf 1500 v. Chr. datiert wird. Der Einfluss der Veden auf den klassischen Hinduismus wird allerdings meist überschätzt. So wichtige Schlüsselbegriffe wie die durch Karma bestimmte Wiedergeburt, die Vorstellung von der Welt als Illusion (Maya) und auch der Glaube an den übermächtigen Schöpfergott, der die Welt erschaffen und zerstören kann (Brahma, Vischnu und Schiva), die Einteilung der

Bevölkerung in Kasten, die Götterbilder und die Pujas (Gottesdienste) finden wir erst im klassischen Hinduismus.
Diese Epoche datieren wir etwa ab 200 v. Chr., als durch einigermaßen stabile Herrschaftsverhältnisse das Land eine kulturelle und religiöse Blütezeit erlebt. In Anlehnung an die adligen Dynastien mit ihren Königen wurden zunehmend Götter mit Herrscherstatus verehrt – wie Schiva und Vischnu, die im Veda nicht oder kaum erwähnt werden. Dem hohen Rang dieser Götter gemäß wurden ihnen prächtige, palastähnliche Tempel gebaut. Den Göttern untertan waren die Brahmanen, die ihnen dienten, sie mit Musik unterhielten, mit Tanz erfreuten, mit Speisen labten und mit Ritualen besänftigten. Die Opfergaben, die von den Gläubigen für diese Dienste gegeben wurden, machten die Brahmanen reich. Um diesen Reichtum für die Familie zu bewahren, wurde das Brahmanentum erblich. Die erste Kaste war entstanden. Später bildeten sich die anderen drei Kasten: die Kshatriya-Kaste, aus der die Könige und Krieger stammen, die Vaishya-Kaste der Kaufleute und Bauern und die Shudra-Kaste der besitzlosen Arbeiter.
Die Kasten waren ursprünglich dazu gedacht, die natürliche Ungleichheit der Menschen für die Gesellschaft zu nutzen, indem die anfallende Arbeit je nach Fähigkeit verteilt wurde. So sind die frühen Kasten vergleichbar mit den europäischen Handwerksgilden. Sie stellten sicher, dass in einem Dorf alle wichtigen Handwerke vertreten waren. Der Sohn übernahm selbstverständlich den Beruf des Vaters. Es war – wie in den Handwerksgilden – nicht möglich, von einer Kaste in die andere zu wechseln oder einen Beruf zu ergreifen, der nicht der eigenen Kaste entsprach. Glaubt man der Originalliteratur, wurde niemand aufgrund seiner Kastenzugehörigkeit diskriminiert. Heiraten von Angehörigen verschiedener Kasten waren durchaus möglich.
Die Zeit des klassischen Hinduismus war kulturell äußerst fruchtbar. Schon 200 v. Chr. entstanden die Nationalepen „Mahabaratha“ und „Ramayana“. Auch die Puranas, die mündlich tradierte Mythologie des Hinduismus, und das indische Gesetzbuch Dharmashastra wurden in dieser Zeit schriftlich fixiert. Aus dem Dharmashastra, dem Mahabharata, dem Ramayana und den Puranas beziehen wir unser Wissen über die Familienstruktur in jener Zeit.
Die klassische indische Familie ist die Großfamilie, in der mindestens drei

Generationen zusammenleben. Das Familienoberhaupt ist der älteste Mann. Er lebt mit seiner Frau und seinen Kindern, mit seinen jüngeren Brüdern und deren Frauen und Kindern und möglicherweise sogar mit den Familien seiner Söhne und Neffen zusammen. Das System ist patrilinear, das heißt, dass die männlichen Nachkommen mit ihren Frauen und Kindern im Familienverbund bleiben, während die Mädchen aus ihrem Elternhaus in die Familien ihrer Ehemänner wechseln. Ein nordindisches Sprichwort lautet: „Tochter, Schwiegersohn und deren Kinder, diese drei gehören nicht zur Familie." Das Zusammenleben von nicht verwandten Männern und Frauen ist nur in der Ehe möglich. Diese wird häufig von den Familien arrangiert, und aus der Literatur lernen wir die verschiedenen Formen von Werbung und Eheschließung kennen.

Brautwerbung und Ehe

In der Frühzeit war die Frau frei und dem Mann nahezu gleichgestellt. Sie hatte Mitspracherecht bei der Wahl ihres Gatten, denn als seine Gefährtin und Beraterin spielte sie eine wichtige Rolle in seinem weltlichen und spirituellen Leben. Besonders in den gebildeten Kasten der Brahmanen und Kshetriyas war es durchaus üblich, dass sich die Frau den Mann wählte. Die Göttin Parvati, die sich den Gott Schiva zum Ehemann auserkoren hatte, diente den Frauen als Vorbild. Die Geschichte von Parvatis Gattenwerbung finden wir im Vamana-Purana:
Parvati, selbst aus edler Familie, wünschte sich Schiva, den Asketen, zum Manne. Alle Versuche ihres Vaters, sie davon abzubringen, scheiterten. Da sie wusste, dass ihr Erwählter in den Bergen meditierte und unempfindlich war gegenüber weiblicher Verführungskunst, begann auch sie, Askese zu üben, um ihn zu beeindrucken. Bald sprach es sich bis zu Schiva herum, dass ein schönes junges Mädchen Tapas übte, und der Gott, der obzwar Asket, durchaus Gefallen an schönen Frauen hatte, nahm die Gestalt eines Brahmanen an, um sie unerkannt zu prüfen. Obschon er keinen Fehler an ihr fand, besuchte er sie noch zweimal, doch Parvati war über

alle Zweifel erhaben. Wie glücklich war sie, als er sich ihr schließlich zu erkennen gab! Sie schickte ihn zu ihrem Vater, wo er um ihre Hand anhielt.

Devayani, Tochter des Sehers Sukracharya, die Kacha, den Schüler ihres Vaters, liebte, hatte leider weniger Glück. Der Mahabharata erzählt uns ihre Geschichte, die damit beginnt, dass die Lehrzeit des jungen Kacha beendet war. Da die Trennung von dem geliebten Mann bevorstand, fasste sich Devayani ein Herz und sagte: „O Enkel des Angiras, du hast mein Herz durch dein makelloses Leben, deine Erleuchtung und deine edle Geburt gewonnen. Ich liebe dich seit langem zärtlich, und selbst deine Askese konnte mich nicht schrecken. Jetzt solltest du meine Liebe erwidern und mich glücklich machen, indem du mich heiratest." Doch Kacha antwortete: „O du Fehlerlose, du bist die Tochter meines Meisters und ich achte dich hoch. Doch weil dein Vater mein Lehrer und damit auch mein Vater geworden ist, bin ich dein Bruder. Es ist nicht richtig von dir, meine Schwester, mich zu bitten, dich zu heiraten."
Devayani ließ sich so schnell nicht entmutigen und versuchte, Kacha umzustimmen. Sie hatte ihm einige Male das Leben gerettet, und daran erinnerte sie ihn jetzt: „Du bist der Sohn von Brihaspati und nicht der meines Vaters. Ich habe dir aus Liebe oft das Leben gerettet, denn ich habe dich immer geliebt und wollte dich zu meinem Mann. Wenn du mich, die ich dich so verehre, nicht nimmst, versündigst du dich." Doch Kacha ließ sich nicht erweichen: „Versuche nicht, mich zu einer unrechten Tat zu überreden. Du bist bezaubernd – mehr als je zuvor! Du bist so schön in deinem Zorn! Doch ich bin dein Bruder. Bitte, sag mir Lebewohl. Diene von nun an nur noch meinem Meister, deinem Vater Sukracharya." Mit diesen Worten löste sich Kacha sanft und stieg zum Sitz des Götterkönigs Indra auf. Sukracharya aber tröstete seine Tochter.
In der Kaste der Kshatriyas wurden Brautwettbewerbe, Swayamvaras, um die Töchter veranstaltet. Der Gewinner erhielt das Mädchen zur Frau, denn man glaubte, dass der Dharma nur den zur Frau passenden Mann siegen lasse. Die Väter nahmen, wenn man dem Mahabharata, dem Ramayana und den Puranas glaubt, einiges auf sich und ließen es sich durchaus et-

was kosten, um ihre Töchter mit dem richtigen Mann zu verheiraten, denn eine gute Heirat der Tochter brachte der ganzen Familie Ehre. Im Mahabharata lesen wir vom Swayamvara um die Tochter des Königs Drupada, die schöne Draupadi:

„Zwischen den kostbar ausgestatteten, neu erbauten Gästehäusern für die Teilnehmer des Swayamvaras lag die wunderschön geschmückte Festhalle. Anziehende Bilder und sportliche Wettbewerbe sollten die Gäste während der vierzehn Tage, die die Festlichkeiten dauern sollten, unterhalten. Ein riesiger Bogen aus Metall war in die Festhalle getragen worden. Die Männer, die sich um die Hand der Prinzessin bewarben, mussten diesen Bogen spannen und einen metallenen Pfeil durch ein Loch in der Mitte einer sich drehenden Scheibe schießen, hinter der man ein Ziel angebracht hatte. Dies erforderte fast übermenschliche Kräfte, und Drupada verkündete, dass derjenige, der die Tat vollbringen könne, seine Tochter gewinnen werde.

Viele kühne Prinzen aus allen Teilen Bharatavashas hatten sich versammelt. Außer den Bewerbern hatte sich eine gewaltige Menge von Zuschauern und Besuchern eingefunden, die einen so großen Lärm veranstalteten, dass man meinen konnte, am Strand des wilden Ozeans zu stehen. Doch lauter noch klangen die vielen hundert Musikinstrumente der Festkapelle. Drishtadyumna ritt auf einem Pferd vor seiner Schwester Draupadi, die von einem Elefanten getragen wurde, vor die Halle. Draupadi, erfrischt durch ihr Brautbad und in fließende Seide gekleidet, stieg von ihrem Reittier und trat in die Festhalle. Den Bewerbern stockte der Atem, denn die Prinzessin war wunderschön. Mit Blumengirlanden in den Händen schritt sie, die kühnen Prinzen schüchtern betrachtend, die Stufen zum Baldachin empor. Die Brahmanen wiederholten Mantras und warfen Opfergaben ins Feuer. Nachdem der Frieden beschworen worden war und die Musik geendet hatte, nahm Drishtadyumna seine Schwester bei der Hand und führte sie in die Mitte der Halle. Hier sprach er mit lauter, klarer Stimme:

‚Höret, o Prinzen, die ihr hier in der Halle versammelt seid, dort ist der Bogen, dort das Ziel und hier die Pfeile. Derjenige, der fünf Pfeile hintereinander durch das Loch in der Scheibe schießt und das Ziel trifft, wird, wenn er aus guter Familie stammt, meine Schwester zur Frau gewinnen.' Danach nannte er Draupadi die Namen und die Ahnen der anwesenden Bewerber.

Viele Prinzen versuchten vergeblich, den Bogen zu spannen, doch er war zu schwer und zu steif für sie, und sie kehrten schamerfüllt auf ihre Plätze zurück. Als der Held Karna vortrat, erwarteten alle, dass ihm die Tat gelingen werde, doch er fehlte um Haaresbreite, die Sehne schlug zurück, und der mächtige Bogen fiel ihm aus den Händen. Da erhob sich lautes Geschrei und wütende Stimmen meinten, die Prüfung sei nicht zu bestehen und diene nur dazu, die Prinzen zu beschämen. Doch plötzlich verstummte der Lärm, denn es erhob sich aus einer Gruppe von Brahmanen ein Jüngling und schritt zum Bogen.

Es war Prinz Arjuna, der sich als Brahmane verkleidet hatte. Als er dem Bogen entgegenschritt, begann die Menge wieder laut zu schreien. Die Brahmanen teilten sich in zwei Lager: Die einen waren hoch erfreut darüber, dass einer der ihren vielleicht dazu ausersehen war, die Prinzessin zu gewinnen, während die anderen missgünstig bemerkten, wie unklug es von diesem Jungen sei, die Herausforderung anzunehmen, hatten doch Helden wie Karna versagt! Doch es gab auch andere, die ganz anders sprachen, weil ihnen die edle Gestalt des Jünglings auffiel. Sie sagten: ‚Seine Haltung lässt uns glauben, dass er gewinnen wird. Er sieht selbstsicher aus und er weiß bestimmt, was er tut. Der Brahmane mag vielleicht körperlich schwächer sein, doch zählt denn nur brutale Stärke? Was ist mit der Kraft, die durch Askese entsteht? Warum sollte er es nicht versuchen?' Und sie segneten ihn.

Arjuna erreichte den Ort, wo der Bogen lag, und fragte Drishtadyumna: ‚Kann auch ein Brahmane versuchen, den Bogen zu spannen?' Drishtadyumna erwiderte: ‚O du Bester der Brahmanen, meine Schwester wird die Lebensgefährtin jedes Mannes mit guter Familie und gutem Benehmen, wenn er den Bogen spannt und das Ziel trifft. Mein Wort gilt, und niemand wird es zurücknehmen!'

Da meditierte Arjuna auf Narayana (Vischnu), den höchsten Gott, nahm den

Bogen und spannte ihn mit Leichtigkeit. Er legte den Pfeil auf die Sehne und schaute sich lächelnd um. Die Menge war verstummt. Ohne zu zögern, schoss Arjuna nacheinander fünf Pfeile durch die sich drehende Scheibe direkt ins Ziel, so dass dieses zu Boden stürzte. Die Menge brüllte begeistert auf, und die Musiker ließen ihre Instrumente erschallen. Draupadi strahlte in frischer Schönheit. Ihr Gesicht glühte vor Freude, als sie Arjuna anschaute. Sie ging zu ihm und legte die Blumengirlande um seinen Hals."

Die Ehe war dem Hindu spirituelle Verpflichtung. Mit der Hochzeit verschmolzen Mann und Frau zu einem Fleisch und einem Geist. Die Frau ging mit ihrer ganzen Persönlichkeit im Manne auf. Sie war ihm helfende Gefährtin im spirituellen, privaten und öffentlichen Leben, und er wurde ihr spiritueller Lehrer. In den Upanishaden wird die Verbindung von Mann und Frau mit den beiden Schalen einer Muschel verglichen, und es heißt, dass die Götter Opfer von Junggesellen nicht annehmen. Die Ehe war heilig und unauflösbar.

Für diese heilige Verbindung zwischen Mann und Frau sind die Götter Vorbild. Vischnu und Schiva haben Ehefrauen. Die Gefährtin von Schiva wird auch Schakti genannt. Sie ist – wie die Schechina der Juden – die Kraft, die die schöpferischen Ideen Schivas in der materiellen Welt umsetzt. Schiva und Schakti gemeinsam sind Gott. Sie vereinen in sich die Polarität der Geschlechter. Sie sind eins, und doch entspringt aus ihnen die Dualität, das Schöpfungsprinzip unseres Planeten.

Es gab acht klassische Formen der Eheschließung, von denen aber nur diejenigen als schicklich galten, in denen die Tochter dem Bräutigam von ihrem Vater übergeben wird. Heute hören wir oft in den Medien, dass in Indien horrende Brautpreise gezahlt werden müssen, doch in der Zeit des klassischen Hinduismus war dieser Brauch nicht nur unüblich, sondern wurde sogar geächtet. Erst nach dem Einfall der islamischen Moguln setzte sich diese Sitte durch. Bei den Ksatriyas, den Kriegern, war darüber hinaus auch die Liebesehe verbreitet, bei der sich Mann und Frau ohne elterliche Zustimmung aus gegenseitiger Leidenschaft zusammentun. Zuweilen wurden die Frauen ganz einfach geraubt. Ein Beispiel für solch eine von der Frau gewollte Raubehe finden wir im Mahabharata, wo kein Geringerer als Krischna, die Verkörperung des Gottes Vischnu, ein Mädchen erbeutet: Bhismaka, der König von Vidarbha, hatte fünf Söhne und eine einzige Tochter, Rukmini, eine Prinzessin von beispielloser Schönheit, von großem Liebreiz und außerordentlicher Charakterstärke. Ihr Herz war für Krischna, den ruhmreichen König von Dwaraka, entbrannt, und sie wünschte über alles, ihm als Ehefrau anzugehören. Ihre Familie teilte ihren Wunsch, nur ihr ältester Bruder, Kronprinz Rukma, war überhaupt nicht gut auf Krischna zu sprechen. Der Kronprinz drängte seinen Vater, Rukmini nicht dem König von Dwaraka, sondern Sisupala, dem König von Chedi, zu geben. Da der König schon alt war, setzte sich Rukma durch, und es schien, als ob die Prinzessin den ungeliebten Mann würde ehelichen müssen.

Rukmini, deren Herz vollkommen Krischna gehörte, war untröstlich, denn sie war die inkarnierte Göttin Lakschmi und als solche seine ihm karmisch vorbestimmte Gattin. Sie fürchtete, dass ihr Vater dem herrschsüchtigen Bruder nichts würde entgegensetzen und dass er die unglückliche Ehe somit nicht würde verhindern können. So suchte sie selbst nach einem Weg, um das Verhängnis abzuwenden. Obwohl sie sonst eher zurückhaltend war, überwand sie ihre Scheu, vertraute sich einem Brahmanen an und sandte diesen als Boten zu Krischna nach Dwaraka.

Dieser übergab dort Rukminis Brief, der folgendermaßen lautete: „Mein Herz hat dich als Herrn und Meister erwählt. Mein Bruder will mich an Sisupala verheiraten, daher bitte ich dich, mich vor der Hochzeit zu rauben. Die Sache duldet keinen Aufschub! Du musst schon morgen hier sein. Die Truppen von Sisupala und Jarasandha werden sich gegen dich wenden, und du musst sie erst besiegen, bevor du mich dein eigen nennen kannst. Mögest du siegreich sein, mein Held! Im Laufe der Hochzeitszeremonie werde ich mit meinem Gefolge zum Tempel gehen, um Parvati zu opfern. Dies wäre der beste Zeitpunkt für meine Rettung. Wenn du nicht kommst, werde ich meinem Leben ein Ende setzen, damit ich mich wenigstens in meinem nächsten Leben mit dir vereinen kann.“

Nachdem Krischna den Brief gelesen hatte, bestieg er sofort seinen Wagen und stürmte davon. Seinem Bruder Balarama kam der heimliche Aufbruch Krischnas sonderbar vor. Er erriet, dass die Tochter des Königs von Vidarbha der Grund sein müsse, und weil er sich um Krischna sorgte, der dort von seinen Todfeinden umgeben sein würde, sammelte er rasch seine Truppen und marschierte gen Kundinapura.

Am nächsten Tag verließ Rukmini in Begleitung ihres Gefolges ihre Gemächer und schritt zum Tempel. „Devi", flehte Rukmini, „ich werfe mich vor dir nieder. Du kennst meine Hingabe. Gib, dass Krischna mich ehelicht." Als sie aus dem Tempel trat, erblickte sie vor sich Krischnas Wagen, und wie eine Nadel von einem Magneten angezogen wird, floh sie auf direktem Wege zu ihm. Krischna raste zum Entsetzen aller mit ihr davon. Die Diener rannten zu Rukma und berichteten, was geschehen war.

„Ich komme erst wieder, wenn ich Krischna getötet habe", schwor dieser und verfolgte Krischna mit seinem großen Heer. Doch in der Zwischenzeit war Krischnas Bruder Balarama mit seinen Kriegern eingetroffen, und eine schwere Schlacht entbrannte zwischen den Soldaten, wobei der Feind völlig geschlagen wurde. Balarama und Krischna kehrten siegreich nach Hause zurück, und dort wurde Rukminis und Krischnas Hochzeit mit den üblichen Riten gefeiert."

Im allgemeinen heiratete die Frau nur einen Mann, doch dem Rigveda lässt sich entnehmen, dass sie in Ausnahmefällen mit einer Familie von Brüdern verheiratet werden konnte. Das Mahabharata bestätigt diesen Brauch, denn die Prinzessin Draupadi wird dort Ehefrau aller fünf Pandava-Prinzen. Die Regel der Monogamie galt nicht für Männer. Je reicher der Familienclan, um so mehr Frauen durfte der Mann haben. Von Krischna wird in den Puranas gesagt, er habe außer seiner ersten Frau Rukmini noch zwei weitere Frauen als Hauptfrauen geehelicht. Auch wenn er nicht wirklich, wie in den Puranas erwähnt, 16 000 Nebenfrauen hatte, mit denen er zahllose Söhne zeugte, sollte mit der hohen Anzahl von Konkubinen seiner Macht und seinem Ansehen Ausdruck verliehen werden.

Später ging es den Frauen, wie wir aus dem Dharmashastra erfahren, viel schlechter. Sie wurden – im Gegensatz zur Frühzeit – benachteiligt, gehörten in die niedrigste Kaste, durften weder die Veden noch Sanskrit lernen, nur die Rolle der Ehefrau und Mutter ausfüllen und keine höheren spirituellen Wege beschreiten. Die Väter bestimmten, welchen Mann die Tochter zu heiraten hatte, ohne dass das Mädchen dazu etwas sagen konnte.

In der sexuellen Freizügigkeit witterten Hindu-Denker jedoch immer Gefahr, und von der Frau wurde Keuschheit verlangt. Jede außereheliche Beziehung einer Frau war Sünde; sie musste ihrem Ehemann treu ergeben sein. Die Männer bewachten ihre Frauen eifersüchtig. Schon der längere Aufenthalt im Haus eines Fremden haftete wie ein Makel an ihr, von dem sie sich nie mehr befreien konnte. So lesen wir im Ramayana, dass Rama seine geliebte Sita, die er ein ganzes Jahr verzweifelt gesucht hatte, zurückweist, weil sie ein Jahr lang Gefangene eines Dämonenkönigs war. Sita stürzte sich verzweifelt ob der Zurückweisung in einen brennenden Scheiterhaufen, worauf die Götter vom Himmel stiegen und Sitas Unschuld bezeugten. Dem konnte sich Rama nicht verschließen und nahm sie als Gattin zurück.

Sexualität ist ein natürlicher Bestandteil der Ehe, auch wenn sie nicht nur der Fortpflanzung dient. Dafür gibt es wieder ein Vorbild unter den Göttern: Krischna, der inkarnierte Vischnu, liebt die Frauen, und sie sind verrückt nach ihm. Nun wird die Sehnsucht der Frauen nach Krischna mit der Sehnsucht der Seele nach Gott gleichgesetzt. Dieser wichtige Aspekt wird eingehend behandelt, doch wie Vivekananda sagt, steckt „in jeder Liebe ein Funke Gottesliebe". Sexualität wird als Vereinigung der Gegensätze und damit als Form göttlicher Einheit verstanden. Deshalb schreibt Vatsyayana in seinem 200 n. Chr. entstandenen Kamasutra, dem Lehrwerk der Liebe: „Die Liebe und selbstverständlich der Liebesgenuss sind die Basis, wo sich der Mensch zu höherem Tun und Streben besinnen kann." So spiegelt die Beschreibung von Krischnas Liebesleben, die wir in den Puranas finden, auch die Lust an der sinnlichen Liebe und stellt uns den Avatar Vischnus darüber hinaus als Kenner des Kamasutra vor.

Krischna ist eigentlich von königlichem Geblüt, doch wächst er, da ihm sein Onkel Kamsa nach dem Leben trachtet, in Vrindavan, einem Dorf von Kuhhirten, auf. Als er älter wird, entbrennen die Frauen der Kuhhirten in Liebe zu ihm und lassen alles stehen und liegen, wenn sie seine Flöte hören. Sie verlassen sogar ihre Männer, eilen zu Krischna in den Wald und

tanzen mit ihm. Jede wünscht sich, seine Geliebte zu sein. Bei einem dieser nächtlichen Tänze ist auch Radha anwesend, die Krischna über alles liebt. Der Brahmavaiarta-Purana erzählt:
„Schüchtern bedeckte Radha ihr lächelndes Gesicht und sank, getroffen von den Pfeilen der Liebe, zitternd zu Boden. Auch Krischna fühlte sich von ihren Blicken, die den Liebespfeilen Kamas, des Gottes der Liebe, glichen, überwältigt, und obwohl er nicht fiel, sondern stehen blieb wie ein Fels, war er begierig auf das Liebesspiel. Seine Flöte fiel ihm aus den Händen, und seine gelbe Robe und seine Pfauenfedern glitten ihm vom Körper. Er trat zu Radha, drückte sie liebevoll an seine Brust und küsste sie. Seine Berührung belebte sie, und sie umarmte und küsste den Herrn ihres Lebens, ihr lieber als ihr Leben. Voller Lust schlief er mit Radha auf dem herrlichen Bett der Liebe, nahm die acht Liebesstellungen ein, ließ sie auf sich sitzen und bearbeitete sie mit Nägeln, Zähnen und Händen, ganz wie es ihm gefiel. Er küsste sie in den acht im Kamasutra beschrieben Arten, die liebende Frauen entzücken. Und mit seinen anderen Körpern umarmte er all die anderen erregten Frauen, Glied für Glied, und bereitete ihnen Freude. Alle Götter kamen mit ihren Frauen und ihrem Gefolge in goldenen Kutschen, um Krischna zuzusehen, und auch sie fühlten sich von den Pfeilen Kamas getroffen, und Schauer überfluteten ihre Körper."

Eltern und Kinder

Auch in den Veden befiehlt Brahma den Menschen Fruchtbarkeit. Deshalb waren Kinder die heilige Verpflichtung jedes Paares. Während sich der Hausvater um die wirtschaftliche Lebensgrundlage und den Schutz der Familie kümmerte, widmeten sich die Frauen der Ausbildung und Erziehung des Nachwuchses. Die Frauen waren die Schöpferinnen, Schützerinnen und Lehrerinnen ihrer Kinder. „Wenn Frauen geachtet werden, freuen sich die Götter", sagen die Veden und im Mahabharata preist König Yudhishthira die Frauen: „Welches Wunder ist größer als die Geduld und die Keuschheit einer Frau. Sie gebiert das Kind, nachdem sie es in ihrem Leib gehegt und mehr geliebt hat als ihr Leben. Sie bringt es mit Schmerzen in diese Welt und hat danach nur noch den Wunsch, für seine Gesundheit und sein Glück zu sorgen."

Der Lebensweg der Kinder ist vorgezeichnet und teilt sich in vier große Abschnitte: die Kindheit, die Ausbildung, die Ehe und die Askese. Nach der behüteten Kindheit kennzeichnet eine Initiation den Übergang zum Leben des Erwachsenen. Diese Initiation wird auch „zweite Geburt" genannt. Das Kind ist zwar schon Hindu, doch erst mit dieser zweiten Geburt, der Geburt in den Veda, ist es wahrhaft geboren. „Mutter und Vater bringen lediglich den Körper hervor", schreibt Manu. Bei der Initiation werden die leiblichen Eltern durch rituelle Eltern ersetzt. Brahma tritt als unsterblicher Vater an die Stelle des leiblichen Vaters; der Veda – in seiner Personifizierung als Savitri – wird zur unsterblichen Mutter. Zum Zeichen der spirituellen Elternschaft erhält der junge Erwachsene eine symbolische Nabelschnur, die heilige Schnur, die ihn mit diesen verbindet. Der Sohn ist danach Mitglied seiner Kaste, erwirbt die Berechtigung, an religiösen Zeremonien teilzunehmen und vedisches Wissen zu erwerben, und darf heiraten. Außerdem hat er jetzt seinen Platz in der Reihe der Ahnen.

Nach der Initiation kamen Söhne idealerweise zu einem Guru, einem Lehrer, bei dem sie die Veden und andere heilige Schriften kennenlernten. Diese Zeit war sehr hart. Die Jungen mussten sich einer strengen Disziplin unterwerfen und absolut keusch leben. Zum Dank für die Belehrung dienten sie ihrem Lehrer und verrichteten alle Arbeiten für ihn. Erst nach Abschluss dieser Studien durfte ein Mann heiraten und Hausvater werden.

In vedischen Zeiten war diese Initiation freiwillig und denjenigen vorbehalten, die die Veden studieren wollten. Im Gegensatz zur Periode des klassischen Hinduismus stand auch Frauen dieser Weg offen. Aus dem Brihad-Aranyaka-Upanishad kennen wir die Geschichte von Gargi, die den Seher Yajnavalkya im Redewettstreit schlug und die heilige Schnur erhielt. Im Ramayana begegnen wir gleich zwei Frauen, die im Wald wie die Männer Tapas üben: der Asketin Sabari und der Heiligen Swayamprabha, von der gesagt wird, dass der göttliche Glanz ihres Gesichts jeden erbeben ließ, der sie anschaute. Nur sehr selten gingen jedoch Mädchen den Weg der Erleuchtung; die Mehrheit lernte, was von einer guten Ehefrau erwartet wurde. Danach wurde von jungen Männern und Frauen erwartet, dass sie heirateten und sich fortpflanzten, denn Kinder waren und sind die heilige Pflicht eines jeden Paares. So sagt die Frau des Brahmanen im Mahabharata: „Der Himmel ist mir sicher, denn ich habe dir treu gedient. Ich bin dir eine gute Ehefrau gewesen und habe meine Pflicht erfüllt, indem ich dir eine Tochter und einen Sohn gebar“ (Bakasura).

Für jeden Hindu waren und sind Söhne essentiell wichtig. Es gibt im Yajurveda sogar ein Gebet um Söhne: „Möge mir dieses Opfer viele Kinder bringen, zehn starke Söhne, damit es uns gutgeht und wir Leben, Nachkommen und Vieh gewinnen und für unsere Welt Frieden und Sicherheit.“ Viele Söhne bedeuteten nicht nur ein größeres Arbeitspotential und dadurch die Vergrößerung des Reichtums, sondern auch Schutz gegen Feinde und damit Sicherung des Lebens. Doch geschah mit der Geburt eines Sohnes noch viel mehr. Der Vater wurde im selben Augenblick unsterblich, weil sein Geist mit dem Geist des Sohnes verschmolz. Nur durch den Sohn erhielt der Vater nach seinem Tod den Status des Ahnen. Starb er, wurde er vom Sohn rituell ersetzt und rettete ihn vor den Flammen des Höllenfeuers. In den Upanishaden heißt es: „Wenn ein Vater diese Welt verlässt, dann geht er mit seiner Seele in den Sohn ein. Wenn der Vater irgendeine Schuld auf sich geladen hat, erlöst ihn der Sohn. Mit Hilfe seines Sohnes steht der Vater fest in der Welt. Dann können die göttlichen unsterblichen Geister in ihn eingehen” (Brhihad-Aranyaka).

In der Form des Ahnen ist die Seele des Vaters ans Haus gebunden und auf die Opfer der Familie angewiesen. Nur schrittweise kann sie sich dem Himmel und damit ihrer Befreiung nähern. Dies dauert drei Generationen lang, denn mit jedem Tod eines männlichen Nachfahren tritt die Seele wieder ein Stückchen an den Himmel heran. So kann ein Mann den Ahnenstatus erst verlassen und zu einem Himmelswesen werden, wenn sein männlicher Urenkel stirbt. In Manus Dharmashastra steht dazu: „Durch einen Sohn besiegt man drei Welten. Durch den Sohn eines Sohnes erfreut man sich der Ewigkeit, und durch den Sohn eines Enkels genießt der Urgroßvater ewiges Glück.“

Kinder waren ihren Eltern zu absolutem Gehorsam verpflichtet. Es gibt unzählige Beispiele im Mahabharata und im Ramayana, wo es Söhne und Töchter als ihre heilige Pflicht ansehen, die Wünsche der Eltern zu erfüllen. So ist die Prinzessin Lopamudra untröstlich, weil sie ihre Eltern traurig sieht. Der Grund für die Betrübnis der Eltern ist, dass der Asket Agastya, der im Wald ein einfaches Leben führt, die Hand der Tochter begehrt. Ein solches Leben wollen die Eltern ihrer Tochter nicht zumuten, doch andererseits fürchten sie den Zorn des Rischis, wenn sie seinen Wunsch ablehnen. Kaum erfährt Lopamudra den Grund für die Sorgen der Eltern, wünscht sie nichts mehr, als den Rischi zu heiraten. Sie ist glücklich, ihre Eltern wieder froh zu sehen, und folgt dem Asketen freudig in seine Einsiedelei (Agastya).

Die Worte, die Prinz Rama im Ramayana zu seiner Mutter sagt, illustrieren das Ideal der Kindesliebe: „Wenn mein Vater mich bittet, ins Feuer zu springen, werde ich nicht zögern, seinem Wunsch nachzukommen. Wenn er möchte, dass ich Gift trinke, werde ich es ohne zu zögern tun. Wenn er es wünscht, würde ich mich im Meer ertränken. Er hat mir das Leben gegeben, und so will ich alles tun, damit er glücklich ist“ (Das Wunder).

Der älteste Sohn steht nach dem Vater der Familie vor, und idealerweise ordnen sich ihm die jüngeren Brüder unter. Ramayana und Mahabharata illustrieren das Ideal der Bruderliebe. Der Bruder Ramas, Bharata, der den Thron ablehnt, weil er dem älteren Bruder zusteht, gilt als Vorbild selbstloser Liebe. Doch Rama weiß, dass diese Bruderliebe ihresgleichen sucht, und sagt: „Es ist ganz natürlich, dass Brüder sich gegenseitig beneiden. Wir können nicht erwarten, dass alle Menschen so sind wie unser Bruder Bharata“ (Die Lehre von Hingabe und Gnade). Auch im Mahabharata ordnen sich die vier Brüder aus dem Clan der Pandavas ganz selbstverständlich ihrem ältesten Bruder, dem König Yudhishthira, unter. Als dieser das gemeinsame Königreich beim Würfelspiel verliert und in den Wald verbannt wird, verzichten sie auf alle Annehmlichkeiten und begleiten ihn in die Einsiedelei. So erfüllen alle Familienmitglieder ihre Pflichten und sind danach frei, einen geistigen Weg zu beschreiten.

Der Weg der Askese

Erst nach Erfüllung ihrer Pflichten als Hausvater und Hausmutter können Mann und Frau der Welt entsagen. Es war durchaus üblich, dass die Frauen ihre Männer begleiteten. Der asketische Weg in jungen Jahren wird dagegen abgelehnt. Im Kamasutram erklärt dessen Autor Vatsyayana den Grund dafür an den drei wichtigsten Begriffen der indischen Kultur: Dharma, Artha und Kama. Dharma umfasst alles, was mit dem geistigen Weg zu tun hat, Artha ist der Erwerb von irdischen Reichtümern und Kama bedeutet Liebe oder Liebesgenuss. Obwohl Dharma am höchsten steht, warnt Vatsyayana davor, sich ihm zu früh zu widmen:
„Der Mensch soll darum erst die Höhen des Kama und Artha durcheilen, bevor er in die paradiesischen Gefilde des Dharma eingeht. Nichts ist trügerischer als die Missachtung des Kama und Artha um des Dharma willen in einer Lebensperiode, wo der Mensch noch ganz dieser Welt zugekehrt ist und als Jüngling das Pochen seines liebessehnsüchtigen Herzens vernimmt, um dann in den Jahren der männlichen Reife sein irdisches Werk zu vollbringen. Wehe dem Menschen, der diesen natürlichen Ablauf der Entwicklung zu verkehren unternimmt! Dadurch wird lediglich die Harmonie zerstört und dem Missgeschick Tür und Tor geöffnet" (Kamasutra).

Außerdem versperrt ein Mann, der keine Nachkommen zeugt, seinen Ahnen den Weg in den Himmel und verhindert somit ihre glückliche Wiedergeburt. Im Garuda-Purana finden wir dieses Thema eindrücklich beschrieben:

Einst wanderte der Asket Ruci durch die Lande, der Welt abgeneigt und wunschlos glücklich. Der Seher, der weder Herd noch Heim sein eigen nannte und nur eine einzige Mahlzeit am Tage zu sich nahm, wurde dabei von seinen Ahnen beobachtet. Eines Tages konnten sie ihren Unmut nicht mehr zurückhalten, erschienen vor ihm und sprachen: „Sohn, du bist ohne Tugend, denn du hast kein Weib genommen. Warum? Die Ehe ist eine Brücke zum Himmel und zur Befreiung; ohne Ehe bist du unrein wie durch den Verzehr von rohem Fleisch. Ein Hausvater, der die Götter und seine

Ahnen, die Seher und die Armen ehrt, erlangt den Himmel. O du Seher unter den Menschen, jeden Tag erhöhst du deine Last, denn du bleibst den Göttern und den Ahnen etwas schuldig. Wie kannst du hoffen, den Himmel zu erlangen und Götter und Ahnen zu besänftigen, wenn du deinen Kopf scherst und der Welt entsagst, ohne vorher Söhne gezeugt zu haben? O Sohn, dein falsches Tun soll dich auf Erden unglücklich machen, nach dem Tod wirst du die Hölle erleiden und deine nächste Inkarnation wird elend sein!"

„Das Familienleben entwürdigt, bereitet Kummer und führt ins Übel", verteidigte sich Ruci, „deshalb habe ich keine Frau genommen. Wegen eines Augenblicks der Schwäche riskiert man sein Seelenheil. Und die Ehe garantiert gewiss keine Erleuchtung! Es ist doch besser, dass die Seele durch die tägliche Reinigung im Bad des Wissens unbeschmutzt bleibt. Außerdem bin ich jetzt alt", fuhr er fort, „wer würde mir eine Frau geben? Ein armer Mann findet schwerlich eine Braut."

Ungerührt entgegneten die Ahnen: „Wenn du dich nicht änderst, wirst du verantwortlich sein für unser Unglück und für deinen eigenen Sturz!" Damit verschwanden sie so plötzlich wie Lampen, die der Wind ausbläst.

Beunruhigt wanderte der Brahmane durch die Lande und suchte nach einem Mädchen. Doch er fand keines, und da er sich wegen der Worte seiner Ahnen sorgte, verzweifelte er: „Was soll ich tun? Wohin soll ich gehen? Wie soll ich eine Frau finden? Ich muss rasch handeln, um das Glück meiner Ahnen und mein eigenes Glück zu sichern."

Der Seher löste das Problem auf seine Weise und übte Askese, um Brahma zu veranlassen, ihm zu helfen. Er stellte sich hundert Jahre in den Wald, bis der Gott ein Einsehen hatte. Heiraten müsse er, bestätigte Brahma, um Nachkommen zu zeugen. Er riet ihm, seinen Ahnen Opfer darzubringen. Danach würden sie ihm helfen, ein schönes Mädchen zu finden, das ihm Kinder gebäre. Ruci führte das Opfer gewissenhaft aus. Plötzlich erschienen die Vorväter am Himmel, geschmückt mit Blumen und gesalbt mit duftendem Öl, den Opfergaben, die er ihnen dargebracht hatte. Ruci warf sich vor ihnen nieder und pries sie. Das besänftigte die Ahnen und sie sprachen: „Wir erfüllen dir einen Wunsch." Mit gebeugtem Haupt

antwortete der Seher: „Brahma hat mir befohlen, Kinder zu zeugen. Ich möchte eine reiche, fruchtbare und göttliche Frau."
Und die Vorväter entgegneten: „Du sollst hier und jetzt ein schönes Weib erhalten, und sie soll dir einen Sohn gebären. Er wird so weise, berühmt und erhaben sein wie Manu und viele starke, edle Söhne haben, die die Welt regieren." Da erhob sich plötzlich aus dem nahen Fluß eine schöne, schlanke Nymphe mit Namen Pramloca und sprach zu Ruci: „Ich habe eine liebliche Tochter von anmutiger Gestalt. Nimm dieses Mädchen zum Weib. Sie wird dir einen weisen Manu gebären." Der Seher willigte ein und es geschah alles so, wie die Vorväter gesagt hatten.

Witwenschaft und Selbstverbrennung

Obwohl eine Frau in der vedischen Epoche nach dem Tod ihres Mannes wieder heiraten durfte, galt es als Zeichen besonderer Gattenliebe, dem Manne auch nach seinem Tod treu zu bleiben. In diesem Fall war die Witwe auf den Schutz ihrer Söhne angewiesen. Vorbild für die ideale Beziehung zwischen Mutter und Söhnen ist hier sicher die Beziehung von Kunti, der Frau Pandus, und ihren fünf Söhnen, den Pandavas, den Helden des Mahabharata. Nach dem Tod des Vaters ist es für die Söhne ganz selbstverständlich, aufopfernd für die Mutter zu sorgen. Es war darüber hinaus durchaus üblich, dass eine Witwe nach dem Tod ihres Mannes Frau seines jüngeren Bruders wurde, ohne dass ein Eheritual erforderlich war.
Ab der christlichen Zeitrechnung scheint sich das Blatt zu wenden. Witwen durften nach dem Tod des Mannes nicht wieder heiraten. Intime Beziehungen zum Schwager waren verboten. In Ausnahmefällen durfte sie mit ihm einen Sohn zeugen. Der Witwenstand scheint freudlos gewesen zu sein, denn die Frau des Brahmanen sagt im Mahabharata: „Gesegnet ist die Frau, die vor ihrem Manne stirbt."
Erst jetzt finden wir schriftliche Belege für die Selbstverbrennung von Witwen. Dieser Brauch wird auf die Selbstverbrennung Satis, der Frau

Schivas, zurückgeführt. Aus Zorn darüber, dass ihr Vater ihren Ehemann weniger achtete als die Männer ihrer Schwestern, warf sie sich auf ein brennendes Opferfeuer, ließ ihren Körper zurück und stieg zu den Göttern auf. Auch das Vaman-Purana erzählt eine Geschichte, die die Selbstverbrennung verherrlicht:

Die Königin Sudeva war untröstlich, als ihr Mann, der König Savana, starb, ohne Söhne gezeugt zu haben. Sie weigerte sich, seinen Körper auf den Scheiterhaufen zu legen. Plötzlich hörte sie eine Stimme aus dem Himmel: „Weine nicht, o Königin. Wenn du wahrhaftig bist, gehört dir dieses Feuer genauso wie deinem Mann." Darauf antwortete sie: „Ich weine um diesen sohnlosen König, nicht um mein armseliges Selbst." Die Stimme erwiderte: „Weine nicht mehr, denn der König wird durch dich sieben Söhne haben. Gehe sofort ins Feuer. Ich habe die Wahrheit gesprochen. Vertraue mir!"

Sudeva legte den Körper ihres Gatten auf den Scheiterhaufen, zündete das Feuer an, richtete ihren Geist auf den König und sprang selbst in die Flammen. Blitzschnell erhoben sich beide aus dem Feuer und stiegen hoch in den Himmel auf. In inniger Umarmung mit seiner Frau verströmte der König seinen Samen auf die Erde, und seine zurückgebliebenen sieben Frauen wurden schwanger und gebaren Söhne. Der König und seine Frau aber beschritten den himmlischen Weg zum Brahmaloka.

Der Tod auf dem Scheiterhaufen wird als direkter Weg in den Himmel und als Vereinigung mit dem geliebten Mann betrachtet. Außerdem verheißt dieser Tod eine glückliche Wiedergeburt. Bei einem Volk, das das Erdenleben als einen vorübergehenden Zustand und den Körper als bloße Hülle der unsterblichen Seele betrachtet, scheint der Verlust des Körpers nicht so schwer zu wiegen.

Der freiwillige Tod einer Witwe ist auch in anderen Kulturen bekannt - bei den Slawen, den Germanen, den Thrakern und den Griechen -, doch nur in Indien ist er so lange beibehalten worden. Die Selbstverbrennung war allerdings immer eher selten und wurde nie vorbehaltlos akzeptiert. Die Witwe musste die Entscheidung aus eigenem Entschluss fällen, und aus der Literatur kennen wir viele Beispiele, wie Familienangehörige versuchen, die Frau davon abzuhalten. Obwohl es für die Selbstverbrennung

durchaus soziale Gründe gegeben haben mag, da die Frau nach dem Tod ihres Mannes rechtlos und abhängig vom ältesten Sohn wurde, scheint der spirituelle Aspekt doch schwer zu wiegen, denn 1987 (!!) demonstrierten Tausende von Frauen für ihr Recht auf Witwenverbrennung.
Erst unter englischer Kolonialherrschaft wird die Selbstverbrennung von Witwen kritisch betrachtet und ab 1829 durch Lord William Bentinck für illegal und strafbar erklärt. In Nepal trat dieses Verbot erst hundert Jahre später in Kraft.

Die Hindufamilie unter der Herrschaft der Mogulfürsten

Die Zeit von 600 bis 1100 gilt als Spätzeit. Obwohl die muslimischen Eroberer bereits ab 750 n. Chr. das indische Königreich überfielen, dauerte es bis 1100, bis die Mogulfürsten Indien fast ungehindert beherrschten. Damit brach für Indien eine neue Epoche an. Die Eindringlinge hatten bessere Waffen – Feuerwaffen –, eine schlagkräftige Kavallerie und viel mehr Kriegserfahrung. Da weder Hindus noch Buddhisten über die im Koran erwähnten heiligen Bücher Tora und Bibel verfügen, galt das Toleranzgebot des Korans nicht, und die muslimischen Truppen nahmen keine Rücksicht auf die „Feueranbeter". Weil sich die friedliebenden Buddhisten nicht gegen die Angreifer wehrten, verschwand diese Religion fast völlig aus Indien. Der Hinduismus überdauerte, jedoch wandelte sich seine Ausdrucksform erheblich.
Wie immer beim Niedergang einer hohen Kultur verrohten auch hier die Sitten, und es kam zu Auswüchsen, die in der Hochkultur, orientiert man sich an der Originalliteratur, undenkbar waren. Dies zeigte sich unter anderem in der Behandlung der Frauen und der Pervertierung des Kastensystems. Hatten die Kasten ursprünglich ähnliche Aufgaben wie die europäischen Handwerksgilden, wurden sie jetzt zu unüberwindlichen sozialen Schranken. Angehörige „höherer" Kasten sahen auf Mitglieder „niederer" Kasten herab. Heiraten in andere Kasten waren verboten, ja, man durfte nicht einmal mit Mitgliedern anderer Kasten essen. Die Kaste der Unberührbaren, der Menschen, die „unreine" Arbeiten erledigten, entstand. Diese Menschen mussten sich

durch lautes Rufen ankündigen, denn berührten sie versehentlich einen Brahmanen, war dieser danach unrein und musste sich komplizierten Reinigungsritualen unterziehen.
Da verwundert es nicht, dass diese Unberührbaren fast geschlossen zum Islam konvertierten. Die Hindus höherer Kasten hielten ihrer Religion die Treue, doch die regionalen Unterschiede wogen jetzt, wo der große Zusammenhalt nicht mehr gegeben war, viel mehr als früher. Gottheiten, die nur in bestimmten Dörfern verehrt wurden, erklärte man zu Erscheinungsformen Schivas oder Vischnus. So wurden dem einst übersichtlichen indischen Pantheon unzählige neue Göttergestalten hinzugefügt.
Den Frauen ging es immer schlechter. Sie waren den männlichen Mitgliedern der Familie vollkommen unterstellt und durften, außer ihrem Schmuck, nichts besitzen, nicht einmal ihren Körper! Frauen durften nicht über ihren Aufenthaltsort bestimmen und hatten auch keinerlei Mitspracherecht bei der Partnerwahl. Die Ehe wurde von den Familien eingefädelt, oft schon im Kindesalter. Kaum war das Mädchen verheiratet, kam es in die Familie des Ehemannes. Der Ehemann konnte immer und zu jeder Zeit über den Körper seiner Frau verfügen. Auch wenn er die Frau misshandelte, musste sie ihm unter allen Umständen gehorchen. Weigerte sie sich, konnte er sie verstoßen. So steht im Dharmashastra: „Selbst wenn der Ehemann einen schlechten Charakter hat und sich mit anderen Frauen vergnügt, muss er von seiner treuen Frau als Gott verehrt werden. Wenn eine Frau ihrem Ehemann, der schlechten Leidenschaften frönt, betrunken oder krank ist, keinen Respekt entgegenbringt, soll sie drei Monate lang ausgestoßen werden, und ihr Schmuck und ihre Möbel sollen ihr weggenommen werden."
War die Frau unfruchtbar, starben ihre Kinder oder gebar sie nur Töchter, konnte der Mann sie nach einer bestimmten Frist entlassen. Eine zänkische Frau durfte er sofort verstoßen. Wenn ihr Vater oder ihre Brüder sie wegen der Schande, die sie durch ihr unschickliches Benehmen über die Familie gebracht hatte, nicht wieder bei sich aufnahmen, fehlte ihr die Lebensgrundlage. Eine Frau konnte sich dagegen auf gar keinen Fall von ihrem Mann trennen.

Mädchen waren für ihre Familien eine große Belastung, weil sich nur dann ein Ehemann fand, wenn der Vater fähig war, eine gute Mitgift zu zahlen. So konnten die Mädchen aus armen Familien oft nicht heiraten. Da sie kein Recht auf Bildung hatten, waren sie gezwungen, in den Familien ihrer Brüder zu leben, oft mehr geduldet als erwünscht.
Auch die Anzahl der dokumentierten freiwilligen Selbstverbrennungen von Witwen nimmt sprunghaft zu. Da die Witwe keine Rechte und keinen Besitz hatte, war sie auf die Mildtätigkeit der Familie ihres Mannes angewiesen. Sie durfte nicht wieder heiraten und musste die restliche Zeit ihres Lebens zurückgezogen im Haus verbringen. Diese Regel galt auch, wenn das Mädchen als Kind verheiratet worden war. Eine solche Kinderwitwe war zu einem freudlosen Leben verdammt. Ein Mann konnte dagegen nach dem Tod seiner Frau wieder heiraten. Erst durch die Kolonialisierung durch die Briten und ihre bürgerliche Gesetzgebung verbesserte sich das Los der Frauen.
Als die Briten 1757 die Herrschaft über Bengalen erlangten und etwa 100 Jahre später ihren Herrschaftsbereich über große Teile Nord-, Zentral- und Südindiens ausdehnten, brach eine neue Epoche für Indien an. Die Kolonialmacht errichtete Fabriken, baute Straßen und ein Eisenbahnnetz. Ab 1835 wurde Englisch die offizielle Verwaltungssprache. Die 185 Jahre lange Kolonialzeit hat in der Gesetzgebung des Landes und im Lebensstil der Menschen deutliche Spuren hinterlassen, und einige Autoren beklagen, das Land sei seitdem „verwestlicht". Doch wenngleich die Hindutradition durch die westlichen Einflüsse abnahm, verhalfen ihr die britischen Indologen andererseits zu einer Renaissance. Die Sanskrittexte wurden ins Englische übersetzt und die Originaltexte der Veden den Menschen zugänglich gemacht. Besonders Ghandi ist es zu verdanken, die hohen moralischen Werte der Hochkultur wieder ins gesellschaftliche Leben eingebracht zu haben. Er wies seine Landsleute auf weitverbreitete, nicht mit den Veden in Einklang zu bringende Missstände hin wie die totale Abhängigkeit der Frau, die Kinderehe, das Heiratsverbot für Witwen und die Eheschließung ausschließlich gegen Mitgift. Ihm ist es zu verdanken, dass die Kaste der Unberührbaren abgeschafft und Indien eine den alten und den neuen Werten entsprechende Gesetzgebung erhielt.

Die moderne Hindufamilie

Kurz nach der Unabhängigkeit wurden in Indien Gesetze erlassen, die mit den Missständen gründlich aufräumten. Die Frau ist heute gleichberechtigt. Sie ist genauso erbberechtigt wie die Männer und darf eigenen Besitz erwerben. Der freiwillige Feuertod von Witwen ist verboten. 1929 wurde die Kinderheirat verboten und das Heiratsalter auf 15 Jahre für Mädchen und 18 Jahre für Jungen angehoben. 1947 erklärte ein Gesetz die Heirat von Paaren verschiedener Religionen, Kasten und Sekten für gültig. Seit 1955 ist die Polygamie verboten. Die Ehescheidung ist gesetzlich möglich, wird aber selten durchgeführt, weil die Ehe, dem katholischen Sakrament vergleichbar, rituell unauflösbar ist.

Die Gleichberechtigung der Frauen ist in Indien zwar Gesetz, doch faktisch geht die Moderne, laut Professor T. S. Devadoss von der Universität Madras, an der ungebildeten Bevölkerung Indiens weitgehend vorbei. Da nur wenige Frauen gebildet sind, leben sie weiterhin nach der Tradition, die sie diskriminiert. Eine Tochter ist dort immer noch ein Unglück für die Familie, ihre hohe Mitgift stürzt die Familie oft in finanzielle Schwierigkeiten. Seit die Geschlechtsbestimmung im Mutterleib möglich ist, steigt die Abtreibungsrate für weibliche Föten. Mädchen sind öfter unterernährt als Jungen, sie werden seltener ins Krankenhaus gebracht und sterben häufiger als ihre Brüder. Mädchen sind schlechter gebildet, Frauen werden vergewaltigt, geschlagen, sind der Tyrannei ihrer Männer hilflos ausgeliefert und werden zuweilen von den Familien ihrer Männer umgebracht, um bei einer erneuten Ehe die Mitgift kassieren zu können. Der indische Soziologe Afzal Qutb nennt für das Jahr 1985 allein in New Delhi etwa 750 unnatürliche Todesfälle von jungen Frauen zwischen 18 und 30 Jahren. 452 waren verbrannt, 243 hatten sich umgebracht, 47 waren vergiftet worden und 3 waren spurlos verschwunden. 1990 wurden 4836 offizielle Mitgiftmorde registriert. Immer noch werden Männer für das, was sie ihren Frauen antun, nicht wirklich bestraft, obwohl das gesetzlich möglich wäre (Qutb, 1990).

Obwohl das Brautgeld seit 1961 verboten ist, wird es in der Realität trotzdem oft verlangt. Professor Axel Michaels gibt als moderne Mitgift für ein

Mädchen der Mittelschicht folgende Gaben an: Süßigkeiten und frisches Obst oder Dosenfrüchte für die Familie des Bräutigams; Bargeld, Kleidung, Goldkette und Armbanduhr für den Bräutigam; Sari, Goldkette und Ohrringe für die Schwiegermutter der Braut; Sari und Goldkette für die Schwägerinnen; Kleider und Bargeld für Schwiegervater, Schwager und Schwägerinnen sowie deren Kinder; Bargeld für alle nahen Verwandten des Bräutigams (besonders Onkel väterlicher- und mütterlicherseits); Videogeräte, Klimaanlage und Kühlschrank für die Familie des Bräutigams. Diese Geschenke können Familien durchaus ruinieren.

Liebe ist in Indien nicht das vorherrschende Motiv für eine Ehe. Liebesheiraten sind eher selten. Vielleicht ist Indien deshalb das Land mit der weltweit höchsten Produktion von romantischen Liebesfilmen. Die Ehe ist für die Frauen jedoch nicht nur Opfergang. Sie verbessert damit ihr Ansehen und das der Familie. Die Ehe dient in erster Linie der Fortpflanzung, vor allem aber der Zeugung von männlichen Nachkommen. Indische Eltern sehen in ihrem Kind kein unbeschriebenes Blatt, das durch den Einfluss der elterlichen Erziehung gebessert oder dem geschadet werden könnte. Es ist ein autonomes Wesen, das sich aufgrund seines Karmas bei diesen Eltern inkarniert hat. Es muss versorgt und an die Kastenregeln gewöhnt werden, doch sein Charakter ist nicht zu ändern. Die Liebe der Kinder zu ihren Eltern ist immer noch ein hoher Wert. Sie gilt als die Wurzel aller Tugenden, aus der alles erleuchtete Wissen entspringt. Professor Devadoss sagt dazu: „Durch echte Zuneigung und Liebe gegenüber den Eltern lernt der Mensch, allen Lebewesen gegenüber wohlwollend zu sein, die ganze Menschheit zu lieben, seinem Lande und seinen Aufgaben gegenüber treu zu sein, Versprechen zu halten, rechtschaffen zu handeln, friedlich zu leben und gerecht zu sein. Alle moralischen Tugenden und Taten entspringen aus der Liebe der Kinder zu ihren Eltern.“

Besonders idealisiert wird die Liebe zur Mutter. Mahadevan schreibt: „Als ideale, höchste Liebe gilt den Hindus die Mutterliebe. Die ewige Energie der Frauen, ihre natürliche Fähigkeit, Leben zu gebären und zu nähren, Zelle zu Zelle zu fügen, lässt den Mann ziemlich unwichtig erscheinen...

Alle anderen Formen der Liebe, die Liebe der Verlobten, der verheirateten Paare, der Freunde, der Väter zu ihren Söhnen, der Brüder und Schwestern gründen sich auf Gegenseitigkeit und sind Formen der Freundschaft. Nur die Liebe der Mutter ist bedingungslos und erhaben."

Die Zahl der Großfamilien geht vor allem in den Städten deutlich zurück. Großfamilien, in denen wie früher mehrere Generationen zusammenleben, sind eher selten geworden. Meist leben die Eltern mit ihren Kindern, auch den verheirateten, in einem Haus zusammen. Wenn dies so ist, gibt es auch heute noch so gut wie keine Privatsphäre. Der einzelne ordnet sich der Gemeinschaft unter. Der indische Soziologe Kumar Lal lässt in seiner 1990 angefertigten Studie zur Lebensweise von Hindufamilien in der Stadt ein Mitglied einer Großfamilie zu Wort kommen: „Ich bin seit zwei Monaten verheiratet, und doch ist es mir nicht möglich, tagsüber mit meiner Frau zusammen zu sein. Ständig sind meine Mutter, meine Schwestern und mein jüngerer Bruder um sie herum. Ich möchte mit meiner Frau so viel unternehmen. Sie kennt Patna noch nicht, und so könnte ich ihr viele interessante Orte zeigen. Doch ich weiß, dass mir das nicht gelingen wird. Selbst wenn ich mit ihr ins Kino ginge, würden uns meine Schwestern begleiten."

Die ideale indische Familie besteht heute aus den Eltern und zwei Kindern. Doch gibt es Mischformen aus Groß- und Kleinfamilie. So berichtet ein anderer Teilnehmer aus Kumar Lals Studie: „Nach der Hochzeit besuchte uns mein Schwiegervater in unserer Wohnung und blieb. So lange er bei uns lebte, ging ich mit meiner Frau nicht aus. Er verließ uns nach einem Jahr, und da war ich Vater eines Kindes." Nie wäre es dem indischen Schwiegersohn eingefallen, den Vater seiner Frau aus der Wohnung zu weisen.

In der Großfamilie hat der älteste Mann immer noch das Sagen, wenngleich die Frauen ihre Rechte mehr wahrnehmen. So schreibt ein Mann: „Ich bin de facto das Oberhaupt der Großfamilie. Meine gesamte Familie ist unter meiner Kontrolle. Ich habe eine verwitwete Mutter, die sich meinen Entscheidungen nie widersetzt. Doch als die Frage meiner Hochzeit aufkam, überließ ich ihr die Verhandlungen. Ich tat dies absichtlich, weil ich weiß, dass sie sehr unglücklich gewesen wäre, hätte ich die Verhandlungen selbst geführt."

Trotz der Neuerungen, die durch die moderne Zeit, durch die Medien und den Einfluss des Westens auf Indien einströmten, besinnen sich viele Paare auf die alten Werte, repräsentiert durch Rama und Sita. Die Ehe eines jeden Paares vollzieht die heilige Vereinigung des göttlich Männlichen mit dem göttlich Weiblichen. „Spiritualität und Liebe sind die Grundlage jeder Ehe. Die Disziplin, die die Partner in der Ehe aufbringen müssen, hilft ihnen, ihr spirituelles Potential zu verwirklichen. Nur in der Ehe finden die Menschen spirituelle Erfüllung. Sie hilft dem einzelnen, zu wirklichem Menschsein zu reifen“ (Devadoss, Hindu-Family and Marriage).

Die spirituelle Bedeutung familiärer Liebe im Hinduismus – der Weg des Bhakti-Yoga

Die Liebe zwischen Mann und Frau und zwischen Eltern und Kindern nimmt im Hinduismus als Sinnbild für die Liebe der Menschen zu Gott einen hohen Rang ein. Menschen, die dem geistigen Weg der Gottesliebe, dem Bhakti-Yoga, folgen, werden Bhaktas genannt. „Bhakti-Yoga ist die wahre, aufrichtige Suche nach Gott. Sie beginnt in Liebe, verläuft in Liebe und endet in Liebe“, sagt der indische Meister Vivekananda. Das Ziel des Bhakta ist die Erfahrung der ekstatischen göttlichen Liebe. Diese allumfassende Gottesliebe lässt das kleine persönliche Ich vergessen. Durch die Liebe zu Gott liebt der Bhakta die Schöpfung.

Im Hinduismus gibt es zwar viele Götter, doch jeder Gläubige weiß, dass es in Wirklichkeit nur der Eine ist. Dieser Gott Brahma, der alles ist und alles in sich birgt, ist jedoch zu abstrakt, um von Menschen geliebt werden zu können. Die Liebe eines Menschen kann sich nur auf etwas richten, was ihm als Mensch zugänglich ist. So teilten die Inder Brahma in seine verschiedenen Aspekte auf, denen sie menschliche Züge gaben, und schufen so scheinbar ein Pantheon. In Wirklichkeit gaben sie jedoch nur den unzähligen Facetten Gottes Gestalt.

Hindus glauben an die Wiedergeburt der unsterblichen Seele. Diese inkarniert sich immer wieder neu, um Erfahrungen zu sammeln und zu

reifen. Auch Gott kann sich in einem Menschen als Avatar inkarnieren. Krischna erklärt dies in der Bhagavadgita dem Prinzen Arjuna: „Vielfach, Arjuna, waren in vergangenen Zeiten meine und deine Geburten. Ich kenne sie alle; aber du kennst sie nicht. Obgleich ich ungeboren und ewig und der Herr aller Geschöpfe bin, werde ich dennoch, indem ich meine Natur nach meinem Willen beherrsche, durch meine Kraft in der Körperwelt geboren. Denn jedesmal, wenn die Gerechtigkeit unter den Menschen erschlafft und die Ungerechtigkeit überhand nimmt, erzeuge ich mich in meiner Menschengestalt. Zum Schutze der Guten und den Bösen zum Verderben. Um den wahren Glauben wieder herzustellen, werde ich in verschiedenen Zeitaltern persönlich wiedergeboren“ (4, 5-8).
Einen persönlichen Gott kann man lieben, denn er vereint in sich – wie zum Beispiel Rama oder Krischna - die Göttlichkeit und das Menschsein. Auch heute noch sind Rama und Krischna die Lieblingsgottheiten vieler Hindus, und das Ramayana und die Bhagavadgita Krischnas sind häufig gelesene heilige Bücher.
Im Bhakti-Yoga zeigt sich die Gottesliebe auf verschiedenen Ebenen. Da sich der Mensch als von Gott getrennt, als nicht eins mit ihm, erlebt, sucht er Wege, um ihm näher zu kommen. Er liebt ihn auf eine Weise, die er aus seiner Familie kennt: als Vater und Mutter, als Kind und als Gemahl. So kommt Gott den Menschen näher, und die Menschen kommen Gott näher. Auf der ersten Stufe des Bhakti wird Gott als Vater und als Mutter verehrt. Das Kind tut alles, um ihm zu gefallen und um ihm zu dienen. Vorbild hierfür ist Rama, der seine Bestimmung darin sah, seinem Vater zu gehorchen und sein Gelübde zu erfüllen, auch wenn er dadurch Nachteile für sein persönliches Leben ertragen musste. Ramanuja fasst diese Form der Gottesliebe um 1100 n. Chr. in folgende Worte:

„Alle Pflichten und alle Wünsche,
selbst den nach Erlösung habe ich aufgegeben,
um zu Deinen Füßen, o Herr, die mit großen Schritten das Universum durchmessen, Zuflucht zu finden.
Du bist meine Mutter, mein Vater, mein Verwandter und Lehrer.

Du bist mein Wissen und Reichtum. Gott der Götter, Du bist alles für mich.
Herr, bitte erlaube mir, Dir zu dienen.
Denn meine Liebe, die die Erfahrung Deiner Größe in mir weckt, verlangt danach.
Ich kann nichts anderes wollen."

Diese Form der Liebe ist vielleicht nicht ganz selbstlos, denn oft erhofft sich das Kind von seinen Eltern für seinen Gehorsam und seine Liebe eine Gegenleistung. Deshalb gilt für den Bhakta die Liebe zum kindlichen Gott als überlegen. Gott als Kind wird nicht deshalb geliebt, weil er den Liebenden reich beschenken könnte. Wie die Mutter ihr Kind um seiner selbst willen liebt, liebt der Bhakta Gott deshalb, weil Gott liebenswert ist. Christen können dies ohne weiteres verstehen, lieben doch auch sie das Jesuskind. Die Liebe zum göttlichen Kind richtet sich in Indien auch heute noch auf das Kind Krischna und ist bis heute Vorbild für die Erziehung von Kleinkindern. Obwohl Krischna oft unartig war und Butter und Rahm stahl, verzieh ihm seine Mutter und tadelte ihn nie. Der blinde Sänger Surdas (16. Jahrh.) kleidet seine Liebe zum kindlichen Gott in Worte:

„Sing, mein kleiner Krischna, sing süße Melodien,
tanze, liebliches Kind, vor Deinem Vater Nanda!
Klatsche in Deine Hände und unsere Herzen werden vor Liebe überquellen. Fürchtest Du Dich vor den Schreien der Spielgefährten?
Komm, wirf Deine Arme um meinen Hals!
O mein Liebling, sei nicht scheu, fürchte Dich nicht,
heb Deine Arme hoch wie gestern und ruf Dein liebstes Kälbchen.
O lass mich noch einmal Deinem Tanze zuschauen,
die Edelsteine an Deinen Fußkettchen funkeln so schön.
Sieh, in der goldenen Säule ist Dein Spiegelbild;
futtere es mit Butter, o Göttliches Kind!
O überaus Barmherziger Gott,
verlasse keinen Augenblick lang das Herz von Surdas."

Als höchste Manifestation menschlicher Liebe auf Erden gilt den Hindus die Liebe zwischen Mann und Frau. Sie trägt in sich den Keim der göttlichen Liebe. „Nicht um des Gatten willen, o Geliebte, liebt man den Gatten, sondern dem Göttlichen zuliebe, das ihm innewohnt. Nicht um der Gattin willen, o Geliebte, liebt man die Gattin, sondern dem Göttlichen zuliebe, das ihr innewohnt“ steht im Brihad-Aranyaka Upanischad. Wenn sich Mann und Frau vereinen, sind sie Schiva und Schakti, Vischnu und Lakschmi. Gott ist zur Hälfte männlich und zur Hälfte weiblich und doch ist er die Einheit. Wenn der Mann in seiner Frau die Schakti liebt und die Frau in ihrem Mann den Schiva, bilden sie gemeinsam diese göttliche Einheit.
Liebt der Bhakta Gott in dieser Weise, wird er zum Gatten, zum Geliebten. Vorbild hierfür ist natürlich Sita, die ihrem Mann Rama unter allen Umständen treu ergeben blieb und lieber gestorben wäre, als ihn zu verlassen. Die Hirtinnen oder Gopis, die den jugendlichen Krischna lieben, symbolisieren die Seele, die sich nach Gott verzehrt. Rhada, die Gefährtin Krischnas, begehrt in ihm nicht den Mann, sondern den Gott. Sie denkt ständig an ihn, so wie eine liebevolle Frau ständig an ihren Gatten denkt. Ihm gilt jeder Gedanke, die Trennung von ihm ist kaum zu ertragen. Mirabei, die Sängerin der Sehnsucht nach Gott, schreibt im 16. Jahrhundert:

„Meine Augen dürsten nach Deinem Anblick.
Sieh, Freund, während ich die Straße auf- und abschaute,
ist der Tag vergangen.
Ein Berg von Kummer bedeckt meine Augen.
Hör, der Koel-Vogel sitzt auf einem Zweig und singt.
Wie schmerzlich ist mir sein Gesang.
Die Welt urteilt hart und macht sich über mich lustig.
Doch Mira ist Krischnas Eigentum, sie ist seine Sklavin viele, viele Leben lang.“

Wenn Krischnas Flöte erklingt, das Symbol der Anziehungskraft Gottes auf die menschliche Seele, lassen die Gopis alles stehen und liegen und eilen den Sitten zuwider zu ihm, um sich mit ihm zu vereinen. Der Rundtanz, den sie um Krischna tanzen, symbolisiert die zentrale Stellung Gottes im Leben des Menschen. Die Vereinigung des Menschen mit Gott, hier in Form der sexuellen Vereinigung Krischnas mit Rhada und den Gopis, symbolisiert die Ekstase, die jeder Mensch erlebt, wenn er wahre Gottesliebe erfährt. Dieses Glück besingt Mirabei, die Krischna liebt: Trennungsschmerz und Sehnsucht verfliegen, wenn der Geliebte endlich wieder bei ihr weilt und die Ekstase göttlicher Liebe das Herz erfüllt:

„Mein Geliebter ist zu mir eingekehrt.
Jahrhunderte lang hab ich am Weg gewartet;
ich, die Verstoßene, habe ihn erreicht.
Die Opferschale ist für den Gottesdienst geschmückt,
ich schenke ihm kostbare Edelsteine.
Nach vielen Bittgesuchen hat mein Lieber mir diese Botschaft gebracht.
Mein dunkler Liebhaber ist gekommen, Glückseligkeit schmückt meine Glieder. Krischna ist ein Ozean der Liebe, meine Augen sind an ihn in Liebe gefesselt;
Mira ist ein Ozean des Glücks, sie wird ihn willkommen heißen."

Kapitel 6

Buddhismus

„Sich an die Güte anderer zu erinnern ist die Wurzel von Liebe. Werde deshalb der Güte aller Lebewesen gewahr. Von ihnen allen erwies uns in diesem Leben unsere Mutter die größte Güte." (Gampopa)

Der Buddhismus ist mit 312 Millionen Anhängern die kleinste der fünf Weltreligionen. Er entstand in Indien und wurde dort mehr als 1500 Jahre intensiv praktiziert. Pilger verbreiteten ihn in ganz Südostasien, in Ländern, die wir heute China, Tibet, Japan, Vietnam, Kambodscha, Korea, Birma, Thailand, die Mongolei und Sri Lanka nennen. Als sich der Buddhismus im

12. Jahrhundert durch den Einfall der muslimischen Mogulfürsten in Indien weitgehend verlor, hatte er in Tibet Fuß gefasst. Bis zur Annexion Tibets durch China 1958 war der Buddhismus dort Staatsreligion und das Land wurde vom Dalai Lama regiert. Obwohl die Chinesen nahezu alle Klöster und damit ein Weltkulturerbe vernichteten, um dem Volk die Grundlage zur Religionsausübung zu nehmen, und obwohl das Praktizieren des Buddhismus lange Zeit verboten war, haben die Tibeter ihre Religion nie aufgegeben und praktizieren diese so gut wie möglich unter den schwierigen Bedingungen der chinesischen Besatzung.
Durch die Flucht der tibetischen Mönche nach Indien und vor allem durch den charismatischen Führer der Tibeter, den Dalai Lama, wurde der tibetische Buddhismus im Westen bekannt. Vielleicht ist der japanische Zen-Buddhismus, den auch christliche Priester wie zum Beispiel Pater Lasalle ausüben, genauso bekannt. Durch Thich Nath Hanh, einen vietnamesischen Mönch, der von Martin Luther King für den Friedensnobelpreis vorgeschlagen wurde, lernen wir einen auf unsere Zeit und auf unsere Gesellschaftsstruktur zugeschnittenen Zen-Buddhismus kennen. Doch auch in Sri Lanka gibt es eine lebendige buddhistische Tradition. Eine der bekanntesten Vertreterinnen in Deutschland war die deutsche Nonne Aya Khema, die zuerst in Sri Lanka und bis zu ihrem Tod im Allgäu eigene Meditationszentren unterhielt.
Anders als im Judentum, Christentum und im Islam wird der Buddhismus in Ländern mit ganz unterschiedlichen Kulturen praktiziert. Je nach der Kultur, in der er sich verwurzelte, hat er verschiedene Ausprägungen. Es gibt auf den ersten Blick kaum Gemeinsamkeiten zwischen dem eher strengen, gestalterisch sich auf das Notwendigste beschränkenden japanischen Zen und dem vielfarbigen tibetischen Götterhimmel. Es fällt schwer, das verbindende Glied zwischen den Tempeltänzerinnen Thailands und den asketischen Mönchen Sri Lankas zu finden. Was hat der dicke, lachende chinesische Buddha mit den streng blickenden Buddhas der Mongolei zu tun?
Genauso unterschiedlich gestaltet sich das Familienleben. So gibt es in Tibet und auch in Ladakh neben der Polygamie auch die Polyandrie – eine

Frau, die mit mehreren Brüdern verheiratet ist –, eine Familienform, die zum Beispiel in Japan undenkbar wäre. Die buddhistische Familie ist somit geprägt von den in den einzelnen Ländern herrschenden Traditionen. Und doch gibt es bestimmte Merkmale, die man als Stereotyp der buddhistischen Familie gelten lassen kann. Um diese allgemeinen Merkmale soll es uns hier gehen.
Der Buddhismus selbst steht über der kulturellen Vielfalt; er ist bekannt für seine große Toleranz. So passt er sich problemlos den unterschiedlichen Kulturen an, eine Voraussetzung dafür, dass er heute auch im Westen weit verbreitet ist. Um buddhistisches Denken und damit die Familie im Buddhismus zu verstehen, ist es jedoch unerlässlich nachzuvollziehen, auf welchen geistigen Grundlagen diese Religion basiert. Dies sei hier in aller Kürze versucht.

Buddhismus – die Wissenschaft des Geistes

Vor ungefähr 2500 Jahren wurde der Buddhismus von Siddhartha begründet, einem indischen Prinzen, der dem Palastleben entsagte und durch den Weg der Achtsamkeit und Meditation zur Erleuchtung kam. Danach wurde Siddhartha nur noch Gautama Buddha – Erwachter – genannt. Buddha wollte anfänglich nicht lehren, doch ihn dauerte das grenzenlose Leid seiner Mitmenschen, und da er den Weg aus dem Leiden heraus gefunden hatte, unterrichtete er die Suchenden und lehrte sie, denselben Weg zu gehen. Später gründete er Orden für Mönche und schließlich ordinierte er, nach wiederholten Bittgesuchen seiner Pflegemutter, seiner ehemaligen Frau und seines Freundes Ananda, auch Frauen.
Buddhismus ist eigentlich keine Religion; es gibt keinen Schöpfergott. Wie im Hinduismus glaubt der Buddhist an Wiedergeburt und an die Gesetze des Karma: Jeder Mensch ist aufgrund des Prinzips von Ursache und Wirkung der Schmied seines Glücks – oder seines Unglücks. Der Buddhismus lehrt, dass jeder Mensch durch Erkenntnis, Einsicht, moralischen Lebenswandel und geistige Disziplin aus dem Leid der Existenzen heraus-

finden kann. Der tibetische Lama Dzogchen Ponlop Rinpoche nennt den Buddhismus deshalb „vielmehr eine Wissenschaft des Geistes". Kraft dieser Wissenschaft – des Dharma –, die jeder Mensch mit Hilfe eines Lehrers oder „spirituellen Freundes" logisch nachvollziehen und praktisch ausüben kann, befreit sich der Schüler aus dem Rad der Wiedergeburten und erlangt Befreiung vom Leiden. Leiden, wie es der Buddhismus versteht, entsteht durch Unwissenheit, Begierde und Hass.

Gegen diese drei Grundübel wirkt der sogenannte „achtfältige Weg". Der Schüler strebt nach rechter Erkenntnis, rechter Gesinnung, rechter Rede, rechtem Handeln, rechtem Wandeln, rechter Mühe, rechter Einsicht und rechter Einigung (Buddha, 141. Rede). Der achtfältige Weg lässt sich in drei große Themenkreise unterteilen: Die Anweisung, moralisch einwandfrei zu leben, Wissen zu erwerben und zu meditieren. Moralisch in der richtigen Weise lebt der Buddhist, wenn er die zehn Tugenden befolgt:

- Er schützt das Leben anderer und wird niemals töten.
- Er ist freigiebig und wird niemals stehlen.
- Seine Sexualität lebt er nur in der Ehe. Außereheliche Beziehungen wird er nicht eingehen. Geschlechtsverkehr mit Familienangehörigen sieht er als Verbrechen, mit gleichgeschlechtlichen Partnern wird er nicht verkehren und er wird nur sexuelle Praktiken ausführen, die als rein erachtet werden.
- Er wird stets die Wahrheit sagen und niemals lügen.
- Er bemüht sich, Zerstrittene oder Verfeindete auszusöhnen und unterlässt alles, was Menschen entzweien könnte.
- Er spricht ruhig und vertrauenswürdig und äußert keine Grobheiten.
- Er bemüht sich, sinnvoll zu reden und vermeidet Geschwätz.
- Er ist bescheiden und zufrieden mit dem, was er hat. Habsucht und Gier liegen ihm fern.
- Er erweist allen Lebewesen Mitgefühl und Wohlwollen und wird niemandem schaden.
- Er strebt nur nach dem wahren Sinn und lehnt falsche Vorstellungen ab.

Was diese Tugenden angeht, unterscheidet sich der Buddhismus nicht von anderen Religionen; Mose, Jesus, Mohammed und die Veden fordern den Gläubigen dasselbe ab.

Die zweite große Säule, auf der der Buddhismus ruht, ist Erkenntnis. Buddha legte größten Wert darauf, dass die Schüler seine Lehren verstanden. Seine Lehrreden bezeugen, mit welcher Akribie er die geistigen Sachverhalte aufschlüsselte und damit verständlich machte. Erkenntnis entsteht durch Wissen, und so vertieft sich der Buddhist unter Anleitung eines Lehrers in die Worte Buddhas, die Sutras, und in die Texte der erleuchteten Meister. Er lernt die geistige Basis kennen, auf die er sich bei seinem Weg der Befreiung stützt.

Buddhisten glauben an die Wiedergeburt. Diese Überzeugung gründete der Buddha auf eigene Erinnerungen: „Dort war ich, jenen Namen hatte ich, jener Familie gehörte ich an, das war mein Stand, das mein Beruf, solches Wohl und Wehe habe ich erfahren, das war mein Lebensende; dort verschieden, trat ich anderswo wieder ins Dasein... So erinnerte ich mich mancher verschiedenen früheren Daseinsformen, mit je den eigentümlichen Merkmalen, mit je den eigenartigen Beziehungen“ (19. Rede).

Er erkannte, dass das neue Leben entscheidend von den Taten der letzten Inkarnation beeinflusst wird. Wenn die Menschen „freilich in Taten dem Schlechten zugetan, in Worten dem Schlechten zugetan, in Gedanken dem Schlechten zugetan“ sind und „Heiliges tadeln, Verkehrtes tun, Verkehrtes achten“, dann gelangen sie auf Abwege und somit in eine untere Welt. Diejenigen, die dagegen „in Taten dem Guten zugetan, in Worten dem Guten zugetan, in Gedanken dem Guten zugetan“ (19. Rede) sind und das Heilige und das Rechte achten und Rechtes tun, die gelangen auf eine gute Fährte in eine selige Welt. „Selbst kleine Vergehen werden in der nächsten Welt starke Furcht und große Schwierigkeiten bewirken, gleich einem ins Innerste vorgedrungenen Gift. Selbst kleine verdienstvolle Handlungen führen in der nächsten Welt zu großem Glück und bewirken großen Nutzen, gleich dem Reifen von hervorragendem Saatgut“ (Udanavarga).

Da er auch Leben gesehen hatte, in denen er als Tier inkarniert war, lehrte er, dass es nicht selbstverständlich sei, als Mensch wiedergeboren zu werden. Im Gegenteil sei die Geburt in einem Menschenkörper außerst kostbar, denn bei entsprechend negativem Verhalten könne man sich nach dem Gesetz des Karmas nicht nur als Tier, sondern auch als Höllenwesen oder als Hungriger Geist inkarnieren; die eigenen Handlungen, die eigenen Gedanken würden darüber entscheiden. Deshalb folgerte der Buddha, dass sich jeder Mensch nur selbst befreien könne.

Buddha erlebte in seinen unzähligen Inkarnationen nichts, was von Bestand war. Auf jede Geburt folgte unweigerlich der Tod, und dieser zog genauso unweigerlich eine neue Geburt nach sich. Auch wenn das neue Leben hoffnungsvoll begann, endete es doch damit, alles Gewonnene wieder zu verlieren. Die Natur war für ihn Sinnbild für diesen Kreislauf des Werdens und Vergehens: Auf jeden Frühling folgt unweigerlich der Winter, jede Blume, die duftend erblüht, vergeht nach wenigen Tagen.

War der Mensch schließlich geboren, lebte er in vollständiger Abhängigkeit von seiner Familie, seiner sozialen Klasse, der Gesellschaft seines Landes und den Naturgewalten. Buddha entlarvte die Vorstellung, der Mensch sei ein selbstbestimmtes Individuum, als Illusion. Immer beeinflussten andere Menschen und Faktoren wie zum Beispiel die Naturgewalten, die der Einzelne nicht selbst bestimmen konnte, das eigene Schicksal. Nichts existierte unabhängig, alle Dinge, alle Wesen, waren voneinander abhängig und wirkten aufeinander ein. So kam Gautama 500 v. Chr. zu den gleichen Schlüssen wie 2500 Jahre später die Kybernetiker.

Was wäre aber die Substanz von etwas, das keinen Bestand hat und nur in Abhängigkeit von anderen existieren kann? Buddha kam zu dem Schluss, dass man in diesem Falle nicht von Substanz sprechen könne. Er formulierte, dass nichts in der Welt Substanz habe. Diese Substanzlosigkeit nannte er Leerheit. *Die grundsätzliche Leerheit allen irdischen Seins* ist eine weitere Basis des Buddhismus.

Da diese grundsätzliche Leerheit auch den Menschen mit einschloss, stellte er sich die Frage, was der Mensch eigentlich sei. Bestimmt war er nicht sein Körper, denn auch wenn der Mensch schliefe oder ohnmächtig sei und seinen Körper nicht bewusst wahrnähme, existiere er. Der Mensch sei aber auch nicht seine Gefühle oder seine Gedanken, denn auch wenn er nicht fühle oder nicht denke, existiere er. War er seine Persönlichkeit? Der Buddha wies nach, dass sich die Persönlichkeit des Menschen in einem Leben ständig verändere und dass sie darüber hinaus in jeder neuen Inkarnation völlig neu und ohne Erinnerung an die vorherige sei. So sei der Mensch weder sein Körper, noch seine Gefühle, noch sein Denken. Die Vorstellung von einer Seele wies der Buddha zurück, da er diese als Konstante in seinen unzähligen Inkarnationen nie wahrgenommen habe. Also kam er zu dem radikalen Schluss, *das Ich sei eine Illusion.*

Diese Behauptung scheint allen Religionen, die von der Unsterblichkeit der Seele ausgehen, grundsätzlich zu widersprechen, und sie wurde auch häufig falsch verstanden. Doch forschen wir weiter. Auch wenn das Ich eine Illusion ist, scheint es doch etwas im Menschen zu geben, das alle Erinnerungen an all die vergangenen Leben in sich speichern und erinnern kann. *Der Mensch kann nicht Nichts sein!* Lassen wir den Buddha selbst zu Wort kommen. Es gibt, sagt er, „ein nicht Geborenes, nicht Gewordenes, nicht Gemachtes, nicht durch schaffende Tätigkeit Hervorgebrachtes". Dieses Etwas sei nicht von dieser Welt, da sein Sein weit über diese Welt hinausgehe. Es sei weder Ich noch sei es Nicht-Ich. Unsere Sprache enthalte keine Begriffe, um das, was der Mensch wirklich sei, zu beschreiben. Wenn es dieses Ungeschaffene, Ungeborene nicht gäbe, könnte sich der Mensch nicht aus dem Kreislauf des Leidens befreien. Ein Mensch, der sich so erkannt hat, „kann nicht mehr mit den Grenzen individueller Persönlichkeit, individuellen So-Seins und Da-Seins identifiziert werden" (Govinda, 26).

So ist der Mensch im Buddhismus *weder Ich noch Nicht-Ich,* da sein Sein weit mehr ist, als wir in Worte fassen können. Wir sind aber gewöhnt, in Gegensätzen zu denken, und so erleben wir diese Behauptung zuerst einmal als Paradoxon. Um es zu verstehen, muss sich der Suchende auf eine Ebene begeben, die jenseits dieser Gegensätze liegt (siehe „Wege aus der Zwickmühle" im Verlag für Systemische Konzepte). Der von logischen, in der Dualität verwurzelten Denkgewohnheiten konditionierte Verstand scheint dazu nicht das geeignete Werkzeug zu sein.

So entwickelten die japanischen Zen-Meister paradoxe Lehrgeschichten – Koans –, die den Verstand erschüttern und den Geist frei machen sollen für Einsichten jenseits von Ich und Nicht-Ich. In der zwischen 1183 und 1260 entstandenen Koan-Sammlung „Der Pass ohne Durchlass" gibt Meister Basho den Mönchen folgende Unterweisung:

„Wenn ihr einen Wanderstab habt, gebe ich euch einen.
Wenn ihr keinen Wanderstab habt, nehme ich euch einen weg."

Dieses Rätsel ist nur zu lösen, wenn sich der Geist auf jene Ebene begibt, auf der die Gegensätze zusammenfinden – auf die Ebene der Erleuchtung oder „Satori". Der Zen-Meister Hakuin (1685 – 1769) findet für diesen Zustand des Weder-Ich-noch-Nicht-Ich poetische Worte:

„Sollte es dir durch die Gunst des Schicksals gelingen, diese Belehrung zu hören, bewundere sie und erfreue dich daran.
Du wirst endloses Glück erlangen – umso mehr, wenn du dich hingibst
und deine eigene Natur unmittelbar erkennst.
Diese Selbst-Natur ist keine Natur.
Du bist schon weitab von nutzlosen Erörterungen.
Das Tor öffnet sich: Ursache und Wirkung sind unteilbar,
der Weg des Nicht-Zwei, Nicht-Drei führt geradeaus.
Mach aus der Form die formlose Form, Gehen und Wiederkehren, nirgendwo sonst.
Mach das Denken zu gedankenlosem Denken,
Singen und Tanzen, der Klang des Dharma.
Wie weit der Himmel der ungehinderten Konzentration!
Wie hell der Vollmond der vierfältigen Weisheit!
In diesem Augenblick, was soll man da suchen? Nirwana ist unmittelbar.
Dieser Ort ist das Lotusreich, dieser Körper ist der Buddhaleib."

Die Substanzlosigkeit der Welt bedingt, dass sie ein Ort des Leidens ist: „Geburt ist Leiden, Alter ist Leiden, Sterben ist Leiden; Kummer, Jammer,

Schmerz, Gram und Verzweiflung sind Leiden, was man begehrt, nicht erlangen, das ist Leiden" (141. Rede). Diese Erkenntnis ist eine weitere Grundlage der buddhistischen Wissenschaft des Geistes: Es gibt nichts auf der Welt, wonach es sich lohnen würde zu streben, weil alles vergänglich ist und man beim Tod alles wieder verliert. „Lange Zeit hindurch habt ihr, Mönche, den Tod der Mutter erfahren, den Tod des Vaters, den Tod des Sohnes, den Tod der Tochter, den Tod der Geschwister, lange Zeit hindurch habt ihr den Verlust eurer Habe erlitten, waret ihr von Krankheit bedrückt: Und während euch der Tod der Mutter, der Tod des Vaters, der Tod des Sohnes, der Tod der Tochter, der Tod der Geschwister, der Verlust des Vermögens, die Qual der Krankheit zuteil wurde, während ihr, mit Unerwünschtem vereint, von Erwünschtem getrennt waret, da vergosset ihr, von Geburt zu Tod, von Tod zu Geburt eilend, auf diesem langen Wege wahrlich mehr Tränen, als Wasser in den vier großen Meeren enthalten ist" (Samyutta Nik. 1.c.).

Doch den unwissenden Menschen dürstet trotz allem nach den Dingen dieser Welt, da er sich von ihnen Glück verspricht. Damit verfällt er dem Grundübel der Begierde. Dieses Haben-Wollen nannte der Buddha „Anhaften" und erkannte darin die Ursache für immer neues Leid und immer neue Inkarnationen. Will man sich statt dessen für immer aus dem Kreislauf der Verkörperungen befreien, muss man das Anhaften in sich überwinden. Jeder, der wirklich ernsthaft Buddhismus betreibt und sich in einem einzigen Leben befreien will, muss deshalb allen weltlichen Besitz aufgeben und in klösterlicher Gemeinschaft mit Gleichgesinnten nach diesem hohen Ziel streben (76. Rede). Die Hauslosigkeit hilft, das Anhaften zu überwinden, und ist damit eine der wichtigsten Voraussetzungen, um sich aus dem Kreislauf des Leidens zu befreien.

Auch wenn der Suchende Satori findet und den Zustand der Erleuchtung verwirklicht, entscheidet der Augenblick des Sterbens darüber, ob er sich wieder inkarniert oder wahrhaft frei ist. Wenn der Mensch in diesem Augenblick nur einen einzigen unerfüllten Wunsch hegt, bewirkt dieser ein Anhaften an das irdische Leben und damit die nächste Geburt. Deshalb ist es für den ernsthaft Suchenden äußerst wichtig, alle Wünsche und damit alles

Anhaften aufzugeben. Die buddhistische Lehre beschäftigt sich aus diesem Grunde intensiv mit dem Sterben. Das berühmteste Zeugnis dafür ist das „Tibetanische Totenbuch“, doch es gibt auch moderne Bücher wie „Das Tibetische Buch vom Leben und vom Sterben“ des Lama Sogyal Rinpoche, das sich mit diesem Thema befasst.
Nun kommen wir zur dritten Säule des Buddhismus: der Meditation. Nach den Anweisungen eines Lehrers unterzieht sich der Schüler einer geistigen Disziplin, die ihn wenige Minuten am Tage bis zu vielen Stunden beschäftigen kann. Der Laie, der Zen-Buddhismus übt, sitzt vielleicht eine halbe Stunde täglich, beobachtet seinen Atem und verwirklicht inneren Frieden. Mönche und Nonnen meditieren dagegen täglich viele Stunden lang. Wirkliche Befreiung aus dem Kreislauf der Wiedergeburten erlangt wohl nur der, der sich ausschließlich über viele Jahrzehnte dem Lernen und Meditieren widmet.
Hat man die Wahrheit der Lehre erkannt, dann weiß man, dass nichts auf der Welt außer der Dharmapraxis wirklich vor Leiden schützt. Der tibetische Lama Gampopa (1079) schreibt:

„Eltern, Geschwister, Kinder und Ehefrau,
Diener, Besitz und die Schar deiner Freunde
werden dir nicht in den Tod folgen.
Doch all deine Taten werden dich begleiten.
Kommt die Zeit großer Not,
sind deine Frau und Kinder keine Zuflucht.
Ganz allein muss ich dann alles Leid ertragen,
sie können mein Los nicht teilen“ (S. 133).

Da nur die Buddhas frei von Leid sind und weil es außer der edlen Lehre (Dharma) keinen Weg gibt, das vollkommene Erwachen zu verwirklichen, und weil nur die Gemeinschaft der Buddhisten (Sangha) den Schüler beim Ausüben der Lehre unterstützt, nimmt der Schüler, der ernsthaft praktizieren möchte, Zuflucht zu diesen drei „kostbaren Juwelen“, Buddha, Dharma und Sangha. Auch heute noch wird man Buddhist, indem man bei einem autorisierten Lehrer dreimal die Formel der Zuflucht spricht: „Ich nehme Zuflucht zum Buddha, zum Dharma und zum Sangha.“ Damit verpflichtet man sich, die ethischen Regeln des Buddhismus einzuhalten. Ob und inwieweit man sich der Erkenntnis widmet oder gar meditiert, bleibt einem selbst überlassen. Was von einem vorbildhaften Buddhisten erwartet wird, erfahren wir aus einem zum Prajñaparamita gehörende Meditationssutra:

„Als erstes sollen sie wie gute Söhne und Töchter an ihren Eltern handeln und sie unterstützen, ihre Lehrer und die Alten achten und ihnen dienen, mitfühlenden Herzens sein, alles unrechte Handeln meiden und sich in den zehn tugendhaften Taten üben. Sodann müssen sie das Gelübde der Zufluchtnahme zu den Drei Kostbarkeiten ablegen und halten, den Geboten der Sittlichkeit genügen und weder ihrer Ehre Abbruch tun noch die Befolgung der Zeremonialregeln vernachlässigen. Und schließlich müssen sie ihren Sinn ganz und gar auf das Erlangen der Erleuchtung richten, tief an das Prinzip von Ursache und Wirkung glauben, die Sutras der Mahayana-Lehre studieren und rezitieren und andere, die selbst diese Richtung eingeschlagen haben, überzeugen und ermutigen.“

Hinayana, Mahayana und Vajrayana

Wir unterscheiden innerhalb des Buddhismus drei große Schulen, den Hinayana, den Mahayana und den Vajrayana, das Kleine Fahrzeug, das Große Fahrzeug und den Diamantweg.

Der Hinayana-Buddhismus ist die älteste Form der Lehre. Der Schüler strebt, wie Buddha lehrte, nach Erleuchtung und zieht sich deshalb eher von der Welt zurück. Hinayana heißt deshalb „Kleines Fahrzeug“, weil mit seiner Hilfe nur ein Mensch, der Asket oder Arhat selbst, zur Befreiung gelangt. Während sich in Indien der Mahayana-Buddhismus durchsetzte, wandten sich die Länder Südostasiens wie das heutige Sri Lanka, Laos, Thailand und Kambodscha dem Hinayana zu, der dort „Therawada“ genannt wird, was „Lehre der Ordensältesten“ heißt. Unter den Anhängern des Mahayana genießt diese Schule keine große Achtung. Gampopa schrieb über die „Alleinverwirklicher“: „Der Welt abgeneigt, streben sie freudig nach Befreiung, ihr Mitgefühl ist gering, und sie sind sehr stolz. Ihre Lehrer sind geheim, und sie ziehen es vor, allein zu bleiben. Weise sollten daran das Potential der Alleinverwirklicher erkennen“ (S. 26).

Die Laien, die, wie bereits gesagt, von allen geistigen Belehrungen ausgeschlossen waren, fühlten sich in einem System, das nur die Erleuchtung weniger zulleß, nicht genugend berücksichtigt. So rückte der Aspekt des Mitgefühls für die Mitmenschen immer mehr ins Zentrum des Buddhismus, und der einsame Erleuchtete, der Arhat, der nur zu seinem eigenen Wohl praktizierte, trat gegenüber dem *Bodhisattva*, dem Meister, der so lange auf das Nirwana verzichtet, bis das letzte fühlende Wesen vom Leiden erlöst ist, in den Hintergrund. Dieses „Große Fahrzeug“ nimmt viele Menschen mit auf den Weg der Befreiung. Deshalb kann sich der Ausübende nicht oder nur für begrenzte Zeitspannen von der Welt zurückziehen, weil er für seine Mitmenschen erreichbar bleiben muss. Lama Govinda fasst zusammen: „Dieser Weg aber ist nicht der Weg der Weltflucht, sondern der Weg der Weltüberwindung durch wachsende Erkenntnis, durch tätige Nächstenliebe, durch tiefe Anteilnahme an den Leiden und Freuden anderer und durch Gleichmut gegenüber dem eigenen Wohl und Wehe“ (Govinda, S. 35).

Als Bewegung entstand der Mahayana-Buddhismus erst etwa 500 Jahre nach Buddhas Tod. Heute wird er vor allem in Tibet und der Mongolei, dank der geflohenen tibetischen Mönche aber auch in Indien, Nepal, Sikkim und Buthan praktiziert. Auch der japanische Zen-Buddhismus, der chinesische Chan-Buddhismus, der dem japanischen Zen gleicht, und der Buddhismus in Vietnam gehören zum Mahayana.

Tibetischer Vajrayana – der tantrische Buddhismus

Der tibetische Buddhismus nimmt in der Gruppe des Mahayana eine Sonderstellung ein. Er nennt sich Vajrayana oder „Diamantener Pfad“ und wird von seinen Anhängern als das vollständigste Dharma bezeichnet, weil er die Lehren von Hinayana und Mahayana mit den Lehren des Tantra kombiniert. Braucht man als Buddhist der anderen Schulen mehrere Leben, um Befreiung zu erlangen, kann man dies im Vajrayana in einem einzigen Leben erreichen, wie Milarepa, Tibets großer Yogi, bewies.

Was ist „Tantra"? Im Westen allgemein bekannt ist, dass Tantra mit Sexualität zu tun hat. Es gibt unzählige Tantrakurse, -bücher und -videos, die lehren, wie man seine Sexualität noch tiefer und inniger erlebt, doch wie passt das zum asketischen Buddhismus?

Tantra ist natürlich viel mehr als eine bestimmte Form der Sexualität: Tantra ist eine Weltanschauung. Das Wort Tantra bedeutet Faden, Weben, Gewobenes und deutet damit auf das Verwobensein von allem Sein, auf die Abhängigkeit voneinander, den ständigen Wechsel von Ursache und Wirkung. „Die Triebkräfte des Kosmos sind nicht verschieden von den Triebkräften der menschlichen Seele und diese Kräfte im eigenen Geiste zu erkennen und zu verwandeln – nicht nur zum eigenen, sondern zum Heile aller lebenden Wesen – ist das Ziel der buddhistischen Tantras" (S.102), erklärt Lama Govinda in seinem Buch „Tibetische Mystik".

Da alle Phänomene ihrem Wesen nach leer sind, wertet der Tantriker nicht. Er nutzt im Gegenteil das sogenannte Negative, um es im Geist zum Höchsten zu transformieren. Je abstoßender und ekelhafter die Erfahrung ist, um so besser dient sie dem Tantriker, der sie geistig verwandelt. So ist es gängige Praxis, auf Leichenäckern in Gegenwart verwesender Körper zu meditieren und ekelhafte Substanzen zu schlucken. „Wenn die Welt und ihre Bewohner von Bösem erfüllt sind, dann verwandle die ungünstigen Bedingungen in den Pfad des Erwachens" (Kongtrul).

Dieser Sichtweise begegnen wir in jedem tibetisch buddhistischen Tempel. Staunend stehen wir vor den Bildnissen unzähliger Götter und furchterregender Dämonen, von denen sich viele in sexueller Ekstase eng umschlungen halten, während sie auf blutüberstömten Leichnamen tanzen. Es trieft von Blut und wimmelt von blutigen Mordinstrumenten und Totenschädeln. Auf unsere Fragen erfahren wir, dass hier Gottheiten dargestellt sind und dass jede Gottheit einen friedvollen und einen schrecklichen Aspekt besitzt. Die Darstellung der positiven und negativen Form nebeneinander symbolisiert die Chance des Tantrikers, in allem Negativen gleichzeitig das Positive zu sehen und zu verwirklichen und somit die Dualität aufzuheben. Die Vielfalt der Götter ist jedoch kein Rückfall in das hinduistische Pantheon, denn jede dieser Gottheiten steht stellvertretend für eine menschliche Eigenschaft. Da viele Tibeter der Schrift unkundig waren, vermittelten die Mönche die Lehre in Bildform.

Die zahlreichen sexuellen Darstellungen weisen darauf hin, dass Tantra unter anderem auch mit Sexualität zu tun hat, mit der schöpferischen Kraft, die neues Leben ermöglicht und als Energie genutzt werden kann, um Erleuchtung zu erlangen. Die rituelle sexuelle Vereinigung von Mann und Frau nennt man „Tantra-Asana“ oder „Tantra-Stellung“.

Um zu verstehen, was bei Tantra-Asanas geschieht, muss man die feinstoffliche Anatomie kennen, wie sie im Hinduismus und auch im Buddhismus gelehrt wird: Im Körper des Menschen befinden sich sieben feinstoffliche Energiezentren, die Chakren, die bei den meisten Menschen wenig oder gar nicht aktiv sind. Im untersten Chakra am unteren Ende des Steißbeins schläft zudem eine gewaltige Energie, die Kundalini, die der Yogi durch Übungen und Meditationen wecken will. Sobald die Kundalini erwacht, steigt sie durch die Chakren über den Zentralkanal, der sich im Rückgrat befindet, immer höher empor. Dabei werden die Chakren aktiviert, was der Yogi daran merkt, dass er übernatürliche Fähigkeiten erwirbt. Ist die Kundalini am Scheitelchakra angekommen, erlebt der Yogi ein ekstatisches Gefühl, das Erleuchtung genannt wird.

Die Erleuchtung ist d a s große Ziel des Yogis. Wir erinnern uns: Bei der Erleuchtung vereinen sich die Gegensätze von Ich und Nicht-Ich. Auch Mann und Frau sind Gegensätze, und so kann man die Erleuchtung auch als das vollkommene Zusammenspiel der weiblichen und männlichen Aspekte im Menschen bezeichnen. In den spirituellen Traditionen des Westens wird dieses Erlebnis deshalb „mystische Hochzeit“ genannt. Wenn der Verstand mit dem Gefühl, das Wissen mit der Liebe, die Erkenntnis mit dem Mitgefühl vereint sind und Herz und Hirn, Gefühl und

Verstand, höchste Liebe und höchste Erkenntnis eine Synthese bilden, ist der Mensch wieder vollständig und damit erleuchtet. Im tibetischen Tantra wird daraus die Vereinigung der weiblichen Weisheit oder Erkenntnis mit dem männlichen Prinzip des aktiven Erbarmens, das sich in tätiger Dharmapraxis ausdrückt. Diese Vereinigung der Gegensätze geschieht innerlich, doch da Tantriker keinen Unterschied zwischen außen und innen machen, werden die Tantra-Asanas auch körperlich ausgeführt.

Bei den Tantra-Asanas wird die gewaltige Energie der Sexualität genutzt, um durch die Vereinigung der polaren Kräfte von Mann und Frau die Kundalini zu wecken. Deshalb gelten diese Asanas, die rituelle sexuelle Vereinigung von Mann und Frau, als der schnellste Weg zur Erleuchtung. Es geht dabei jedoch keineswegs um Sexualität im üblichen Sinne, denn auf den Orgasmus wird verzichtet. Es geht auch nicht um eine persönliche Beziehung zwischen Mann und Frau. Die Frau wird zur überpersönlichen Stellvertreterin der Göttin und der Mann zum Stellvertreter Gottes. Die nicht im Orgasmus gelöste sexuelle Kraft kommt somit der göttlichen Schöpfungsenergie nahe und kann den Menschen vollständig transformieren.

Mann und Frau werden jahrelang auf diese Vereinigung vorbereitet. Zuerst müssen beide lernen, ihre Gedanken und Gefühle vollkommen zu beherrschen. Dann müssen bestimmte Atemübungen gemeistert werden. Drittens muss der Mann die vollkommene Kontrolle über seine Ejakulation haben. Die Tantra-Asana selbst dauert mehrere Stunden. Zur Vorbereitung wird der Körper der Frau mit den verschiedensten Ölen eingerieben. Dann folgen Reinigungszeremonien und Schutzgebete. Gemäß dem tantrischen Grundsatz, das Niedrigste in das Höchste zu verwandeln, werden Fleisch und Wein genossen. Schließlich folgt die körperliche Vereinigung. Die sexuelle Energie wird gesteigert, aber nicht im Orgasmus gelöst. So wird die Erleuchtungskraft, die Kundalini, die im untersten Chakra im Steißbein schläft, geweckt und steigt den Zentralkanal des Rückgrats empor bis in das Scheitelchakra. Der Tantrameister erlebt die Erleuchtung.

Diese Technik wurde lange geheim gehalten, da sie der nicht eingeweihten Bevölkerung eher suspekt war. Dies berichtet auch Milarepa, der berühmteste Yogi Tibets, der als Anhänger des Vajrayana natürlich auch Tantrameister ist. Aus seinen Liedern wissen wir, dass es gar nicht so einfach ist, eine qualifizierte Gefährtin für die Tantra-Asanas zu finden. Er klagt:

„Im allgemeinen verursachen Frauen Begierde,
und qualifizierte Gefährtinnen sind äußerst rar.
Die Vereinigungspraxis ist zwar wunderbar,
aber ihr gewöhnlichen Menschen lästert nur darüber.
Deshalb ist es schwierig, mit einer Gefährtin zu praktizieren" (I S. 171).

Doch die Rettung naht in Gestalt der Göttin Tseringma und ihrer vier Schwestern. Tseringma ist eine Dakini, eine Göttin aus den hohen Gefilden des Himmels, und kann sich bei Bedarf einen Menschenkörper zulegen. Einmal beobachtet sie, wie sich Milarepa heimlich „in einem Sandelwald mit Mädchen niederer Kaste vergnügte" (II, 82). Danach erscheint Tseringma dem Yogi zusammen mit ihren Schwestern, bittet ihn um Unterweisung, und nachdem die Frauen als seine Schülerinnen angenommen sind, bieten sie ihm an, die Vereinigungspraxis so lange mit ihnen zu üben, bis alle Lebewesen erlöst sind:

„Bis dies erreicht ist,
möchten wir deine erfahrenen Gefährtinnen sein,
mit deren Hilfe du die Vereinigungspraxis üben kannst.
So kannst du durch die unvollkommene körperliche Freude
die makellose tiefe Meditation hervorbringen,
und, indem die Energien in den Zentralkanal eintreten,
durch das Gewahrsein der vier Freuden
in der tiefen Erfahrung der Einheit von Glück und Offenheit verweilen.
Bitte nimm dies mit Freude an" (II, 143).

Milarepa nimmt dieses Angebot mit Freude an, denn die „Opfergabe einer qualifizierten tantrischen Partnerin ist die beste". Tseringma und ihre

Schwestern sind von da an seine Gefährtinnen, die ihn mit auserlesenen Speisen und Getränken bedienen und ihn mit „Opfergaben durch Körper, Rede und Geist“ erfreuen. Er singt:

„Vereinigung ist der schnelle Weg des Partner-Yoga.
Es ist der Weg, der mit makellosem Glück erfüllt...
Es ist der Weg der Einheit von Glück, Klarheit und Nichtdenken.
Es ist der schnelle Weg des Partner-Yoga.
Deshalb werdet ihr durch den Vereinigungs-Yoga
mit Sicherheit Befreiung erlangen,
und ich werde die Stufe des Ungeborenen (Buddhaschaft) erreichen.
Qualifizierte Mädchen, ihr seid vom Glück begünstigt“ (II, 152).

Über die Frage, ob buddhistische Tantriker die Vereinigung tatsächlich ausführten oder ob sie als Sinnbild für die geistige Vereinigung des männlichen und weiblichen Prinzips im Menschen zu verstehen sind, sind die Meinungen geteilt. Der deutsche Orientalist Albert Grünwedel (1856 – 1935), der als erster das Kalachakra-Tantra aus dem Tibetischen übersetzte, war davon überzeugt, dass alle dort dargestellten Praktiken tatsächlich vollzogen würden. Er nannte dieses Tantra das „tiefverruchte Buch“ und ging so weit, den tibetischen Kult mit den europäischen Hexenverbrennungen gleichzusetzen, weil im Kalachakra-Tantra beschrieben wird, dass Frauen als Stellvertreterinnen der Göttin durch den Flammentod zu realen Dakinis, zu Göttinnen, werden.
Lama Anagarika Govinda weist dagegen jeden Gedanken daran, dass die Lamas den Vereinigungsyoga körperlich ausführen, weit von sich und erklärt: „Wir dürfen nicht vergessen, dass die in Frage kommenden figürlichen Darstellungen nicht Nachbildungen gewöhnlicher Menschen sind, sondern aus den Schaubildern der Meditation hervorgingen. In diesem Zustande aber gibt es nichts Sexuelles mehr im hergebrachten Sinne dieses Wortes...“ (Govinda, 111). Auch die indischen Autoren Mookerjee und Khama schreiben, dass die Texte symbolisch zu verstehen seien. Die geheimen Schriften seien zu ihrem Schutz so abgefasst, als hätten sie durchaus auch

eine profane Bedeutung. Nur der Berechtigte werde von seinem Lehrer in den wahren Sinn eingeweiht.
Zu bedenken bleibt jedoch, dass für Tantriker eben kein Unterschied zwischen Innen und Außen besteht. Die körperliche Vereinigung ist gleichbedeutend mit der geistigen. So kann man letztlich nicht ausschließen, dass Tantra-Asanas im tibetischen Buddhismus auch körperlich vollzogen werden. Es ist bekannt, dass einige tibetische Lamas ihre westlichen Schülerinnen unter Berufung auf die Tantra-Asanas zur Sexualität genötigt haben. Für unser Thema sei hier angemerkt, dass auch im Buddhismus die Vereinigung von Mann und Frau auf höchster Ebene zur Erleuchtung führt, ganz gleich, ob sie körperlich ausgeführt oder geistig verstanden wird.

Die buddhistische Familie

Auf meiner Suche nach buddhistischen Verhaltensregeln für den Umgang mit der Familie befragte ich eine in Deutschland lebende Tibeterin, eine gläubige Buddhistin. Sie schaute mich erstaunt an. „Extraregeln für die Behandlung von Vater und Mutter?“ fragte sie. „Warum? Der Buddhismus gilt doch immer!“
Wir erinnern uns jedoch, dass nur die „hauslosen Asketen“ – also Mönche und Nonnen – die Befreiung aus dem Rad der Wiedergeburt erlangen, und dabei ist die Familie eher hinderlich. Damit stehen wir im Buddhismus vor einem ähnlichen Widerspruch wie im Christentum.
Der Buddha unterschied zwischen der Familie, in der man Kind ist, und der Familie, die man selbst gründet. Die Ursprungsfamilie wird geehrt, wogegen Ehefrauen, Kinder oder gar Ehemänner als zu überwindende Hindernisse auf dem Weg zur Erleuchtung gelten.

Die Ursprungsfamilie

Die Eltern stellen sich durch die sexuelle Vereinigung zur Verfügung, um einem Kind die Möglichkeit zu geben, sich in einem menschlichen Körper zu inkarnieren. Das Kind verkörpert sich aufgrund seines Karmas bei genau den richtigen Eltern. Deshalb sollte ein Kind seinen Eltern gegenüber für den Schutz, die Ernährung und Erziehung, die sie ihm gewähren, nur Dankbarkeit empfinden. Ein buddhistisch erzogenes Kind wächst nicht in dem Bewusstsein auf, seine Eltern seien ihm irgend etwas schuldig, denn es weiß, dass es das, was es erlebt, in einem früheren Leben selbst ausgelöst hat. Wenn es also negative Erfahrungen macht, sollte es an sich selbst arbeiten, statt durch Gefühle wie Hass oder Rache neues schlechtes Karma zu bilden und alles noch komplizierter zu machen.
Was geschieht, wenn man sich an den Eltern versündigt, erläutert Gampopa in seinem Buch „Der kostbare Schmuck der Befreiung", in dem er erklärt, welche Auswirkungen diese Taten karmisch nach sich ziehen. Besonders schlimm ist das Töten von Vater oder Mutter. Dies wird umgehend mit der Wiedergeburt in einer Hölle bestraft. Gegen buddhistische Höllen ist das Fegefeuer der Christen reinstes Honigschlecken, und so dürfte das Androhen dieser Strafe sicherlich Wirkung gezeigt haben. Auch beim sexuellen Verhalten sind die Eltern erwähnt. Das schlimmste sexuelle Fehlverhalten ist der Verkehr mit der eigenen Mutter. Es zieht eine Wiedergeburt als Hungriger Geist nach sich, einem Wesen, das hungert und dürstet, ohne dieses Verlangen je befriedigen zu können. Bei den entzweienden Reden warnt Gampopa, dass die Beleidigung von Vater und Mutter zu den schwerwiegendsten Formen verletzender Rede zählen, die ebenfalls eine Wiedergeburt als Höllenwesen bewirkt.
Buddhistische Eltern stellen keine Besitzansprüche an ihre Kinder. Sie sind davon überzeugt, dass jedes Kind sein Schicksal mitbringt, und sie unterstützen es dabei, dieses Schicksal zu verwirklichen. Nur auf dieser Grundlage funktioniert das System der tibetischen *Tulkus,* der Kinder, die sich ihrer früheren Inkarnation als hoher Lama erinnern und daran anknüpfen. Der Dalai Lama ist natürlich auch ein Tulku, und in Whitney Stewards Buch

„Der Weg zum Löwenthron", das dessen Kindheit erzählt, kann man nachlesen, wie er entdeckt und geprüft wurde. Obwohl er schon als kleiner Junge immer wieder sehnsuchtsvoll von „seinem" Kloster gesprochen hatte, waren er und seine Mutter doch traurig, als er nach seiner Entdekkung als Wiedergeburt des vorherigen Dalai Lamas erst dreijährig ins Kloster Kumbum übersiedelte. Doch nie wäre es seinen Eltern eingefallen, die Bestimmung ihres Sohnes anzuzweifeln. Als er gut ein Jahr später in Lhasa einzog, reiste ihm die Familie nach und bezog zu Füßen des Potala ein kleines Haus, um den Sohn wenigstens einmal im Monat besuchen zu können.

Milarepa, dessen Lebensgeschichte uns überliefert ist, vermittelt uns einen Einblick in tibetische Familienverhältnisse des 11. Jahrhunderts. Da die Frauen den Männern unterstellt waren, wurden der junge Milarepa, seine Schwester und seine Mutter nach dem frühen Tod des Vaters dem Schutz des Onkels anvertraut, der die Verfügungsgewalt über alle Güter seiner Schützlinge erhielt. Als dieser Onkel das Vermögen von Milarepas Familie veruntreute und ihr damit die Lebensgrundlage entzog, gab es für die Witwe keine rechtliche Möglichkeit, ihr Eigentum zurückzuerhalten. So stiftete sie ihren Sohn Milarepa an, Schwarzmagier zu werden und sich so an seinem Onkel zu rächen. Der Sohn, der Mutter zutiefst ergeben, erfüllte ihren Herzenswunsch, tötete die Familie des Onkels, indem er deren Haus magisch zum Einsturz brachte, und vernichtete ihren Land besitz durch Hagelschläge. Als ihm schließlich bewusst wurde, was er getan hatte, suchte er einen buddhistischen Lehrer, den er in Jetsün Marpa fand. Marpa, der zu seinem geistigen Vater wurde, half Milarepa seine schwere Schuld zu sühnen, und zeigte ihm den Weg zur Befreiung. Über seine leiblichen Eltern schreibt Milarepa:

„Ich bin bei meinem Jetsün-Vater, um Buddhaschaft zu verwirklichen.
Meine beiden Eltern sind zwar die Basis,
um Liebe und Mitgefühl zu entwickeln,
aber Verwandtschaft ist die Ursache des Daseinskreislaufs.
Deshalb habe ich sie verlassen" (I, S. 181).

Hier stoßen wir auf einen Widerspruch in der buddhistischen Sicht der Familie, der sich nicht ausräumen lässt: Eltern sind zwar nötig, um den kostbaren Menschenkörper zu erhalten, gleichzeitig aber sind sie die Ursache des Leidens, da sie das Tor zur Wiedergeburt sind. So muss man ihnen dankbar sein und doch muss man sie verlassen und alle Familienbande lösen, wenn man sich befreien will.

So brauchte ein Sohn, der dem Buddha in die Hauslosigkeit folgen wollte, zwar die Erlaubnis seiner Eltern, doch die Geschichte von Ratthapalo, dessen Eltern den einzigen Sohn nicht so ohne weiteres gehen lassen wollten, zeigt, dass diese Zustimmung nicht immer freudig und freiwillig gegeben wurde. Heute würden wir gar von Erpressung sprechen:

„Du bist, o Ratthapalo, unser einziges, teures, geliebtes Kind, in Freuden erwachsen, in Freuden auferzogen“, spricht der Vater. „Wir gestatten dir nicht, aus dem Hause in die Hauslosigkeit zu gehen! Sogar der Tod ließe uns deinen Verlust nicht willig ertragen: wie sollten wir dich erst lebendig aus dem Hause in die Hauslosigkeit ziehen lassen?“ Daraufhin legt sich der Sohn auf die Erde, isst nicht, trinkt nicht und beschließt, lieber zu sterben, als den Wunsch, Mönch zu werden, aufzugeben. Er schickt den Eltern dreimal seine Freunde, die diesen ausrichten: „Liebe Eltern, euer edler Sohn Ratthapalo liegt auf dem bloßen Erdboden: da will er den Tod erwarten oder eure Zustimmung. Wenn ihr ihm nicht gestatten wollt, aus dem Hause in die Hauslosigkeit zu ziehen, so wird er eben da sterben. Wenn ihr ihm aber gestatten wollt, aus dem Hause in die Hauslosigkeit zu ziehen, so werdet ihr ihn doch als Pilger sehen“ (82. Rede).– So geben die Eltern schließlich widerwillig ihre Zustimmung, und der Sohn wird vom Buddha aufgenommen.

Nur wenn die alten Eltern ohne den Sohn oder die Tochter nicht überleben konnten, mussten die Kinder aufs Asketentum verzichten. Überliefert ist uns dazu die Geschichte von Ghatikaro, dem Hafner, den sein Freund auffordert, ihm in die Hauslosigkeit zu folgen. Doch Ghatikaro antwortet: „Weißt du denn nicht, bester Jotipalo, dass ich meine greisen, erblindeten Eltern ernähre?“ (81. Rede) – Und er bleibt bei Vater und Mutter.

Wie tief die Achtung der Eltern im Buddhismus verwurzelt ist, zeigt eine in allen buddhistischen Schulen verbreitete Meditation, deren Ziel es ist,

Mitgefühl für alle fühlenden Wesen zu wecken. Aus diesem tiefen Mitgefühl heraus verpflichtet sich der Übende, alles dafür zu tun, selbst Buddhaschaft zu erlangen, um allen Wesen auf ihrem Weg aus dem Leiden heraus zu helfen. Um dieses Ziel zu erreichen, beginnt der Meditierende damit, an seine Mutter zu denken:

„Dieser Mensch, meine Mutter, hat von dem Augenblick an, da sie mich in ihrem Leib empfing, mit viel Mühe für mich gesorgt. Weil sie all die Entbehrungen von Krankheit, Kälte, Hunger und vieles andere mehr auf sich nahm, weil sie mich ernährt, gekleidet und den Schmutz von mir gewaschen hat, und weil sie mir zeigte, was gut ist und mich von Bösem abhielt, sind mir die Lehren Buddhas begegnet, und jetzt übe ich den Dharma. Welch unfaßbare Güte! Nicht nur in diesem Leben, sondern in unzähligen Leben hat sie genau dasselbe für mich getan. Während sie für mein Wohlergehen sorgte, ist sie selbst im Samsara geblieben und hat viele Leiden erfahren" (Kongtrul S. 13).

Erlebt der Meditierende die Freundlichkeit der Mutter, wird die Übung auf den Vater, auf die übrigen Verwandten, auf Freunde und neutrale Personen ausgedehnt, bis er in der Lage ist, die Mutter selbst in seinem Feind zu sehen und diesen zu lieben. Da man selbst unzählige Male inkarniert war, ist es sehr wahrscheinlich, dass jedes fühlende Wesen einmal die eigene Mutter gewesen ist. Gampopa schreibt: „Was ist daran vollkommen, diese hier für Feinde zu halten? Sie sind zahllose Male in der anfanglosen, ununterbrochenen Folge von Leben meine Mütter gewesen. Als sie meine Mütter waren, gaben sie mir unermeßliche Hilfe und Glück... Dass sie bei der gegenwärtigen Gelegenheit meine Feinde geworden sind, ist auf schlechte Taten zurückzuführen. Im übrigen sind sie nur meine Mütter, die mich voll Freundlichkeit beschützten."

Doch die fühlenden Wesen, unsere Mütter und Väter, sind nicht glücklich. Sie werden von schrecklichen Gefühlen geplagt und ernten die Früchte ihres schlechten Karmas. Durch die Kontemplation des leidvollen Lebens der fühlenden Wesen entwickelt der Meditierende Mitgefühl. In ihm wächst die Verpflichtung, die Freundlichkeit seiner Mütter zu vergelten und ihnen zu helfen, sich aus dem Leiden des Existenzkreislaufs zu befreien. So reift der Entschluss, alles nur Mögliche zu tun, um zum Wohle aller fühlenden Wesen, der Mütter, den Zustand eines vollendeten Buddha zu erlangen.

„All diese Wesen, meine Eltern, erfahren nicht nur ungewollt viele verschiedene Leiden und Enttäuschungen, in ihnen ist außerdem noch die mächtige Saat für weiteres Leiden in der Zukunft angelegt. Wie mitleiderregend! Wie kann ich helfen? Das mindeste, was ich tun kann, um ihre Güte zu erwidern, ist, ihnen zu helfen, indem ich alles, was ihnen Schmerz zufügt, ausräume und sie glücklich und zufrieden mache“ (Kongtrul S. 14).

Wenn das Mitgefühl für alle Wesen fast unerträglich stark ist, verspricht der Meditierende schließlich, alles Leiden seiner Eltern auf sich zu nehmen und ihnen dafür all das Gute, was er durch seine Meditation bewirkt, zu überlassen:

„Deshalb will ich alle Leiden, die meine Mütter noch erleben müssen, alle störenden Gefühle und Handlungen auf mich nehmen. Ohne Bedauern übergebe ich all meine tugendhaften Handlungen und meine Freude der Vergangenheit, Gegenwart und Zukunft, meinen Besitz und meinen Körper allen Wesen, meinen Eltern“ (S. 15).

Auch der Zen-Buddhismus betont die Wichtigkeit, Eltern und Vorfahren zu lieben. Der bekannte vietnamesische Zen-Meister Thich Nhat Hanh erklärt ein Ritual, das der Meister für eines der wichtigsten Heilmittel für diejenigen sieht, die zu ihren Eltern oder zur vorigen Generation ihrer Familie kein gutes Verhältnis haben:

„Voller Dankbarkeit verneige ich mich vor allen Generationen meiner leiblichen Herkunftsfamilie. Ich sehe meine Mutter und meinen Vater, deren Blut, Zellen und Vitalität auch in meinen Adern fließen und jede Zelle in mir nähren. Durch sie sehe ich meine vier Großeltern. Ihre Erwartungen, Erfahrungen und ihre Weisheit haben sie von so vielen Vorfahren übernommen. In mir trage ich das Leben, das Blut, die Erfahrung, die Weisheit, das Glück und auch die Sorgen aller Generationen... Ich erkenne meine Wurzeln in meiner Mutter, meinem Vater, meiner Großmutter und meinem Großvater und in all meinen Vorfahren. Ich weiß, dass ich nur die Fortführung dieser Ahnenreihe bin. Bitte übertragt mir eure Energie, stärkt und bewahrt sie...

Ich weiß, dass Eltern ihre Kinder und Enkelkinder lieben und unterstützen, auch wenn sie aufgrund ihrer eigenen Schwierigkeiten nicht immer den richtigen Ausdruck für ihre Liebe finden. Ich erkenne, dass meine Vorfahren sich um eine Lebensweise bemüht haben, die auf Dankbarkeit, Freude, Vertrauen, Respekt und liebevoller Anteilnahme gründete. Als Nachkomme dieser Vorfahren verbeuge ich mich tief und lasse ihre Energie mich durchströmen. Ich bitte meine Vorfahren um Unterstützung, Schutz und Kraft" (aus „Nimm das Leben ganz in deine Hände").

Die tibetischen Lamas haben sich damit abgefunden, dass ihre westlichen Schüler oft Schwierigkeiten damit haben, freundlich an ihre Eltern zu denken. Jamgon Kongtrul rät, sich in diesem Falle vorzustellen, wie es sei, überhaupt keine Eltern zu haben; dieser Gedanke würde die Beziehung ins rechte Licht rücken. Die Lamas empfehlen, die schlechten Gedanken beiseite zu lassen und sich nur auf die Freundlichkeit, den Schutz und die Liebe der Eltern zu konzentrieren. Denjenigen, denen es trotz allem nicht gelingt, liebevoll an ihre Eltern zu denken, rät Kongtrul, an deren Stelle einen guten Freund oder den spirituellen Lehrer, den Lama, zu setzen.

Auch der Zen-Meister Thich Nhat Hanh warnt, dass viele Menschen im Westen einen so extrem individualistischen Weg gegangen seien, dass sich viele von ihren Eltern und Vorfahren entfernt haben. Er sagt, es sei eine Illusion zu glauben, wir seien allein und isoliert, und aus dieser Illusion erwachse viel Leid. „Ein Mensch ohne Wurzeln kann nicht glücklich sein", lehrt er. Doch auch er weiß, dass Kinder in ihren Familien geschlagen und missbraucht werden und aus diesem Grund dazu neigen, ihre Eltern abzulehnen. In einem solchen Fall schlägt Thich Nhat Hanh, der sich so einzigartig in die Psyche seiner westlichen Schüler einfühlen kann, folgende Meditation vor:

„Einatmend sehe ich mich selbst als ein fünfjähriges Kind. Ausatmend lächle ich dem fünfjährigen Kind in mir zu. Das kostbarste Geschenk, das mir meine Eltern geben können, ist ihr eigenes Glück. Weil mein Vater in seinem Leben unglücklich war, verursachte er mir eine Menge Leiden. Ich lächle dieses Kind in mir voller Mitgefühl an. Ich war so jung und so zart, und ich habe soviel Schmerz empfangen.

Einatmend sehe ich jetzt meinen Vater als fünfjähriges Kind. Ausatmend lächle ich diesem Kind voller Mitgefühl zu. Das kostbarste Geschenk, das ihm

seine Eltern geben konnten, war ihr eigenes Glück. Weil sein Vater in seinem Leben unglücklich war, verursachte er ihm eine Menge Leiden. Ich lächle dieses Kind, meinen Vater, voller Mitgefühl an. Er war so jung und so zart, und er hat soviel Schmerz empfangen" (aus „Ein Lotos erblüht im Herzen" S. 125).
Der Zen-Meister lehrt, Mitgefühl mit demjenigen zu entwickeln, der einem geschadet hat. Aus Mitgefühl kann das erwachsene Kind in dem früheren Täter auch das Opfer sehen. Aus Verständnis und Mitgefühl kann Liebe entstehen, und so wird nicht nur die Familie geheilt: Das erwachsene Kind kann auf die gute Kraft zurückgreifen, die ihm seine Eltern und alle Vorfahren trotz allem mitgegeben haben. Thich Nhat Hanh kommt auf der Grundlage des Buddhismus zu denselben Erkenntnissen wie die moderne systemische Familientherapie.

Buddha und die Frauen

Da das höchste Ideal im Buddhismus nur durch die Hauslosigkeit zu erreichen ist, haben Ehe und Kinder keinen sehr hohen Stellenwert. Zu Buddhas Zeiten hatten Frauen allgemein einen sehr niedrigen Stand und galten als minderwertig. In seinen Lehrschriften nannte Buddha die Frau ganz offen „eine Gefahr auf dem Weg zur Befreiung". So verglich er in einem seiner Lehrgleichnisse die Frau mit einem gefährlichen Hai:
Und was ist, ihr Mönche, die Gefahr des Haies? Da ist, ihr Mönche, ein edler Sohn, von Zuversicht bewogen, aus dem Hause in die Hauslosigkeit gewandert: „Versunken bin ich in Geburt, in Altern und Sterben, in Wehe, Jammer und Leiden, in Gram und Verzweiflung, in Leiden versunken, in Leiden verloren! O dass es doch etwa möglich wäre, dieser ganzen Leidensfülle ein Ende zu machen!" Mit solcher Gesinnung hat er der Welt entsagt, und er geht, zeitig gerüstet, mit Mantel und Schale versehen, nach dem Dorfe oder nach der Stadt um Almosenspeise... Und da erblickt er ein Weib, halb angekleidet nur oder nur halb verhüllt. Und weil er ein Weib gesehen hat, halb angekleidet nur oder nur halb verhüllt, wird sein Herz von Gier geschwellt, und weil sein Herz von Gier geschwellt ist, gibt er die

Askese auf und kehrt zur Gewohnheit zurück. Ein solcher, ihr Mönche, sagt man, hat aus Furcht vor der Gefahr des Haies die Askese aufgegeben und ist zur Gewohnheit zurückgekehrt. „Die Gefahr des Haies“ ihr Mönche: das ist die Bezeichnung für das Weib! (67. Rede)

Auch wenn der Buddha Frauen ordinierte und ihnen somit den Weg zur Erleuchtung bahnte, tat er dies nicht aus eigenem Antrieb. Er hatte die Frauen oft genug zurückgewiesen, doch als seine Pflegemutter Gotami und seine ehemalige Frau Yasodhara sich die Haare geschoren hatten und mit der Bettelschale in der Hand vor ihm standen, konnte er dem Drängen seines Freundes Ananda nicht widerstehen. Er stimmte zu, doch gab er den Nonnen sehr harte Regeln: Sie mussten sich in allen Dingen den Mönchen unterordnen. Jede Nonne, mochte sie auch ein Kloster leiten, war dem geringsten aller Mönche untertan. Keine Frau durfte einen Mönch kritisieren, musste ihm aber alle ihre Übertretungen gestehen. Die Nonne durfte nicht selbst lehren, war auf bestimmte Orte beschränkt und konnte selbst keine Schwestern ordinieren. Auch wenn Thich Nath Hanh in seiner Biographie des Buddha diesen sagen lässt, diese Regeln seien nicht als Diskriminierung gedacht, sondern ohne sie wäre den Frauen das Tor zur Erleuchtung verschlossen geblieben, bleiben bei allem, was Buddha sonst noch über Frauen und die Ehe sagte, doch Fragen offen.

Da Frauen als eines der größten Hindernisse auf dem Weg des Asketen zur Befreiung galten, gab Buddha seinen Mönchen eine Meditation über den Körper der Frau, die der Adept umgehend ausüben sollte, wenn er Gefahr lief, Gefallen an einer Frau zu finden. Buddha lässt die Frau zuerst als ein Mädchen visualisieren „in der Blüte des fünfzehnten oder sechzehnten Jahres, nicht zu groß, nicht zu klein, nicht zu schlank, nicht zu voll, nicht zu dunkel, nicht zu hell“, eine „schimmernde Schönheit“. Dann überspringt er 74 Jahre und wendet sich ihrem Körper mit neunzig Jahren zu. Wie sieht er aus? „Gebrochen, giebelförmig geknickt, abgezehrt, auf Krücken gestützt, schlotternd dahinschleichend, siech, welk, zahnlos, mit gebleichten Strähnen, mit kahlem, wackelnden Kopf, verrunzelt, die Haut voller Flecken“, beschreibt er die Greisin. Doch damit nicht genug: Von „Kot und Harn beschmutzt“, liegt sie auf ihrem Lager, allen eine Last, und wenn sie

gestorben ist, ist ihr Leib „aufgedunsen, blauschwarz gefärbt, in Fäulnis übergegangen", bald wird er „von Krähen oder Raben oder Geiern zerfressen, von Hunden oder Schakalen zerfleischt und von vielerlei Würmern zernagt: was meint ihr wohl, Mönche? Ist, was einst schimmernde Schönheit war, verschwunden und Elend ruchbar geworden?"
Die Mönche stimmen ihm zu. Es reicht noch immer nicht: „Weiter sodann, ihr Mönche: man sehe nur diese Schwester, den Leib auf der Leichenstätte, das Knochengerippe, fleischbehangen, blutbesudelt, von den Sehnen zusammengehalten; das Knochengerippe, fleischentblößt, blutbefleckt, von den Sehnen zusammengehalten; das Knochengerippe, ohne Fleisch, ohne Blut, von den Sehnen zusammengehalten... Was meint ihr wohl, Mönche? Ist, was einst schimmernde Schönheit war, verschwunden und Elend ruchbar geworden?" (13. Rede) – Am Besten betreibt man diese Meditation auf einem Leichenacker, einem Platz, wo jene Menschen ihre verstorbenen Angehörigen der Verwesung überlassen, die kein Geld für das Holz haben, das für eine Verbrennung nötig wäre.
Der edle Mönch Ratthapalo, der später, wie versprochen, als Pilger seine Eltern besuchte, trifft dort auch seine früheren Ehefrauen, die ihn beschwören, wieder zu ihnen zurückzukehren. Doch Ratthapalo hat seine Lektion gelernt und entgegnet:

„Schau, wie der Balg ist aufgeputzt, der ganz aus Wunden doch besteht,
der siech ist, voll von Willensdrang, der dauerlos erstirbt, verstiebt" (20. Rede).

Milarepa fand ebenfalls Worte für die Institution der Ehefrau. Als ihm ein dankbarer Schüler seine Schwester zur Frau anbot, wies er diese Zumutung mit folgenden Worten zurück:

„Eine Freundin ist zuerst eine lächelnde Göttin,
an deren Antlitz man sich nicht satt sehen kann.
Später wird sie zu einer Dämonin mit Leichenaugen.
Sagst du ihr etwas, kriegst du es doppelt zurück...

Am Ende wird sie eine zahnlose alte Kuh;
ihr feindseliger Menschenfresserblick verzehrt den Geist.
Diesen boshaften Streithexen habe ich entsagt;
eure junge Freundin interessiert mich nicht“ (I, S. 116).

Jamgon Kongtrul nennt in seinem Buch „Das Licht der Gewißheit“, die acht Vorteile, die sich derjenige erwirkt, der auf eine bestimmte Weise meditiert: langes Leben, ein angenehmes Äußeres, eine edle Geburt, Reichtum, Einfluss und Macht, Stärke und einen männlichen Körper (S. 72). Man inkarniert sich nur dann als Frau, wenn man in seinem letzten Leben kein guter Mensch gewesen ist. So singen die Mädchen in den Liedern Milarepas:

„Wir hier anwesenden fünf Mädchen
haben nur einen weiblichen Menschenkörper,
weil wir im letzten Leben kein Verdienst angesammelt haben.
Nun haben wir keine andere Wahl,
als die Lehre des Buddha zu praktizieren“ (II, S. 52).

Die Frau ist in erster Linie ein „Beingerüst, mit Haut überzogen, gefüllt mit Kot und Eiter“. Dies ließen sich einige Frauen schon zu Buddhas Zeiten nicht gefallen. Überliefert ist die Geschichte der Prinzessin „Mond der Weisheit“, die dem Dharma tief ergeben war. Als ihr Lehrer sie drängte, bei der nächsten Inkarnation um einen männlichen Körper zu bitten, um endgültig befreit zu werden, konterte sie: „Es gibt hier keinen Mann, es gibt keine Frau, kein Selbst, keine Person und kein Bewusstsein. Die Bezeichnung ‚Mann‘ oder ‚Frau‘ hat keine Essenz, sondern sie führt die verblendete Welt irre.“ Dann gelobte sie, sich immer als Frau zu verkörpern, um als weiblicher Bodhisattva zum Wohle aller Wesen zu wirken. Diese Prinzessin wird in Tibet als Bodhisattva Tara verehrt.
Auch die fünf Mädchen, die wir aus den Liedern Milarepas kennen, weisen diesen darauf hin, dass das Geschlecht im Buddhismus letztlich keine Rolle spielen darf:

„Wir fünf hier anwesenden Schwestern
haben in diesem Leben eine minderwertige Geburt,
doch der erleuchtete Geist kennt keinen Unterschied
zwischen Mann und Frau“ (II, 56).

In China gibt es einen weiblichen Bodhisattva – Kuan Yin –, der sehr verehrt wird. Doch wenn man diese beiden weiblichen Bodhisattvas, Tara und Kuan Yin, mit der großen Zahl der Männer vergleicht, wird die große Benachteiligung deutlich. Dazu kommt, dass die Ordenstraditionen der Frauen dadurch, dass Nonnen weder ordinieren noch missionieren konnten, in vielen Ländern erloschen sind. Auch heute noch gibt es keine wirkliche Gleichberechtigung zwischen Mönchen und Nonnen und das nicht nur in Tibet, wo es den Nonnen durch die chinesische Besatzung wirklich schlecht geht, sondern auch in anderen buddhistischen Ländern. Ihre Klöster sind weit schlechter ausgestattet als die der Männer, Nonnen sind immer noch den Mönchen unterstellt und ordinieren dürfen sie auch heute noch nicht. Unter diesen Umständen ist es nicht verwunderlich, dass das Ehepaar Trimondi in seinem Buch „Der Schatten des Dalai Lama“ den Buddhismus eine „frauenfeindliche Religion“ nennt.
Doch der Dalai Lama hat damit begonnen, die Diskriminierung abzubauen. Nonnen erhalten heute die gleichen Möglichkeiten zur Bildung wie Mönche, und das Angebot wird langsam auch angenommen. Den Asiatinnen scheint es indes schwer zu fallen, sich vom traditionellen Rollenbild zu lösen, denn bei einer Reise durchs Internet fällt auf, dass die meisten buddhistischen Lehrerinnen aus dem Westen stammen. Um Abhilfe zu schaffen, wurde 1987 die Internationale Buddhistische Frauenorganisation „Sakyadhita“ gegründet. Es bleibt abzuwarten, wie die Männer darauf reagieren.

Ehe und Familie

Historisch gesehen spielen Ehe und Familie im Buddhismus keine Rolle, da wahrer Buddhismus nur in der Hauslosigkeit ausgeübt werden kann. Die Eltern wurden geachtet und wenn nötig, auch versorgt. Für die Ehefrau und die gemeinsamen Kinder bestand diese Pflicht dagegen nicht. Da die Frau ein von Geburt an minderwertiger Mensch ist, beging der Mann keine Sünde, wenn er sie verließ. Dies wissen wir schon vom edlen Mönch Ratthapalo, dessen Frauen jedoch in der reichen Großfamilie weiter versorgt wurden. Doch auch dem armen Mann, der nur eine einzige Frau heiraten kann, wird empfohlen, den Ehestand um der Erlösung willen aufzugeben, auch wenn die Frau niemanden hat, der sie und die Kinder ernährt. Dies erläutert der Buddha in einem Lehrgespräch seinem fortgeschrittenen Schüler Udayi: „Gleichwie etwa wenn da ein Mann wäre, arm, unfrei, unselbständig; und er besäße ein einziges Häuschen, verfallen und zerfallen, den Krähen gar sehr zugänglich, durchaus nicht schön, eine einzige Lagerstatt..., einen einzigen Scheffel voll Getreidesamen..., ein einziges Weib, durchaus nicht schön: und er sähe in einem Haine einen Mönch mit rein gewaschenen Händen und Füßen, heiter blickend, nach eingenommenem Mahle in kühlem Schatten sitzend, hohem Gedenken hingegeben. Und es würd' ihm also zumute: ,Selig ist, wahrlich, Asketenschaft, leidlos ist, wahrlich, Asketenschaft! O wär' ich doch ein solcher, dass ich, mit geschorenem Haar und Barte, mit fahlem Gewande bekleidet, aus dem Hause in die Hauslosigkeit hinauszöge." Und Buddha fährt fort, dass diese Ehebande sicher keine festen Bande seien, sondern „schwache Bande, faule Bande, haltlose Bande" (66. Rede). Ehe, Familie und Kinder sind vergänglich und damit wertlos.

Wie ernst dies gemeint ist, illustriert eine weitere Geschichte, die vom Buddha überliefert ist: „Zu jener Zeit weilte der Erhabene zu Savatthi... Zu dieser Zeit nun war der ehrwürdige Sangamaji nach Savatthi gekommen, um den Erhabenen zu sehen. Nun hatte das frühere Weib des ehrwürdigen Sangamaji reden gehört: ,Der Mönch Sangamaji soll in Savatthi angelangt sein.' Da nahm sie ihr Kind und ging zu dem Jeta-Walde hin. Zu jener Zeit aber saß der

ehrwürdige Sangamaji am Fuße eines Baumes, um dort den Nachmittag in Meditation versenkt zuzubringen. Das frühere Weib des ehrwürdigen Sangamaji begab sich nun dorthin, wo der ehrwürdige Sangamaji weilte, und sprach ihn folgenderart an: ‚Sieh hier dein Söhnchen, o Asket: ernähre mich!' Auf diese Worte verharrte der ehrwürdige Sangamaji im Schweigen. Ein zweites Mal sprach nun das frühere Weib: ‚Sieh hier dein Söhnchen, o Asket: ernähre mich!' Und zum zweiten Mal blieb der ehrwürdige Sangamaji schweigsam. Zum dritten Mal sprach nun des ehrwürdigen Sangamajis früheres Weib zu dem ehrwürdigen Sangamaji: ‚Sieh hier dein Söhnchen, o Asket: ernähre mich!' Und zum dritten Mal blieb der ehrwürdige Sangamaji schweigsam. Da nun legte des ehrwürdigen Sangamajis früheres Weib das Kind vor den ehrwürdigen Sangamaji und ging fort: ‚Das ist dein Sohn, o Asket, ernähre ihn!' Der ehrwürdige Sangamaji aber blickte weder auf das Kind, noch sprach er ein Wort. Als nun des ehrwürdigen Sangamajis früheres Weib in einiger Entfernung sich umwandte, sah sie, wie der ehrwürdige Sangamaji das Kind weder betrachtete noch irgend sprach. Da dachte sie: ‚Nicht einmal um sein Kind kümmert sich dieser Asket!' kehrte zurück, nahm das Kind und entfernte sich." Buddha ist Zeuge dieser Szene und lobt den Asketen: „Die Kommende erfreut ihn nicht, die Gehende betrübt ihn nicht; den vom Anhangen geheilten Mönch, den nenn' ich einen Brahmanen" (Udanam I, 8).
Es ist nicht verwunderlich, dass auch der tibetische Yogi Milarepa, der die Ehefrau eine „zahnlose alte Kuh mit Menschenfresserblick" nannte, keine Neigung zur Gründung einer Familie hatte. Mit drastischen, unmissverständlichen Begriffen klärt er darüber auf, was von Söhnen, Töchtern und sonstigen Verwandten zu erwarten ist:

„Anfangs ist ein Sohn ein hübsches Götterkind,
für das man grenzenlose Liebe empfindet.
Später verlangt er streng, was ihm zusteht;
du gibst ihm alles, doch nie ist er zufrieden.
Er nimmt sich eine fremde Frau ins Haus
und wirft die gütigen Eltern hinaus.
Der Vater ruft, doch er antwortet nicht;

Verlangt die Mutter nach ihm, erhält sie keine Antwort.
Am Ende wird er zu einem lieblosen Nachbarn,
der dich mit seinen Lügen ruiniert.
Solch ein Widersacher, von dir selbst in die Welt gesetzt,
verzehrt den Geist.
Dieses samsarische Zaumzeug habe ich abgelegt;
weltliche Kinder will ich nicht!" (I, S. 116 ff.)

Die Tochter nennt er zunächst lächelnden Engel, später ist sie zwingend unzufrieden, stiehlt, ist undankbar und wird am Ende zur rotgesichtigen Hexe. Verwandte sind Unheilstifter, die nur Begierde und Hass entfachen. Wir erinnern uns jedoch an die Biographie Milarepas, der durch die Habsucht seiner Verwandten nach dem Tod seines Vaters als Kind sein gesamtes Vermögen, sein Haus, sein Land und damit seine Existenzgrundlage in der Welt verlor. Auch der Arzt Gampopa, der, bevor er Zuflucht nahm, glücklich verheiratet war und zwei Kinder hatte, blickt auf schlimme Erlebnisse zurück: Er verlor Frau und Kinder durch eine Epidemie. Danach schreibt er:

„Wer sinnlichen Begierden erlegen ist,
sich nach Frau und Kindern sehnt und
an den niederen Aufgaben eines Haushalts hängt,
der wird nie unübertreffliche, höchste Erleuchtung erlangen.
Wenn du an Lebewesen haftest, ist das wirklich Wahre völlig verschleiert.
Solchen, die ihr Haften an Kindern und Frau gelöst haben
und aus Furcht vor häuslichem Leben dem Hausstand entsagen,
fällt es nicht schwer, die höchste Erleuchtung zu finden" (S. 202).

Diese Sicht hat sich bis ins zwanzigste Jahrhundert gehalten, und das nicht nur in Asien. Georg Grimm nimmt in seinem 1979 in Deutschland erschienenen Buch „Die Lehre des Buddho" Stellung dazu. Grundtenor ist, dass es keineswegs unsittlich ist, Weib und Kinder zu verlassen, wenn man erkannt hat, wie man sich vom Leid der Welt befreit. *Unsittlich und eigensüchtig verhält sich dagegen die Frau, die ihrem Mann dieses Glück versagen will*. „Auf ihrer unendlichen Weltenwanderung haben sich diese paar Menschen auf eine kurze Spanne als Familie zusammengefunden, um sich alsbald im Tode wieder voneinander zu trennen und, jeder für sich allein, die Wanderung, vielleicht in eine schauerliche Zukunft hinein, fortzusetzen. Ist es unter diesem Gesichtspunkt nicht unvernünftig, wenn einer den anderen hindern will, ein Ende dieser unglückseligen Weltenwanderung herbeizuführen, nur damit er diese gegenwärtige flüchtige Existenz möglichst sorglos und schmerzlos genießen kann, unbekümmert um sein eigenes so auch um des anderen ferneres Schicksal? Ja, ist das im Grunde nicht unverantwortlich?" (ebd. 310)

Zwar ist jeder Buddhist ethisch verpflichtet, das Wohl seiner Angehörigen nicht zu gefährden, doch es geht um das „wahre Wohl"; seelischer Schmerz und sozialer Abstieg fallen nicht darunter. Bliebe der Mann bei seiner Familie, würde durch das hierdurch erwachsende Glück das Anhaften an die Welt verstärkt, und das wäre unverantwortlich seiner Frau und seinen Kindern gegenüber. Das Leiden, das durch sein Weggehen entsteht, die existentielle Not, in die die Zurückgebliebenen kommen mögen, führten Frau und Kinder im Gegenteil zu der Einsicht, ebenfalls der Welt zu entsagen, um sich aus dem Kreislauf des Leidens zu befreien. Nur wenn die Kinder sittlich zu verwahrlosen drohen, also ihr Seelenheil in Gefahr gerät, muss sich der Mann um sie kümmern.

Auch heute noch gehen westliche Buddhisten so mit ihren oft ebenfalls buddhistischen Frauen und Kindern um, machen ihre Frauen aufgrund dieser 2500 Jahre alten Lehre zu alleinerziehenden Müttern und nehmen ihren Kindern den Vater. Sie berücksichtigen nicht, dass in Europa eben nicht wie in Asien die Großfamilie das Überleben der verlassenen Frau sichert. Mir ist ein Fall bekannt, wo der buddhistische Vater sich in dem Augenblick an das Gebot der Hauslosigkeit erinnerte, als sich herausstellte, dass die gemeinsame Tochter behindert sein würde. Da ein Mönch arm ist, kann er natürlich kaum etwas dazu beisteuern, um seine ebenfalls buddhistische Frau und das behinderte Kind zu ernähren. Besonders traurig ist, dass diese Männer auch heute noch von ihren buddhistischen Lehrern nicht zur Verantwortung gerufen werden.

Buddhismus im Westen

Viele Menschen im Westen gehen heute einen buddhistischen Weg, wobei der tibetische Buddhismus eine besondere Anziehung zu haben scheint. Dass sich so bekannte Menschen wie der Schauspieler Richard Gere, die Sängerin Tina Turner und das Modell Naomi Campbell zum tibetischen Buddhismus bekannten, mag durchaus eine Rolle spielen. Als der Dalai Lama 1998 in Schneverdingen in der Lüneburger Heide lehrte, fanden sich jedenfalls 11 000 Menschen in der riesigen Zeltstadt zusammen. Doch wie kommen westliche Anhänger mit der ihnen völlig fremden tibetischen Kultur zurecht?

Tibetische Lamas bestehen in der Regel darauf, die Zeremonien und Rituale traditionell und in tibetischer Sprache durchzuführen. Der Heimat beraubt, fürchten sie wie einst die Juden, ihre Lehre könnte verwässern, wenn sie nicht genauso wie in Tibet ausgeübt wird. Um einen so gearteten tibetischen Buddhismus wirklich in sich aufnehmen und praktizieren zu können, müsste der Westler deshalb eigentlich die Sprache erlernen. Zwar steht die Übersetzung unter den tibetischen Schriftzeichen, doch das ändert nichts daran, dass die Silben, die der Westler rezitiert, für ihn keinen Sinn ergeben, weil die Sprache völlig anders aufgebaut ist als alle ihm bekannten. Er muss sich darüber hinaus vollständig auf die fremde Kultur einlassen, die fremde Götter- und Dämonenwelt erlernen und versuchen, sie zu seinen archetypischen Symbolen zu machen. Der Dalai Lama warnte in Schneverdingen eindringlich, dass dieses Unterfangen nur wenigen gelingen könne.

Ob Buddhismus heute noch genauso praktiziert werden muss wie vor 2500 Jahren, geprägt von den kulturellen Strukturen Indiens und später auch Tibets, wird von buddhistischen Denkern schon lange diskutiert. Lama Anagarika Govinda schreibt: „Selbst die vollkommenste Formulierung der Lehre durch den Buddha hätte seine Nachfolger nicht der Notwendigkeit neuer Formulierungen enthoben“ (S. 32). Und er weist auf die Gefahr hin, die aus dem bloßen Befolgen uralter Regeln entstehen kann: „Geistiges kann aber ebensowenig fixiert werden wie Lebendiges. Wo das Wachstum aufhört, bleibt nur die tote Form... Selbst Nahrung, wenn zu lange aufbewahrt, wird zu Gift. Es ist dasselbe mit geistiger Nahrung. Wahrheit verwandelt sich in Dogma, Glauben in Aberglauben. Beide sind tot, werden zu Hindernissen des Denkens und darum zu Gift“ (S. 33).

Die bekannten Lamas Tschögyam Trungpa und auch Sögyal Rinpoche passten den Tibetischen Buddhismus bereits an die kulturelle Prägung westlicher Menschen und ihre Lebensgewohnheiten an. Trungpa gründete in Boulder, im US-Bundesstaat Colorado, eine buddhistische Universität, wo unter anderem eine auf westliche Menschen zugeschnittene Psychotherapie gelehrt wird. Frauen gelten nicht mehr als minderwertige Wesen, denen auf Grund von schlechtem Karma die Inkarnation als Mann verweigert wurde, sondern als gleichwertige Partner auf dem Weg zur Befreiung. Dies spiegelt sich in der großen Zahl amerikanischer buddhistischer Lehrerinnen wider.

Sögyal Rinpoche verfasste mit seinem Buch „Das Tibetische Buch vom Leben und vom Sterben“ ein für westliche Leser konzipiertes „Tibetanisches Totenbuch“. Der tibetische Buddhismus lehrt, dass man dadurch, dass man auf die „rechte Art“ stirbt, die Qualität der nächsten Wiedergeburt entscheidend beeinflussen kann. Da kaum ein Nicht-Tibeter die Anweisungen im traditionellen Totenbuch ausführen kann, schuf Sögyal Rinpoche mit diesem Buch erstmals eine Anleitung, die auch für westliche Menschen nachvollziehbar und umsetzbar ist.

Auch der Zen-Meister Thich Nath Hanh, dem bald nach seiner Emigration aus Vietnam klar wurde, dass sich der westliche Mensch in vielem vom Asiaten unterscheidet, versucht, den buddhistischen Weg für Westler unter Berücksichtigung der hier gültigen kulturellen Werte zu formulieren. Er macht den Verzicht auf Ehe und Kinder nicht mehr zur Bedingung für den buddhistischen Weg. Männern und Frauen, die heiraten wollen, empfiehlt er, sich ein Jahr durch Meditation und Achtsamkeit selbst kennenzulernen, damit das Zusammenleben in der Ehe gelingt. Er kritisiert jedoch das Modell der Kleinfamilie, da Kinder dort kaum die Möglichkeit haben, sich etwaigen Spannungen der Eltern zu entziehen. Statt dessen empfiehlt er das gemeinschaftliche Zusammenleben im Sangha, einer Gemeinschaft von

Buddhisten, wobei ein westlicher Sangha seiner Prägung nicht nur aus Mönchen oder Nonnen besteht, sondern auch aus Familien und alleinerziehenden Müttern und Vätern mit ihren Kindern. In einer solchen Umgebung, die von Liebe, Achtsamkeit und geistiger Disziplin geprägt ist, sieht er als den idealen Ort, an dem Menschen wachsen und Kinder groß werden können.
Darüber hinaus formulierte er fünf Regeln zur Achtsamkeit für den Schutz der Familie. Er ist überzeugt, dass der Mensch seiner Familie gegenüber dafür, dass er den Körper erhalten hat, verpflichtet ist, ein gutes Leben zu führen. Alkohol und Drogen sind deshalb genauso tabu wie Gewalt und Kriminalität und deren Verherrlichung. Dazu gehört natürlich in besonderer Weise der Umgang mit Sexualität: „Ich bin entschlossen, keine sexuellen Beziehungen ohne Liebe und langfristige Verpflichtungen einzugehen. Um mein eigenes Glück und das der anderen zu wahren, bin ich entschlossen, meine Verpflichtungen und die der anderen zu respektieren. Ich werde alles in meiner Macht Stehende tun, um Kinder vor sexuellem Missbrauch zu schützen und um Paare und Familien davor zu bewahren, durch sexuelles Fehlverhalten zu zerbrechen“ (aus Ein Lotos erblüht im Herzen, S. 100 – 108).
Die mir bekannten buddhistischen Familien im Westen zeichnen sich durch ihre ethische Lebensweise und durch eine beispielhafte Toleranz Andersdenkenden gegenüber aus. Männer und Frauen sehen einander als Partner auf einem gemeinsamen spirituellen Weg und achten ihre Kinder als eigenständige Persönlichkeiten mit eigenem Schicksal. So ist der Buddhismus im Westen zu einer religiösen Alternative geworden, von der sich viele Menschen angezogen fühlen. Denjenigen, die meinen, nur das Christentum sei für westliche Menschen relevant, antwortet Thich Nath Hanh mit einer Anekdote. Er glaube kaum, dass Jesus und Buddha, wenn sie sich begegnet wären, Gebietsansprüche vertreten und um ihre Anhänger gestritten hätten. Sie hätten sich im Gegenteil darüber gefreut, dass der Weg der Wahrheit, der Liebe und des Mitgefühls um eine Facette reicher geworden sei.

Epilog – Die Gemeinsamkeit in der Vielfalt

„Gott, der du alles geschaffen hast, wir beten in Ehrfurcht zu dir, getrieben von dem Traum, dass ein harmonisches Zusammenleben zwischen den Menschen möglich ist. Wir kommen aus den unterschiedlichsten Traditionen, wir sind geprägt von gemeinsamen Glaubens- und Lebensweisheiten, aber auch von tragischen Missverständnissen: Wir teilen große Hoffnungen und erste bescheidene Erfolge. Jetzt ist es für uns an der Zeit, dass wir einander im Bewusstsein der Vergangenheit begegnen, mit ehrlichen Absichten, mit Mut und der Bereitschaft, einander zu vertrauen, in Liebe und Zuversicht.
Lass uns das, was wir teilen, als gemeinsames Gebet der Menschheit vor dich bringen: und lass uns das, was uns trennt, als Zeichen der wunderbaren Freiheit der Menschen ansehen. Lass uns in unserer Verbundenheit und in unserer Verschiedenheit nicht vergessen, dass du, Gott, ein und derselbe bist. Möge unser Mut unserer Überzeugung gleichkommen, und möge unsere Aufrichtigkeit so groß sein wie unsere Hoffnung. Möge unser gemeinsamer Glaube an dich uns einander näherbringen. Möge unsere Begegnung mit der Vergangenheit und unsere Erfahrung in der Gegenwart Segen bringen für unsere Zukunft. Amen."

(Gebet der progressiven Juden, Romain, Homolka S. 55/56)

Vor dem 11. September 2001 interessierten sich nur wenige Christen für den Islam, die Religion, der doch viele ausländische Mitbürger, mit denen Christen zusammen leben und arbeiten, anhängen. Sie meinten zu wissen, dass der Islam Frauen benachteilige und Glaubenskriege befürworte. Mit diesen Stereotypen schien diese Religion für einen Großteil der Bevölkerung ausreichend beschrieben. Nach dem 11. September 2001 änderte sich dies schlagartig. Plötzlich wurde vielen überdeutlich klar, dass wir uns den Luxus nicht mehr leisten können, eine andere Kultur, ihre Werte und Schwierigkeiten einfach zu ignorieren. Der Koran stürmte die

Bestsellerlisten der westlichen Welt, viele Fernsehkanäle und nahezu alle seriösen Zeitungen brachten informative Serien über den Islam und seine Werte heraus. Tenor all dieser Berichte: Die Terroristen, die viele tausend Menschen ermordet hatten, handelten nicht nach dem Koran und waren in keiner Weise vorbildliche Muslime! Mord und Terrorismus sind ebenso wenig Kennzeichen des Islam wie der anderen Religionen.
So wurde endlich einmal auf breiter Ebene davon gesprochen, dass Christen und Muslime denselben Gott anbeten und dass Liebe, Mitgefühl, spirituelle Lebensführung und Verantwortung Werte sind, die in beiden Religionen hochgehalten werden. Angesichts der Unberechenbarkeit der Angreifer und der drohenden Todesgefahr wandten sich die Menschen den Dingen zu, die sie verbinden: den gemeinsamen ethischen Werten und der Liebe zu Gott und den Mitmenschen. Manche selbstkritischen US-Amerikaner stellten sich – neben allem patriotischen Säbelgerassel – die wichtige Frage, durch welches Verhalten sich die USA und mit ihr die westliche Welt einen solchen Hass hatte zuziehen können.
Als eine wichtige Ursache dieses Hasses nannten Muslime die Arroganz, mit der Menschen aus dem Westen auftreten und davon überzeugt sind, ihre Werte seien die besten und deshalb müsse sie die ganze übrige Welt, natürlich unter der Schirmherrschaft der USA, übernehmen. „The American Way of Life" sei das gelobte Land, die Schattenseiten der westlichen Kultur würden vollkommen übersehen. Die Werte der Muslime, die den meisten westlichen Regierungs- und Wirtschaftsvertretern überhaupt nicht bekannt seien, würden dagegen für rückständig und verbesserungswürdig erklärt. Abwertung und Ignoranz erzeugen jedoch Frustration und Wut und sind damit der Nährboden für aggressive Handlungen.
Virginia Satir, eine der Begründerinnen der systemischen Familientherapie, nannte die Menschheit eine „Weltfamilie". Sie meinte damit, dass alle Menschen in ihren Völkern einer großen Familie glichen und dass die Schwierigkeiten mit familiären Problemen verglichen werden könnten. Sie vertrat die Hoffnung, dass die Mittel, die Familien heilen, auch der großen Weltfamilie helfen könnten. Darüber hinaus war sie die erste Therapeutin, die die Spiritualität einen der wichtigsten Aspekte des Menschen nannte.

Spirituelle Werte waren für sie stets eine wichtige Ressource, um Veränderungen möglich zu machen.
Eines der wichtigsten Werkzeuge zur Heilung von Familien ist die Wertschätzung der Individualität und der Werte der einzelnen Mitglieder. Wenn Mann und Frau ihre jeweilige Verschiedenheit als Gewinn und nicht als Bedrohung betrachten, geben sie auch ihren Kindern die Möglichkeit, Persönlichkeiten werden zu dürfen, die anders sind als ihre Eltern und die sich trotzdem geliebt fühlen. Wenn in der Familie verschiedene „Wahrheiten" nebeneinander Raum und Akzeptanz finden, werden die Auseinandersetzungen fruchtbar, weil sie Verständnis und Mitgefühl erzeugen. Destruktive Streitgespräche, bei der jeder ja doch nur seine „Wahrheit" als die allein gültige durchsetzen will und die letztlich in Krieg münden, nehmen dagegen deutlich ab.
Genauso ist es in der großen Weltfamilie. Solange von großen Gruppierungen die Meinung vertreten wird, sie allein habe die Wahrheit gepachtet und alle anderen müssten sich danach richten, bleibt alles so, wie es ist. Dies gilt meiner Überzeugung nach auch für die Vertreter der Religionen. Solange Christen bzw. Muslime glauben und dies auch öffentlich vertreten, dass das Christentum bzw. der Islam die einzig wahre Religion sei, die zu Gott führe, werden damit alle anderen Religionen abgewertet. Wie so etwas wirkt, konnten übrigens vor gar nicht langer Zeit (2001) einige Millionen evangelischer Christen nachfühlen, als Papst Johannes Paul II. erklärte, *nur* die katholische Kirche sei die wahre Kirche Christi. Die Spiritualität, die aufgrund gemeinsamer Werte als Ressource dienen könnte, die Welt friedlicher und liebevoller zu machen, wird dazu missbraucht, die eigene „Wahrheit" für absolut zu erklären und allen, die sie nicht teilen, den Zugang zu Gott und damit ihr Seelenheil abzusprechen.
Der indische Swami Vivekananda analysierte religiösen Fanatismus in seinem 1953 erschienen Buch über den „Bhakti Yoga": „Die Schar der Fanatiker, die sich im Hinduismus, im Islam und im Christentum findet, ist fast ausschließlich aus den Anhängern der niederen Schichten des Bhakti hervorgegangen. Diese Ausschließlichkeit der Hingabe an den geliebten Gott, ohne welche echte Liebe nicht gedeihen kann, ist häufig gleichzeitig die Ur-

sache zur Herabwürdigung alles anderen. Die schwachen und unentwickelten Gemüter aller Religionen und aller Länder kennen nur die eine Möglichkeit, ihr Ideal voll und ganz zu lieben, indem sie nämlich jedes andere hassen. Daraus erklärt sich die häufige Erscheinung, dass der gleiche Mensch, der seinem eigenen Gottesideal so inbrünstig, seiner eigenen Religion so tief ergeben anhängt, oft zum brüllenden Fanatiker wird, sobald er etwas von anderen Ideen zu hören oder zu sehen bekommt. Diese Art von Liebe hat etwas von dem hündischen Instinkt an sich, das Eigentum des Herrn vor Eindringlingen beschützen zu müssen. Nur darf der Hund seinem Instinkt sicherer trauen als der Mensch seinem Verstand, da der Hund seinen Herrn niemals mit einem Feind verwechseln wird, in welcher Verkleidung er auch immer vor ihm erscheinen mag. Der Fanatiker hingegen verliert jedes Urteil" (S. 147).

Diese Worte mögen hart klingen, doch wenn wir uns andererseits klarmachen, welches Elend die religiöse Arroganz über die Menschheit gebracht hat und noch immer bringt, wird verständlich, warum der sanfte Swami Vivekananda, der die Probleme zwischen Hindus und Muslimen im eigenen Land hautnah miterlebte, so deutlich wird. Auch Ayya Khema, ihrer Geburt nach Christin und später Nonne des Therawada-Buddhismus, setzte sich mit diesem Problem auseinander. Im Vorwort ihres Buches „Jesus trifft Buddha" schrieb sie: „Viele Jahrhunderte lang haben Menschen versucht, sich gegenseitig auf die eine oder andere Weise zu beweisen, dass ihre eigene Religion, ihre Rituale und ihr spirituelles Leben allen anderen überlegen seien. Diese Haltung hat zu Einsamkeit, Trennung und Aggressionen mit oft schrecklichen Ergebnissen geführt. Selbst heute gegen Ende des zwanzigsten Jahrhunderts gibt es dieses Bewusstsein noch und schafft unerhörtes Elend und Leid. Doch es werden immer mehr Stimmen laut, die die Gleichartigkeit der Weltreligionen betonen: Alle Religionen streben nach Frieden und Harmonie und sind ihrer Essenz nach gleich."

Eine wichtige Aufgabe, die die Weltfamilie heute lösen muss, wenn sie in Frieden überleben will, ist sicher die gegenseitige Wertschätzung der Religion des anderen und die Konzentration auf die Werte, die uns als Menschen verbinden. Juden, Christen und Muslime können sich neben

den Dingen, die sie unterscheiden, auf viele gemeinsame Werte berufen. Nächstenliebe, Barmherzigkeit, eine verantwortliche Lebensführung, Achtung der Familie und die Liebe zu Gott sind Fundamente, die alle drei Religionen vereinen. Auch wenn die Juden in Jesus nicht den Messias sehen, so beten sie doch zum selben Gott wie Christen und Muslime. Dies sollte doch eigentlich reichen, um die Dinge, die uns unterscheiden, nicht nur zu tolerieren, sondern zu achten. Der Dalai Lama verglich diese drei Religionen auf der 7. Weltreligionskonferenz 1994 in New Delhi mit Brüdern.
Auf den Weltreligionskonferenzen treffen sich Vertreter der Religionen, um sich auszutauschen. Der Franziskanermönch Pater Maximilian Mizzi stellte in seiner Rede fest, dass es in allen Religionen mehr Gemeinsames als Trennendes gebe. Der Dalai Lama fügte hinzu, alle Religionen seien in ihrer Essenz nach gleich, und Per Vilayat Khan, der die Muslime vertrat, betete: „Mögen wir Dich, o Gott, in all Deinen heiligen Formen erkennen!" Und er nannte die Namen Rama, Krischna, Schiva, Abraham, Jesus, Mohammed und Buddha. (Aus „Aufruf zur Spirituellen Verantwortung", Video zur 7. Weltreligionenkonferenz, Ch. Falk Verlag)
Obwohl Christen die hinduistischen Glaubenspraktiken und der farbige Götterpantheon sehr fremd erscheinen, gibt es auch zwischen Hindus und Christen viele Gemeinsamkeiten. Die Inder schätzen die christlichen Mystiker, darunter besonders Meister Ekkehard. Doch auch christliche Patres bauten Brücken zwischen beiden Religionen. Ein berühmtes Beispiel ist sicher Pater Henri Le Saux, der nach Indien ging, um die Hindus zu missionieren. Bald erkannte er, dass er erst dann Zugang zu den Herzen der Inder finden würde, wenn er sich selbst in ihre Religion und ihre Werte vertiefte. Er zog sich mit Zustimmung seines Ordens zurück, um zu meditieren. Bald galt er unter den Hindus als Heiliger und wurde Swami Abhishiktananda genannt.
Er schrieb über die Religionen: „Derjenige, der mehrere geistige oder religiöse Sprachen kennt, ist unfähig, irgendwelche Formulierungen absolut zu setzen, seien es die des Evangeliums, der Upanishaden oder des Buddhismus. Ich erkenne das Mysterium, das ich schon immer in dem Symbol Christus angebetet habe, auch in den Mythen von Narayana, Pra-

japati, Schiva, Puruscha, Krischna, Rama und anderen. Aber für mich ist Jesus mein Sadguru."
Zwischen Christentum und Mahayana-Buddhismus gibt es viele Parallelen. Der Mahayana-Buddhismus entstand zeitgleich mit dem Wirken Jesu auf Erden. Auch im „Großen Fahrzeug" steht Mitgefühl für alle lebenden Wesen im Zentrum, und der Bodhisattva Avalokiteshvara, der Herr des unendlichen Mitgefühls, hat deshalb so viele Arme, um wirklich jedem fühlenden Wesen die Hand reichen zu können. So gibt es viele Berührungspunkte zwischen beiden Religionen.
Die Brücken werden von beiden Seiten geschlagen. Udo Bernhart und Jul Bruno Laner vergleichen in ihrem wunderschönen Bildband „Leben, die sich gleichen" das Kloster Marienberg im Vinschgau mit den buddhistischen Klöstern in Ladakh und finden viel Ähnliches. Pater Enimoya Lasalle, der den Atomangriff auf Hiroshima unverletzt überlebte, praktizierte einen Großteil seines Lebens Zenbuddhismus, ohne deshalb weniger Christ zu sein. Die Schriften des Zenmönchs Thich Nhat Hanh und des tibetischen Lamas Thubten Yeshe über das Christentum zeigen, wie tief sich diese buddhistischen Meister Jesus Christus verbunden fühlen. Und im Vergleich der Bergpredigt mit der Lehrrede Buddhas über die liebevolle Freundlichkeit verweist die frühere Christin und heutige buddhistische Nonne Ayya Khema auf die gleichlautenden Aussagen beider Lehrer.
Unvergessen bleibt mir ein wunderbares Erlebnis, das ich selbst mit einem französischen Mönch eines christlichen Ordens in einem buddhistischen Kloster in Burgund hatte. Der alte Pater hatte dort einen Kurs in Tibetisch und in buddhistischer Meditation belegt, und wir unterhielten uns zuweilen beim gemeinsamen Essen. Nun hatte sich aus Gründen, die ich nicht beeinflussen konnte, der Beginn meines Kurses um einige Tage verzögert. Ich war damals noch Studentin, und mir wurde klar, dass mein Geld nicht ausreichen würde, um den Kurs zu beenden. Darüber war ich sehr traurig, und der Pater, der dies bemerkte, fragte mich nach dem Grund meines Trübsinns. Als ich ihm erzählte, dass ich aus Geldmangel leider schon bald abreisen müsse und den Kurs deshalb nicht beenden könne, griff er spontan zum Portemonnaie, zog

einige hundert Francs heraus, drückte mir diese in die Hand und fragte mich, ob dies denn ausreiche, damit ich bleiben könne. Ich war so gerührt, dass ich zu weinen begann. Er tröstete mich und meinte, er fände es so wichtig, dass junge Menschen die Werte anderer Religionen studierten und wertschätzten. Darin zeige sich für ihn wahrhaftiges Christentum, und deshalb helfe er mir gerne aus.

Religionen finden nur scheinbar außen statt. Der Besuch christlicher Gottesdienste, der Gang in die Synagoge oder die Moschee, der Besuch im Tempel – dies alles bleibt bedeutungslos, wenn Gott nicht im Herzen erlebt, gefühlt, geliebt wird. Der muslimische Mystiker Jalaluddin Rumi schreibt: „Das Kreuz und die Christen nahm ich von allen Seiten in Augenschein. Er war nicht am Kreuz. Ich ging zum Hindu-Tempel, zu der alten Pagode. An beiden Orten fand ich keine Spur von ihm. Ich ging zu den Höhen von Herat und nach Kandahar und schaute mich um. Er war nicht auf den Höhen und nicht in der Niederung. Ich schaute in mein eigenes Herz. An diesem Orte sah ich ihn. Er ist an keinem anderen Ort."

Per Vilayat Khan hält die Erkenntnis, dass alle Religionen eine Einheit bilden, für die letzte Chance, die das Überleben unseres Planeten sichern könne. Jeder sei dafür verantwortlich, das Element in seiner Religion zu finden, das verbindet. Und der Dalai Lama schreibt der Familie eine zentrale Rolle zu, wo die Gefühle gelernt werden können, die der Erde ein Überleben in Frieden sichern: Mitgefühl, Toleranz und Liebe. In dieser Liebe erleben wir uns als Weltfamilie und spüren, dass wir einander in unserem Menschsein nahe sind. In der Liebe und Fürsorge für unsere Kinder sind wir alle Eltern, in der Liebe und Achtung der eigenen Wurzeln, unserer Eltern, sind wir alle Kinder und im Ahnen der göttlichen Liebe, die so weit über uns hinausgeht, dass sie uns alle miteinander verbindet, sind wir alle gleich.

Literaturverzeichnis

1. Kapitel

Döbler, Hannsferdinand, Magie, Mythos, Religion, Kleine Kulturgeschichte, Orbis, 2000

Giani, Leo Maria, Die Welt des Heiligen, die Wurzeln unserer Kultur, Kösel, München, 1997

Koschorke, Albrecht, Die Heilige Familie und ihre Folgen, Fischer, Frankfurt, 2000

Satir, Virginia, Kommunikation, Selbstwert, Kongruenz, Junfermann, 1990

Sautter, Alexander und Christiane, Alltagswege zur Liebe, Ibera, Wien, 2000

Wilhelm, Richard, Hrgb., Li Gi, Das Buch der Riten, Sitten und Gebräuche, Diederichs, Düsseldorf

Wilhelm, Richard, Hrgb., Frühling und Herbst des Lü Bu We, Diederichs, Düsseldorf, 1979

Wilhelm, Richard, Hrgb., Liä Dsi, Das wahre Buch vom quellenden Urgrund, Diederichs, Düsseldorf

Wilhelm, Richard, Hrgb., Kungfutse, Gespräche, Lun Yü, Diederichs, Düsseldorf, 1980

Wilhelm, Richard, Hrgb., I Ging, Diederichs, Düsseldorf, 1983

2. Kapitel - JUDENTUM

Cohn, Bruno, Die Antwort, Judentum – Christentum, Legende und Wirklichkeit, Aristoteles, Zürich

Herweg, Rachel Monika, Die jüdische Mutter, Wissenschaftliche Buchgesellschaft Darmstadt, 1994

Hirsch, Samson Raphael, „Chorew" – Versuch über Israels Pflichten, Morascha

Jüdischer Glaube, Eine Auswahl aus zwei Jahrtausenden, Dieterich, Band 228, Köln, 1998

Kabbala, Einführung in die jüdische Geheimlehre, Übersetzung Julius Nestler, Fourier, Wiesbaden

Romain, Homolka, Progressives Judentum, Leben und Lehre, Knesebeck, 1999

Safran, Alexandre, Die Kabbala, Francke Verlag, Bern, 1966

Sohar, Das heilige Buch der Kabbala, Ernst Müller (Hrsg.), Diederichs, München, 1997

Schoeps, Julius H. Hrgb. Neues Lexikon des Judentums, Güthersloher Verlagshaus, Gütersloh

Talmud, Hrsb. Reinhold Mayer, Orbis, München, 1999

Talmud, Hrgb. Günter Stemberger, Einführung, Texte, Erläuterungen, Ch. Beck, 1982

Tora, nach der Übersetzung von **Moses Mendelssohn** mit den Prophetenlesungen, JVB, Berlin, 2001
Trepp, Leo, Die Juden, Volk, Geschichte, Religion, Rowohlt Hamburg, 1998
Zemer, Moshe, Jüdisches Religionsgesetz heute, Neukirchener, 1999

3. Kapitel - CHRISTENTUM

Apokryphen, die, Verborgene Bücher der Bibel, Bechtermünz-Verlag
Augustinus, Confessiones, des Augustinus heiligen Bekenntnisse, Hrgb. Hubert Schiel, Herder, 1924
Bibel, die, Einheitsübersetzung
Bibel, die neue große in Farbe, Bände 5 und 6, Zweiburgen Verlag, Weinheim, 1983
Chardin, Teilhard de, Lobgesang des Alls, Walter Verlag, Freiburg, 1961
Deutsche Bischofskonferenz, Katholischer Erwachsenen Katechismus, Das Glaubensbekenntnis der Kirche, Verlagsgruppe „engagement", 1985
Deutsche Bischofskonferenz, Katholischer Erwachsenen Katechismus, Band 2, Leben aus dem Glauben, Herder, 1995
Jaroš Karl, Jesus von Nazareth, Geschichte und Deutung, Verlag Philipp von Zabern, Mainz, 2000
Katechismus der Katholischen Kirche, Oldenbourg Benno Paulusverlag Veritas, 1993
Kunst, Hermann, Martin Luther, Ein Hausbuch, Kreuz Verlag, Stuttgart, 1982
Deschner, Karlheinz, Kriminalgeschichte des Christentums, Bände 1-6
Geschichte des Christentums, Hrgb. John McManners, Campus, Frankfurt M., 1993
Goldmann-Posch, Ursula, Unheilige Ehen, Gespräche mit Priesterfrauen, Kindler, 1985
Güllekes, Peter, Die Himmel geben Antwort, Einführung in das Werk Jakob Lorbers, Turm Verlag, 1999
Herrmann, Horst, Hirtenwort und Schäferstündchen, Orbis, München, 1999
Lorber, Jakob, das Gesamtwerk, CD-ROM, Lorber Verlag, Bietigheim, 2000
Luther, Dr. Martin, Der kleine und der große Katechismus
Meiser, Hans Christian (Hrgb), Deutsche Mystikerinnen, Goldmann, München, 1987
Oehninger, Friedrich, Geschichte des Christentums, Verlag Carl Hirsch, Konstanz, 1897
Ranke-Heinemann, Uta, Eunuchen für das Himmelreich, Katholische Kirche und Sexualität, Hoffmann und Campe, Hamburg, 1988
Rohr / Weltzien (Hrgb), Das große Lesebuch der Mystiker, Goldmann, München, 1993

Ruhbach / Sudbrach, Große Mystiker, Leben und Wirken, Verlag C.H.Beck, München, 1984

Torjesen, Karen Jo, Als Frauen noch Priesterinnen waren, Zweitausendeins, Frankfurt a. M., 1995

4. Kapitel - ISLAM

Ahmad, Hazrat Mirza Mahmud, Sozialer Aspekt des Islam, Verlag der Islam, 1981

Breuer, Rita, Familienleben im Islam, Herder Spektrum, 1998

El-Bahnassawi, Salim, Die Stellung der Frau zwischen Islam und weltlicher Gesetzgebung, SKD Bavaria Verlag München, 1998

El-Zayat, F.M., Mütter der Gläubigen, die Geschichte der Ehefrauen des Propheten Muhammed, SKD Bavaria Verlag München, 1992

Eschenbach, Wolfram v., Parzival, Langen/Müller, München, 1980

Frischler, Kurt, Das Abenteuer der Kreuzzüge, Bertelsmann, 1973

Goethe, Johann Wolfgang v., West-Östlicher Diwan, Insel Verlag Frankfurt, 1998

Grimm, Fatima, der Islam mit den Augen einer Frau, SKD Bavaria München, 1999

Hunke, Sigrid, Allah ist ganz anders, Enthüllung von 1001 Vorurteilen über die Araber, SKD Bavaria Verlag München, 1999

Kleiner Islamischer Katechismus, Veröffentlichungen der Behörde für religiöse Angelegenheiten Nr. 79, Ankara, Türkei, 1975

Koran, Vollständige Ausgabe, Heyne, 1992

Orthbandt, Deutsche Geschichte, Laupheim, 1955

Rumi, Jalaluddin, Die Sonne von Tabriz, Fischer, Frankfurt a. M., 2000

Schimmel, Annemarie, Mystische Dimensionen des Islam, die Geschichte des Sufismus, Diederichs

Schimmel, Annemarie, Meine Seele ist eine Frau, das Weibliche im Islam, Kösel, München, 1995

Schimmel, Annemarie, Die Zeichen Gottes, Die religiöse Welt des Islam, Beck, München, 1995

Schweizer, Gerhard, Islam und Abendland, ein Dauerkonflikt, Klett und Cotta, Stuttgart, 1995

Shah, Idries, Die Sufis, Botschaft der Derwische, Diedrichs, Köln 1984

5. Kapitel - HINDUISMUS

Bhagavad Gita, übertragen von Dr. Franz Hartmann, Bücher der Schatzkammer

Devadoss, T.S. Hindu Familiy and marriage, The Dr. S. Radhakrishnan Institute for Advanced Study in Philosophy, University of Madras, 1979

Dimmitt & Buitenen, Classical Hindu Mythology, a reader in the sanskrit puranas, Rupa, New Delhi

Kamasutram, Das indische Lehrbuch der Liebe, Stephenson, 1986

Lal, Awadesh Kumar, The urban family, a study of hindu social system, Concept Publishing Company, New Delhi, 1990

Mahabharata, C. Rajagopalachari, Bharatiya Vidya Bhavan, Bombay, 1997

Michaels, Axel, Der Hinduismus, Geschichte und Gegenwart, CH. Beck, 1998

Qutb, Afzal, Treatise on competing faith oriented familie norms (Hindu, Christian and islamic principles), Upright Study Home, Noonamy, Kashmir, 1990

Ramayana, C. Rajagopalachari, Bharatiya Vidya Bhavan, Bombay, 1983

Sartory, Gertrude und Thomas, Krischnas Flöte, Religiöse Liebeslyrik aus Indien, Herder, Freiburg

Sontheimer, Günther-Dietz, The Joint Hind Family, Its Evolution as a Legal Institution, South Asian Studies No. VII, South-Asia-Institute, New Delhi Branch, 1977

Stutley, Margaret, Hinduismus, Eine Einführung in die große Weltreligion, Heyne, 1998

Upanischaden, Die Geheimlehre der Inder, Bücher der Weisheit, Diederichs, 1981

Vivekananda, Bhakti Yoga, Hermann Bauer, Freiburg, 1973

6. Kapitel - BUDDHISMUS

Gampopa, Der kostbare Schmuck der Befreiung, Theseus, 1996

Grimm, Die Lehre des Buddho, Löwit, Wiesbaden, 1979

Govinda, Anagarika, Grundlagen Tibetischer Mystik, Otto Wilhelm Barth Verlag, Bern, 1975

Kongtrul, Jamgon, Der große Pfad des Erwachens, Theseus, Küsnacht, 1987

Kongtrul, Jamgon, Das Licht der Gewissheit, Aurum, Freiburg, 1979

Levering, Miriam (Hrgb), Zen, Texte und Bilder, Mosaik, München, 2000

Lingwood, Dennis, Das Buddha-Wort, Eine Einführung in die buddhistische Literatur, Scherz Verlag

Löwenstein, Tom, Buddhismus, Taschen, Köln, 2001

Milarepa, Gesammelte Vajra-Lieder, Band 1 und 2, Theseus, Berlin, 1997

Mokerjee / Khanna, The Tantric Way, Thames and Hudson, London, 1977

Neumann, Karl Eugen, Das habe ich gehört, Lehrreden des Gotama Buddha, Honos,

Bergisch Gladbach, 1997

Roloff, Carola, Frauen im Tibetischen Buddhismus, Mandala 5 / 95

Söpa, Geshe Lhündub, Der tibetische Buddhismus, Diederichs Gelbe Reihe, 1977

Stewart, Whitney, Der Weg zum Löwenthron, Ch.Falk-Verlag

Shibayama, Zenkei, Quellen des Zen, Diederichs, 1976

Sogyal Rinpoche, Das Tibetische Buch vom Leben und vom Sterben, Otto Wilhelm Barth, 1995

Thich Nhat Hanh, Wie Siddhartha zum Buddha wurde, Theseus, 1998

Thich Nhat Hanh, Nimm das Leben ganz in deine Arme, Theseus

Thich Nhat Hanh, Ein Lotos erblüht im Herzen, Die Kunst des achtsamen Lebens, Goldmann,1992

Thich Nhat Hanh, Dialog der Liebe, Jesus und Buddha als Brüder, Herder, 1999

Trimondi, Victor und Victoria, Der Schatten des Dalai Lama, Patmos, Düsseldorf, 1999

Trungpa, Chögyam Rinpoche, Buddhistische und westliche Psychologie, in Mandala, 5 /96

EPILOG

Aufruf zur Spirituellen Verantwortung, Gespräche über Einheit und Frieden, 7. Weltreligionenkonferenz 1994, Video, Ch. Falk Verlag, Seeon

Bernhart / Laner, Leben, die sich gleichen, Edition Raetia, Bozen, 1994

Khema, Ayya, Jesus meets the Buddha, Two Voices One Message, Jhana Verlag, Uttenbühl, 1995

Thubten Yeshe, Lama, Gedanken eines tibetischen Lamas über Weihnachten, Theseus, Zürich, 1978

Fortbildungen im Institut für Systemische Psychotraumatologie
„Trauma erkennen – Trauma begleiten",
ein Kurs für Menschen, die mit Menschen arbeiten

Institut für Systemische Psychotraumatologie
Tel.: 0049 / (0) 07527 / 6690
Fax: 0049 / (0) 07527 / 6042
Bürozeiten: Dienstag bis Donnerstag 10:00 bis 12.30Uhr
www.systemtraumatologie.de
www.familiensysteme.de

Unsere Seminare zum Thema „Doublebind" entnehmen Sie bitte dem Internet oder rufen Sie uns an!

Systemische Ausbildung in Zusammenarbeit mit dem PTZ Cormann
Cormanninstitute, Lindau, Telefon: 0049/ (0) 8382 / 3917
Bürozeiten: Montag bis Donnerstag 8.30 – 11:30 Uhr
www.cormanninstitute.de

Bibliographie:
Alltagswege zur Liebe – Familienstellen als Erkenntnisprozess;
Christiane und Alexander Sautter, Ibera Verlag, Wien 2000

In Vorbereitung für 2006:
„Beziehungskillern auf der Spur – Was Paare trennt und was sie wieder verbindet"
Christiane und Alexander Sautter
„Trauma in Organisationen", Christiane und Alexander Sautter
in Zusammenarbeit mit Dr. Christel Kumbruck

Bücher aus dem Verlag für Systemische Konzepte

Wenn die Seele verletzt ist

Trauma – Ursachen und Auswirkungen

ISBN 3-9809936-0-4

Christiane Sautter

Was ist ein Trauma? Woran kann man es erkennen? Und vor allem:
Wie wirkt es sich aus?
Durch Misshandlung, Missbrauch und Vernachlässigung, aber auch durch jahrelange Geringschätzung und Abwertung wird die Seele eines Kindes traumatisiert. Die „Verletzungen der Seele“, die Menschen im Laufe ihres Lebens erleiden, sind in der therapeutischen Praxis allgegenwärtig. Sie können die Betroffenen jahrzehntelang gefangen halten und schwere Probleme im Zusammenleben verursachen.

Die systemische Familientherapeutin und Supervisorin Christiane Sautter erlebt seit Jahren die Allgegenwärtigkeit von Traumata bei vielen Klientinnen und Klienten – aber auch die lebensverändernde Erleichterung, die eine offene Ansprache und fachgerechte Behandlung des Themas bei den Betroffenen bewirkt. Die von ihr entwickelte Kombination systemischer und traumatherapeutischer „Werkzeuge“ wurde zu einem unverzichtbaren Bestandteil ihrer Arbeit. Dieses Buch ist sowohl für Betroffene geschrieben als auch für Menschen, die mit Menschen arbeiten. Die Autorin ist Mitglied in der Deutschen Gesellschaft für Systemische Therapie und Familientherapie (DGSF).

Die Autorin informiert klar und verständlich über die Ursachen und Auswirkungen dieser traumatischen Verletzungen, ein Wissen, das die Voraussetzung für die Heilung der Seele schafft. Wenn Sie lernen, sich selbst besser zu verstehen, können Sie die Fesseln aus der Vergangenheit abstreifen und Selbstbestimmung, Lebensfreude und Vertrauen zu sich und anderen Menschen zurückgewinnen.

Wege aus der Zwickmühle

Doublebinds verstehen und lösen

Christiane und Alexander Sautter

ISBN 3-9809936-1-2

Können Sie es irgendwie nie richtig machen?
Haben Sie immer dieselben Probleme in Ihren privaten und beruflichen Beziehungen?
Finden Sie Ihren beruflichen Alltag unerträglich kompliziert?
Ist Klärung am Ende unmöglich?

Wenn sich Probleme hartnäckig halten oder wenn Konflikte schier unlösbar erscheinen, dann kann das Kommunikationsmuster „Doublebind“ dafür verantwortlich sein. In Fachkreisen ist es schon lange bekannt, doch die verheerende Wirkung auf das private und berufliche Leben so vieler Menschen wurde in dieser Weise bisher weder in der Fachpresse, noch in der breiten Öffentlichkeit diskutiert. Wenn Sie wissen wollen, ob Sie in der „Zwickmühle Doublebind“ stecken und ob darin die eigentliche Ursache Ihrer Schwierigkeiten liegt: hier finden Sie alle notwendigen Informationen.

Dieses Buch ist von größtem Nutzen für alle, die beruflich oder privat mit Menschen zu tun haben. Insbesondere kann es allen Betroffenen helfen, sowohl beruflich wie privat ein für alle Mal der verhängnisvollen Zwickmühle zu entgehen.

Die systemischen Familientherapeuten und Supervisoren Christiane und Alexander Sautter sind im deutschsprachigen Raum bekannt durch ihre Praxis-, Kurs- und Lehrtätigkeit, sowie durch ihr Buch „Alltagswege zur Liebe – Familienstellen als Erkenntnisprozess“. Sie sind Mitglieder in der Deutschen Gesellschaft für Systemische Therapie und Familientherapie (DGSF).